İbrahim Betil
HAFİFTEN BANKACILIK

İbrahim Betil
Hafiften Bankacılık

Birinci Basım : Ocak 2002 (5.000)

Ana Yayıncılık A.Ş.
Copyright © 2002 İbrahim Betil

Kitap ve kapak tasarımı: 2 Tasarım / Mehmet Ulusel

Baskı Şefik Matbaası, İstanbul

ISBN: 975-7760-36-6

Ana Yayıncılık Turizm, İnşaat Sanayi ve Ticaret A.Ş.
İstiklal Caddesi Küçükparmakkapı Sokak No: 17
Beyoğlu 80060 İstanbul
Telefon: (0212) 292 51 30 Faks: (0121) 293 41 88

İbrahim Betil
HAFİFTEN BANKACILIK

Ana Yayıncılık

Bankacılığın tüm ağırlık ve hafifliklerini benimle birlikte yaşayan ve paylaşan Sedef'e.

Bankacılığı uzaktan gözleyen, gözlemleyen, ama pek ilgi duymayan Senem'e.

Bankacılık mesleğim sırasında tanıştığım, yeni bilgiler öğrendiğim, sevindirdiğim, üzdüğüm, birlikte çalıştığım kişilere...

İÇİNDEKİLER

Le hareng saur	11
Sunuş	13
Teşekkür	15
Bankacılıkla İlk Temasım	19
Bankacılıkla Bir Başka Temasım	25
Kalıcı Bankacılığa Doğru	30
Bankacılıkta İlk Ders	33
Banka Yönetim Kurulu İle İlk Tanışmam	37
Çukurova Olayı	41
Türkiye-Libya Dostluk Derneği	45
Küçük Anılar...	59
Kastelli Kaçıyor	77
Güneş Olayı	88
Arabesk Olmanın Bedeli	94
Batak Bir Kredinin Takibi	97
Genel Müdür Oluyorum	103
Kuveyt - Bağdat	107
Bir İstifa	123
Kurumsal Kültür ve Yönetim Anlayışları	127
Bir Sekreter	137
Serbest Faiz Denemeleri	143
Kısa... Kısa...	151
En Hızlı Batan Kredi	164
Davos'ta Bir Buluşma	168
Bir Başka Davos Anısı...	174
Amerikalılar... Sovyetler...	182
Uluslararası Bankacılar Kulübü	186
Bir Müşteri	191
Bürokrasiyle Baş Başa Kalınca	200
İnsanlar Hep Aynı	204
Kısa...Kısa...	220
Banka Kurmanın Engebeli Yollarında	246
Bank Ekspres	261
Orta Asya Yollarında	265
Yeni İşin Getirdikleri	270
Sonraki Günler	276
Çirozname	281
EK 1	283
EK 2	294

Le hareng saur

Il était un grand mur blanc - nu, nu, nu,
Contre le mur une échelle - haute, haute, haute,
Et, par terre, un hareng saur - sec, sec, sec.

Il vient, tenant dans ses mains - sales, sales, sales,
Un marteau lourd, un grand clou - pointu, pointu, pointu,
Un peloton de ficelle - gros, gros, gros.

Alors il monte à l'échelle - haute, haute, haute,
Et plante le clou pointu - toc, toc, toc,
Tout en haut du grand mur blanc - nu, nu, nu.

Il laisse aller le marteau - qui tombe, qui tombe, qui tombe,
Attache au clou la ficelle - longue, longue, longue,
Et, au bout, le hareng saur - sec, sec, sec.

Il redescend de l'échelle - haute, haute, haute,
L'emporte avec le marteau - lourd, lourd, lourd,
Et puis, il s'en va ailleurs - loin, loin, loin.

Et, depuis, le hareng saur - sec, sec, sec,
Au bout de cette ficelle - longue, longue, longue,
Très lentement se balance - toujours, toujours, toujours.

J'ai composé cette histoire - simple, simple, simple,
Pour mettre en fureur les gens - graves, graves, graves,
Et amuser les enfants - petits, petits, petits.

Charles Cros (1842 - 1888)

SUNUŞ

Okul yaşantım boyunca üç kez bütünlemeye kaldım.

İlki: Lise I'de biyolojiden. Beni bütünlemeye bırakan biyoloji hocam, Ms. Rasis galiba haklıydı. Çünkü yıllar sonra bir hastalığım nedeniyle çekilen röntgen filmimi incelerken kalbimi, ciğerimde bir "leke." sanmıştım! Sedef de benimle uzun yıllar alay etmiş ve benim biyolojiden bütünlemeye değil sınıfta kalmam gerektiğini savunmuştu...

İkincisi: Lise sonda, Türkçe kompozisyondan kurul kararıyla bütünlemeye kalmış ve arkadaşlarımla diploma törenine katılamamıştım. Hocam Behçet Kemal'in kurulda beni savunamayacağı kadar kötü bir kompozisyoncu olmalıydım. Eylüle kadar çalışmış ve çok sıkılmıştım. Daha sonraki yıllarda Sedef kompozisyondan niçin bütünlemeye kaldığımı anlayamadığını söyleyip durdu...

Üçüncüsü: Üniversiteyi bitirirken, Metin Göker'in Yönetim ve Organizasyon dersinden bütünlemeye kaldım. Geçen yıllarda pek çok kurumun yönetiminde bulunurken hep kendime şu soruyu sordum: "Acaba daha iyi bir öğrenci olsaydım, daha iyi bir yönetici olabilir miydim? Metin Göker'in 'Yönetim' dersinde daha başarılı olsaydım, yönetiminde bulunduğum bu kurumlarda yaptığım hataları yapmaz mıydım?" Sedef nedense, bu konuda bugüne kadar hiçbir yorumda bulunmadı!

Okurun değerlendirmesine sunduğum bu sayfalar, Sedef'in bugüne kadar yorumda bulunmadığı bölümle, yani Üçüncü bütünleme konumla ilgili..

TEŞEKKÜR

*Günlerden bir gün karar verirseniz bir mesleğe
Özen gösterin önce, iyi arkadaş seçmeye*

Önümüzdeki sayfalarda okuyacaklarınız bankacılık meslek yaşamımda karşılaştığım ilginç olayların, geriye baktığımda bana hoş gelenleri arasından yaptığım bir derlemedir. Yazdıklarım, istemeyerek de olsa, yer yer meslek yaşamımla ilgili anılara dönüştü. Ancak anlattıklarımın hiçbiri ne ifşaat, ne büyük bir olay niteliğindedir; mesleki yönden ders alınabilecek değer de taşımayabilir.

"İfşaatların" meslek etik ve sorumluluk anlayışım içinde yeri yok. "Büyük olay" kavramının ise, zaman, kişi ve yere bağlı ve göreceli olduğunu biliyorum.

Mesleki yönden ders vermeyi pek düşünmedim, çünkü herkesin meslek yaşamı içindeki deneyim ve değerlendirmeleri o kişiye özgüdür ve ancak içinde bulunduğu ortamın koşullarına göre anlamlıdır. Özellikle bankacılıkta standart öğretileri oluşturacak tekdüzelik ise hiç mümkün değildir. Bankacılık tekniklerini içeren tekdüze bilgiler sadece meslek kitaplarında bulunabilir. O kitaplardaki bilgilerin bir kısmı belki benim söyleyeceklerimden çok daha öğretici olabilir... ama daha ilginç olmayacağına bahse girerim.

Bankacılıkla ilgili derin-sığ, hoş-sıkıcı, acı-tatlı deneyimlerimi ve anılarımı anlatmadan önce, beni kalıcı bankacılık mesleğine girmeye davet eden, teşvik eden, iyi-kötü pek çok günümüzü birlikte geçirdiğim birkaç kişiye bu sayfaların başlangıcında özel yer vermek, teşekkür etmek istiyorum.

Bunlardan ilk ikisi benim bankacılık yaşamına adım

atmamı, ilginç deneyimler kazanmamı sağlayan kişilerdir. Ondan sonraki dönemlerde de, ne olursa olsun, duygusal bağımı kopartamadığım insanlardır. Hüsnü Özyeğin benim bankacılık mesleğini sevmeme, heyecanlanmama, benimsememe katkısı olan, aynı zamanda da vefalı bir dost olarak tanıdığım kişidir. Gönlümde özel yeri vardır. Zaman zaman kızgınlıklarıma rağmen, Mehmet Emin Karamehmet'e de sevgimi sürdürdüm. Yıllar içinde gelişen olaylar bizi uzaklaştırdı, yakınlaştırdı. Ama onun da gönlümde farklı bir yeri vardır.

Bir başkası, benim meslek yaşamımda yapmak istediğim hemen her şeyi yapabilmem için bana sahip olduğu kurumu ve olanakları neredeyse bütünüyle güvenerek teslim etmesini bilen ve o kurumu istediğim noktaya hızla getirebilmem için bana güven duyan, destek olan, ancak beni istemeyerek de olsa aktif bankacılık dünyasından uzaklaştıran kişidir. Ayhan Şahenk'e bu deneyimlerimden dolayı teşekkür duyguları taşımaktayım. Kendisini rahmetle anıyorum. Özellikle Garanti Bankası dönemimde bana her zaman destek sağlayan, her konuyu hızla kavrayıp en kestirme yoldan sonuca götürebilmem için hep destek veren dostum, zeki, güvenilir insan Yücel Çelik'i de burada saygı ve sevgiyle anmak isterim.

Bankacılık mesleğinin ciddi bir iş olduğu inancını bana aşılayan Kemal Türkömer'i de saygı ve rahmetle anacağım. Ve hepsinden daha çok, bana mesleki, özel, genel her konuda her zaman yakınlık gösteren, yaşam boyunca her anımda yanımda hissettiğim, her şeyimi paylaşabildiğim sevgili ve büyük dostum Mithat Alam'a... Bu kitabı yayımlamam için beni teşvik eden, kitabı yayımlamakla ilgili duraksamalarımı benimle paylaşan, tartışan, beni yüreklendiren arkadaşım Zeynep Güven'e, yayımdan önce bazı bölümlerle ilgili görüş veren, beni uyaran Sayın Seza Reisoğlu,

Sayın Erdener Yurtcan, Sayın Murat Topçuoğlu ve Sayın Somay Tümerkan'a teşekkür ediyorum...

Yazılanların yalnız lafzını değil, mantığını ve ruhunu da sorgulayan, yazım yanlışlarımı düzelten dil ve anlatım ustası, dostum, arkadaşım Nazar Büyüm'ün uyarıları olmasa çalışmayı sonuçlandırmak çok zor olacaktı.

İzleyen sayfalardaki kişiler ve kurumlar gerçektir. Bütün yanlışlar benimdir. Olaylar yaşadıklarımdır, tabii ki benim bakış açımı yansıtmaktadır.

BANKACILIKLA İLK TEMASIM

Arkadaştır önemli olan, onunla gideceğiniz yol çoktur
Gençken rastlantılar yönlendirir insanı, seçim şansı pek yoktur

Üniversitenin üçüncü sınıfında, yaz aylarında staj yapmam gerektiği gibi bir kanıya kapıldım. Aslında üniversitenin beni staja zorlayan bir kuralı yoktu. Ancak ben teorik bilgilerle dolu ortamdan kurtulup, bir an önce uygulamanın içine girerek kendimi göstermeli, bir şeyler yapmalıydım. Yazın sıcak günlerinde denize gir-çık kimseye bir şey sağlamazdı. Çalışmalıydım. Neden acaba diye düşünüyorum, geriye baktığımda. Tuhaf bir kişiydim gençliğimde! En azından, önceleri kız arkadaşım, sonra eşim olan Sedef böyle derdi.

Aynı yönde benzer kanıya kapılan, yani yaz aylarında çalışmaları gerektiğine inanan iki arkadaşım daha vardı. Ahmet ve Hüseyin. Hüseyin'e aklım yatmıştı da, Ahmet neden böyle bir saplantıya girmişti, hiç anlayamamıştım doğrusu. Yıllar sonra dayanamayıp kendisine sordum, aldığım cevapla rahatladım: Meğer o da bana bakmış, "Herhalde bir bildiği vardır," diye düşünmüş!

Aradık, soruşturduk. Bize iki buçuk ay için kapısını açacak tek kurum Yapı Kredi Bankası dış işlemler müdürlüğü oldu. Başvurduğumuz diğer yerler çeşitli gerekçeler ileri sürerek –ya da herhangi bir gerekçe göstermeksizin, bir kısmı da cevap bile vermeksizin– bizi staja kabul etmemişti.

1967 yazının bir pazartesi sabahı özenle ve heyecanla, üçümüz birlikte Yapı Kredi'nin Galata'daki dış işlemler müdürlüğüne gittik. Beyaz kısa kollu gömleğimin üzerine bir kravat takmıştım. 1963'te lise öğrencisiyken bir bursla ABD'ye gittiğimde, New York'ta görmüştüm, genç işadamları kısa kollu beyaz gömlek giyiyor, kravat takıyorlardı. Ütülü bir pantolon giydim. Bence yaşamımın önemli bir günüydü. İlk işime bankacılıkta başlıyordum. Kim bilir neler öğrenecektim. İki buçuk ay içinde bilgimi artıracaktım. Belki staj yapmayan arkadaşlarıma bir yıl sonra derste iyiden iyiye ukalalık edebilecektim. Hocamız Oktay Yenal'ın çok iyi anlattığı Para ve Bankacılık dersini önümüzdeki yıl daha iyi izleyebilecektim.

Oktay Yenal'ın derslerinden yıllar sonra hâlâ hatırımda kalan tek cümle şudur:

"Faizler serbest bırakılsa, bankacılar ülser olmaktan kurtulur," demişti bir derste.

Sabit faizle, düşük faizle herkesin bankadan para talep edebileceğini ve para kaynağı sınırlı olunca da bankacının tercih yapmakta sıkıntı çektiğini anlatmak için söylemişti. Yıllar sonra, 1980'lerde, faizler gerçekten Oktay Yenal'ın düşüncesi doğrultusunda serbest bırakıldı. Yeni dönemde, bankacıların hastalıklarının da değiştiğini gördük; bankacılar arasında artık yalnız ülser değil kalp krizi de yaygınlaştı.

Bu staj benim için çok önemliydi. Bu iki buçuk aylık dönemde kendimi o kadar iyi gösterebilecektim ki, belki bana okuldan sonra kendileriyle çalışmam için iş bile teklif edecekler, beni bankaya gelmem için ikna etmeye çalışacaklardı. Üstelik bütün okul bilgimi öne çıkartıp belki bazı şeyleri de onlara ben öğretebilecektim! Yani beni staja aldıklarına bayağı memnun olacaklardı.

Kalabalık bir salonda bir sürü daktilo şakırtısı arasında bizleri birbirimizden ayrı masalara iliştirdiler. Yakınımda ilk günler pek güzel görünmeyen, ama haftalar geçtikçe, gittikçe güzelleşen bir kız vardı. Adı galiba Hülya'ydı. Biraz ilerdeki masada ise yıllar sonra Yapı Kredi'nin üst yönetiminde görevlere yükselmiş Cengiz oturuyordu. O da bankacılığa o yaz başlamıştı. Ne yapacağımı bilmediğim bir sürü kağıtla oyalanarak ve niçin böyle bir şeye kendimi zorladığımı düşünerek öğleye kadar sıkıldım. Öğle yemeğinden sonra Ahmet işe gelmedi. Ahmet'in bu sorumsuz davranışını Hüseyin'le birlikte eleştirdik. Akşam Ahmet'i arayınca öğrendim ki yarım günlük işten çok sıkılmış ve stajdan vazgeçmiş. Ertesi sabah, daha az sıkılmak umuduyla geldiğimde Hüseyin'i göremedim. O da vazgeçmişti!

Altı ay süreyle staj yeri arayıp bulduktan sonra Ahmet ve Hüseyin'in marifetiyle bir günde oluşan bu fiyaskoyu, okulumun onuruna ve saygınlığına söz gelmesin diye örtmeliydim. Ahmet ve Hüseyin çok sorumsuz davranmışlardı. Nasıl olur da bunu yapabilirlerdi! En azından artık ben vazgeçemezdim.

1967 yazında gençliğimin en sıkıntılı iki buçuk ayını bankada yaşadım. Hem de hiçbir şey öğrenmeden. Kendi kendime her sabah inatlaşarak yataktan kalktım ve bankaya gittim. Stajımın bittiği gün karar vermiştim: Yaşamımda yapmayacağım tek şey bankacılıktı. Bu kadar tekdüze, sıkıcı bir işte çalışmak bana göre değildi. Üstelik bunca yıl yabancı dille öğrenim yapmıştım. Bu bilgimi kullanmayı gerektiren hiçbir yönü olmayan, ıvır-zıvır formalitelerle, karbon kağıtlarıyla dolu bir iş... Çevremdekilere de bir şey öğretememiştim! Fırsat olmamıştı! Kimse de merak edip benden herhangi bir şey sormamıştı. Yani meraksız, ilgisiz birçok insanla doldurulmuş bir ortam. Konular hep bilmediğim, yani bize okulda öğretmedikleri bir yörüngede gidiyordu sanki... Veya başka bir yorumla bu bankacılar pek bilimsel çalışmıyorlardı, galiba... En kızdığım yönü de şuydu:

Ahmet bunu yarım günde, Hüseyin bir günde fark etmiş ve her ikisi de kaçmışlardı... Bense saçma sapan bir sorumluluk duygusu, okulun ismi, saygınlığı gibi düşüncelerle kendime bir yaz boyu eziyet etmiştim.

"Bana mı kaldı okulun onurunu korumak, benden sonraki stajyerlerin yer bulmasını kollamak ..." diyememiştim.

Kısacası bankacılıkla ilk temasımda, 23 yaşımda, bankacılığı hiç ama hiç sevmemiştim. Bankacılık bana göre değildi. Bankacılık yapmayacağım diye kendi kendime söylenmiş, kesin karar vermiştim.

Yıllar sonra Cemal Topuzlu'nun oğlu Cemil, üniversitenin üçüncü sınıfında iki ay süreyle yaz-stajı yapmak istiyordu. Tam benim bankacılıkla tanıştığım ve nefret ettiğim yaşta ve sınıftaydı. Ben banka genel müdürüydüm. Babası beni arayıp rica etmişti. Birden 20 yıl öncesini hatırladım. Bu kişiye öylesine ilgi göstermeliydim ki, bankacılığı sevsin. Benim gibi genç yaşında bankacılıktan nefret etmesin!

"Gelşin, beni görsün," dedim.

Doğrudan ben konuşacak, ona ne kadar önem verdiğimi hissettirecek, umut ve heyacanını biraz daha artıracak, ancak sabırlı olması gerektiğini belirtecektim.

Sıcak bir yaz gününde geldi. Konuşmaya başladık. Amacım rahatlatmaktı ama karşımdakinin sıkılıp heyecanlandığını hissettim. İlk olarak karşılaştığımız için de reaksiyonlarını tam değerlendiremiyordum. Beş-altı dakika geçti geçmedi, Cemil birden terlemeye başladı. Ter yüzünden akıyor, gömleğinin yakalarını ıslatıyordu. Ceketini çıkartabileceğini söyledim. Yeltendi. Olacak gibi değil, bütün gömleği sırılsıklam. Ne yapıyorum ben, diye kendime kızdım. O konuşmayı sürdürdü:

"Biz okulda böyle kravat cekete alışkın değiliz, ilk ola-

rak böyle giyindim, herhalde ondandır..." "falan dedi. Gülümsedim.
"Bu," dedim "bankacılığın başlangıcındaki sıkıntıdır... Herkeste bir şekilde ortaya çıkar. Sıkıntısı bile tekdüze değildir..."
Cemil o yaz bankada çalıştı ve çok başarılı oldu. Yine aynı yaz bir başka Cemil staja geldi. Onunla da şahsen ilgilendim, o da çok başarılı bir staj yaptı. Demek ki gençlerle staj döneminde bir kurumun üst düzey yetkilisi ilgilenirse gençler kuruma ve mesleğe bağlanıyorlar, diye düşünmeye başladım. Yani gençlere bankacılığı sevdirmek gibi bir misyon üstlenmiştim. Derken bir yıl sonra, eski okul arkadaşlarımdan Leyla ve Tevfik bir gün ABD'den telefon ettiler. Oğulları Cem ABD'de çok önemli okullardan birinde okuyormuş, yaz aylarında İstanbul'da staj yapmak istiyormuş. Ben hemen kendilerine Cem'in gelince beni aramasını, kendisiyle şahsen ilgilenip yardımcı olacağımı söyledim. Böylelikle bankacılık çevresine bir genci daha kazandırmış olacaktım.

Cem geldi. Sempatik, zeki bakışlı bir genç. Belli ki ciddi bir işe başlamadan önce yeni ceket ve kravat falan bile almış. Kendisine artık klasikleşmiş ön konuşmamı yaptım. Bir sorunu olursa her zaman beni arayabileceğini söyledim. El sıkıştık. Kendime göre bankacılık sektörüne bir genci daha çekmiştim.

Ertesi gün sekreterim Pınar, Cem'in benimle görüşmek istediğini söyledi.

"Her gün bununla mı görüşeceğiz? Fazla mı yüz verdim," diye düşündüm. "Yarın gelsin," dedim.

Sonraki gün Cem'in bankada çalışmaktan vazgeçerek ayrıldığını duydum! Bir hafta sonra beni ziyarete geldi. Mahcup ve sıkıntılı.

"Ben Boston'da okuyorum. Orası hep karlı ve soğuk,

oysa İstanbul'da dışarısı güneşli ve sıcak. Bu şartlarda çalışmak içimden gelmiyor!"

Söyleyecek fazla bir şey yoktu ama, birden yirmi yıl öncesini tekrar anımsadım. Özellikle sevgili Ahmet'i. Bu arada Cem'e de notumu vermiştim. Karar vermekte fazla duraksama göstermiyordu, hangi mesleği seçerse seçsin, Cem'in başarılı bir meslek yaşamı olacaktı!

BANKACILIKLA BİR BAŞKA TEMASIM

Mesleğe girerken seçim yapmak daha henüz elinizde
Bağlı hissetmeyin, sevmeyince durmayın o dehlizde

1970 yılında askerliğimi bitirmiştim. Ne yapacağımı pek bilmeyerek iş arıyordum. Başlangıçta benim gibi bir genci hangi büyük şirket kapacak, diye çevreme bakıp gözüme kestirdiğim kuruluşlar üzerinde oldukça seçici davranıyordum. Acaba hangi şirketi seçecektim! Birkaç ay bekledikten sonra benim seçtiğim şirketlerin benimle pek ilgilenmediklerini keşfettim. Hepsinin kendine göre bir nedeni vardı tabii! Ben de artık bu son noktada gazete sayfalarından hoşuma giden iş olanaklarına başvurur hale gelmiştim. İlk olarak Arthur Andersen Denetim Şirketi'yle görüştüm.

Bağımsız denetim o zamanlar Türkiye'de olmadığı gibi, pek bilinen bir meslek de değildi. Bağımsız denetimin ne denli önemli olduğunu o zamanlar gazeteciler dahil kimse pek keşfetmemişti. Ancak yıllar sonra tüm gazetecilerin bağımsız denetimin ne denli önemli olduğunu ve tüm banka bilançolarının mutlaka bağımsız denetçiler tarafından denetlenmesi gerektiğini hep bir ağızdan ve tam ben banka genel müdürlüğü yaptığım sıralarda, haykırırcasına yazmaya başlamaları acaba bana karşı oluşturulmuş kapsamlı bir planın parçası mıydı?

Arthur Andersen'e girersem, İngiltere'de uzun bir çalışma süresi sonunda Türkiye'ye gelerek uzman bir denetçi olabilirdim. Her ne kadar üniversite yaşamımda en sevmediğim ders muhasebe idiyse ve denetim işi öncelikle iyi muhasebe bilgisi gerektirmekteyse de, bundan ürkmedim. Biraz çalışır, eksikliklerimi, bilgisizliklerimi giderebilirdim.

Arthur Andersen'e başvurdum. İstanbul'da bulunan bir yetkilisi benimle görüşme yaptı.

"Biz seni ararız," dedi.

Ben aynı anda, o zamanların gözde kurumu Türkiye Sınai Kalkınma Bankasına (TSKB) başvurmuştum. Çünkü TSKB "normal" bir banka değildi. Proje değerlendirmesi vb. gibi işlerle uğraştığı için, böyle bir yerde çalışmak benim Yapı Kredi'deki yaz-dönemi-staj deneyimimden sonra bankacılıkla ilgili varmış olduğum kesin yargılara aykırı olmayacaktı. TSKB uzman arıyordu. Dolayısıyla oraya da başvurmakta bir sakınca görmedim. Sınavlara girdik çıktık. Kazandım. Arthur Andersen'den uzun bir süre haber çıkmadığından TSKB'de çalışmaya karar verdim. İşe başladığımın haftasında Arthur Andersen'den haber geldi:

"İşe kabul edildiniz, cevabınız hâlâ gelmedi, haber veriniz, İngiltere'ye bekliyoruz!"

Tuhaftır ama ben o güne kadar onlardan işe kabul edildiğime dair hiçbir mektup, davet falan almamıştım. Bu nedenle de TSKB'ye evet demiştim. Bunu kendilerine söyledim. Bana üç dört hafta önce davet mektubunu yazdıklarını, ancak o yıl Londra'da çıkan bir posta grevinde pek çok mektubun kaybolduğunu, dağıtılmayanların da yakıldığını, muhtemelen benim mektubumun da yakılanlar ya da kaybolanlar arasında kalmış olabileceğini söylediler. Onlar da davetlerine rağmen benden bunca zamandır bir haber çıkmamasını yadırgamışlar. Kısacası İngiltere'deki posta grevi benim meslek yaşantıma yön vermişti. Artık TSKB'ye "evet" demiştim bir kere. TSKB'nin benden beklediği çok şey vardı, herhalde! Bunca aday arasında on kişi girebilmiştik bankaya. Bizi seçmişlerdi... TSKB'ye ayıp olurdu... İş yaşamında söz önemliydi. Meslek yaşamımın başında saygınlığımı bozmamalıydım, insanların bana güvenini sarsmamalıydım... vb düşüncelerle, Londra'ya gitmeyi reddettim.

Arthur Andersen'e girmeyi reddetmekle iyi mi, kötü mü ettim, bunu değerlendirmek zor. Kişinin yaşamında, özellikle genç yaşlarda yönlenmesi o kadar çok rastlantıya bağlı ki. İlk işiniz, ilk kız arkadaşınız, oturduğunuz semt ve gelişen çevre ilişkileri. Şöyle geriye bakıp düşündüğümde kendi yaşamımda ne kadar çok rastlantı var! Ancak ta ilk başından beri pek bilinçli olmasa da bu rastlantılar içinde bazı seçenekleri yönlendirmemde etkili olan tek ve önemli kişisel katkım, aldığım kararlarda kendime karşı "hesap verebilme" ön-şartının bulunmasıydı. Bir de her ne karar aldıysam, geriye dönüp bakmamak!

TSKB'de severek ve çok şey öğrenerek iki buçuk yıl çalıştım. Gerçekten ilk bankacılık deneyimimden çok farklıydı. Ama burada da sıkıldım. Çevremde birçok yetenekli, bilgili kişi vardı. Bu yönüyle de çalışması son derece keyifli bir ortamdı. Duvardan duvara halılar, müzik yayını, dönemin koşullarına göre son derece rahat ve lüks çalışma şartlarına rağmen ayrılmaya karar verdim.

TSKB'de çalışmamın üzerinden on altı-on yedi yıl geçtikten sonra, genel müdürü olduğum bankayı temsilen TSKB'nin bir genel kurul toplantısına katılmış ve TSKB'ye denetçi olarak seçilmiştim. Bu nedenle bankanın yönetim kurulu toplantısına katılmak için yıllar sonra aynı binadan içeri girdim. Yıllar öncesinin ihtişamının kaybolup yerini bir tür küçüklüğe bıraktığını biraz da üzülerek izledim. Tıpkı üç yaşında bir çocuğu olağanüstü boyutları, yüksek tavanları, kocaman kapılarıyla, büyüklüğüyle etkisi altında bırakan eski ahşap köşkün, yıllar sonra, örneğin kırk üç yaşında tekrar gezildiğinde bıraktığı farklı izlenim gibi bir duygu sarmıştı içimi.

TSKB'den ayrılmaya karar vermiştim. Çünkü ekonominin aslı üretimdi. Finansman bence ikinci planda olmalıydı. Reel sektöre geçmeliydim. Bir şeyler üretmeli, ortaya somut bir şeyler koymanın keyfini tatmalıydım. TSKB'den ayrılmamın gerçek nedeni bu muydu? Başka özlemlerimi tatmin etmek mi istiyordum? Bu belirttiğim nedenlerle çevremi ve biraz da kendimi kandırmakta mıydım? Hâlâ bilmiyorum. Ama karar vermiştim: Sanayici olacaktım.

Ailemin bazı fertleri ve birkaç yakın arkadaşımla birlikte bir şirket kurduk. Her şeyi ile uğraşmaya başladım. Amatörce, var gücümle, gece-gündüz çalışıyordum. Bir-iki ay geçti, şirketten kaç para maaş alacağımı da konuşmak üzere bir yönetim kurulu toplantısı yaptık. Konu benim maaşıma gelince, ben daha önce Sınai Kalkınma'dan aldığım rakamı söyledim. Çok sevdiğim büyük insan rahmetli Adnan Dinçer başını kaldırıp bana:

"Sınai Kalkınma geride kaldı. Buranın şartları başka olabilir," dedi.

Bankacılık dünyasının "Adnan ağabeyi" bankacılık içinde yetişmiş, pişmiş, Yapı Kredi'nin en üst düzeyinde yıllar boyu hizmet vermiş, önemli bir kişiydi. O zaman anladım ki, amatörlükle her şey olmuyor. Maaşımı konuşmakta geç kalmıştım. Adnan ağabey haklıydı. Profesyonellikte kazanman için kazandırman, en azından ne kazandıracağına inandırman gerekir. Ben işin başında, yalnız kendim inandığım için, kimseyi inandırma, dolayısıyla pazarlık etme ihtiyacını duymamıştım. Profesyonel ve deneyimli bir bankacıyla da ilk temasım böyle sonuç vermişti.

1973 yılında sanayici oldum. Sekiz yıl sanayicilik yaptım. Keyifle, zevkle...

TSKB'den ayrılırken sanayiciliğin iyi olacağına belki kendimi inandırmıştım. Ancak işin içine girip gerçek üretim çarkını çevirmeye başlayınca, sanayiciliğin gerçekten "iyi" bir uğraş olduğunu gördüm, yaşadım.

Sanırım sonraki bankacılık yıllarımda, bankaları yanıltmaya teşebbüs eden bazı işadamları ile gerçek sanayiciyi hep bu sayede ayırt edebilmiş ve bu nedenle sanayiciye karşı mümkün olan anlayış ve hoşgörüyü göstermeye çalışmışımdır.

KALICI BANKACILIĞA DOĞRU - 1977 YILI

*Arkadaşlık şaraba benzer, mantarı kapalı bekleteceksin
Arkadaşınla profesyonel ilişkiye girince açıp içeceksin*

Mehmet Emin Karamehmet ile 1956 yılında Robert Kolej ortaokul hazırlık sınıfına başladığımda tanışmıştım. O zamanlar da içine kapanık, kendi halinde, özellikle bordo renkli "ayakkabı" olmak üzere ayakkabı çeşidine meraklı, Tarsus'tan, "devamlı yatılı" okuyan, sevimli bir arkadaşımızdı. Çok yakın değildik. Derslerde olsun yatakhanede olsun ön plana çıkmayı pek sevmezdi. Çekingendi. Aynı takımda futbol oynadık. Ben sağ bek, o ise sol bek oynardı. Belki de tersi... ancak ikimiz de savunma oyuncusuyduk. Pas vermeyince kızardı. Bazen tekme bile atardı... Pek çok sabah 05:00'te kalkıp sabah maçlarına birlikte çıktık. Sonra terli terli kahvaltı edip ya da etmeden derslere girdik. Matematik hocamız Galip Kök'ten galiba özel ders alırdı. Galip Bey de Tarsusluydu galiba.

Mehmet birkaç yıl sonra okuldan ayrıldı, İngiltere'ye okumaya gitti. Gösterişten kaçardı. Pek çoğumuzun nice yıllar sonra öğrendiği aile varlığını göstermemek için okula babasının gönderdiği özel arabaya binmez, şoförden kaçardı. Zaten o yıllarda hiçbirimiz kimin "nesi var nesi yok"uyla pek ilgilenmezdik ya. Mehmet'i uzun yıllar görmedim, 1977 yılına kadar...

Hüsnü Özyeğin bizden bir sınıf büyüktü. Onu da 1956'da ortaokul hazırlıkta tanıdım. O da benim gibi yatılıydı. Sürekli hareket halinde, sürekli koşturan, koridorlarda karşılaştığımızda, hızla yürürken selam vermek anlamında göz kırparak hafifçe gülümseyen biriydi. Uzaktan yaratıcılığa yatkın, her an bir atılım yapmaya hazır bir izlenim yaratan, zeki, hareketli, cıva gibiydi. Okulda hemen her spora katılırdı. Öğrenci birliği başkanlığına falan meraklıydı. Lise 1'de bir burs kazanıp ABD'ye gitti. Bir yıl sonra döndü. Ancak o yıl da ben aynı bursla ABD'ye gittiğim için kendisiyle lise sıralarında pek birlikte olamadık. Sonra üniversite öğrenimi için de ABD'ye gidip uzun yıllar orada kalınca, 1961'den sonra ilk olarak onunla da 1977'de karşılaştık...

1977 yılında sanayicilik yapıyordum. Mehmet, Çukurova Grubu'nda söz sahibi bir patrondu. Çukurova Grubu bankacılığa merak sarmış ve Pamukbank'ın çoğunluk hisselerini almıştı. Hüsnü bir-iki yıl önce askerlik için ABD'den dönmüş, tekrar ABD'ye gitmeye hazırlanırken, Mehmet onu vazgeçirmiş ve Çukurova Kimya Şirketi'nde bir görev vermiş; bu arada Pamukbank'ı da alınca Hüsnü'yü önce yönetim kuruluna koymuş, sonra da bankaya genel müdür yapmıştı.

Bizim sanayi şirketimiz paraya sıkışıktı. Kredi arıyorduk. Kredi bulursak yatırım yapacaktık... Hüsnü'ye gittim. Aynı saate iki-üç randevu verecek kadar yoğun bir tempodaydı. Sekreteri Serpil Hanım beni içerde bir odaya aldı. Pamukbank Hüsnü ile birlikte o aralar önemli bir atağa kalktığı, önemli başarıları yakaladığı için piyasanın çok içinde bir banka olmuştu. Her işe ilgiyle bakıyorlardı. On-on beş dakika sonra Hüsnü hızla kapıdan içeri girdi. Hatırlaşmaya falan zamanı olmayan telaşlı bir görünümdeydi. Yıllardan sonra ilk olarak görüyordum. Profesyonelleşmiş, biraz kilo almış, saçları dökülmüş, görünümü epey değişmişti. Beni gördüğüne sevinmiş bir hali vardı. Veya bana öyle gelmişti. Projemi anlattım. İki buçuk milyon lira orta vadeli kredi istedim. Birkaç soru sordu, sonra:
"Hemen bir proje hazırla, verelim," dedi.

Hüsnü'yle odada en çok beş - altı dakika kalmıştım ve kendime göre de işi hallettiğim için sevinçliydim. Beş-altı gün sonra, bir cumartesi sabahı, Topkapı'daki küçük atölyemizde ben ve ortağım Ali Canlı birlikte çalışırken, bir baktım, haber falan vermeden, Mehmet'le Hüsnü çıkıp gelmezler mi? Çok şaşırdım. Benim gerçekten böyle bir iş yapıp yapmadığımı, yapıyorsam ne yaptığımı görmeye gelmişler. Kısacası istihbaratı bilfiil kendileri yapıyordu. Hem çok takdir ettim, hem şaşırdım. Etkilendim. Sonra da aynı hızla, oturmadan, durmadan bir-iki şakalaşarak, çekip gittiler. Rüzgâr gibi....

Mehmet'i uzun yıllar sonra tekrar o zaman görmüştüm, hiç değişmemiş, aynı çocuksu, sempatik, güler yüzlü ifadesiyle.

Krediyi aldık. O kredi, o zamanlar bizim şirketimize dört beş misli parayı üç ay içinde kazandırmış, oldukça bereketli bir paraydı!

BANKACILIKTA İLK DERS

Sanma ki arkadaşın diye seni tepesine oturtacak
İşine gelmedi mi, kuşkun olmasın, fırlatıp atacak

Aradan dört yıl daha geçti. Sanayi şirketimizi sermaye yetersizliğinden büyütemedik. Sürekli kredi alarak da borcumuzu büyütmekten çekindik. Ortağım Ali ve ben karar verdik: İşi bir profesyonel kadroya bırakıp biz kendimiz de profesyonel olarak çalışacaktık. Mehmet'e bir haber uçurduk. Yıl 1980 sonları. Çukurova Grubu işleri büyütmüş. Pamukbank çok iyi gidiyor. Çukurova Yapı Kredi'nin de hisselerinin çoğunluğunu elde etmiş. Yapı Kredi'nin iştiraki olan Uluslararası Endüstri ve Ticaret Bankası da Çukurova'nın kontrolüne geçmiş. Mehmet üç bankayı kontrol ediyor. Çukurova Grubu'nda en fazla söz sahibi ve "Tek adam"ı oynuyor.

Mehmet beni çağırdı. Birkaç kelime hatırlaşmadan sonra, bana iki iş teklif etti. Biri kendi denizcilik şirketi Genel Denizcilik'te üst düzey bir görev. (Mehmet armatörlüğe de merak sarmış ve beş-altı yıl içinde üç-dört gemi sahibi olmuştu. Bu alanda daha da büyümeyi planlıyordu.) Teklif ettiği diğer görev ise Uluslararası Bankası'nın genel müdürlüğü!

Mehmet çok sakin bir insandır. Koskoca Çukurova imparatorluğunu yönetirken bile, sükuneti, esprileri ve kocaman işleri basite indirgeyen analizleriyle zaman zaman karşısındakini şaşırtmaktan keyif duyan bir yaklaşımı vardır. Kendisine:

"Ben bankacılıktan anlamam, sekiz yıldır sanayicilik yapıyorum," deyince verdiği cevap o günkü gibi net kulaklarımda çınlıyor:

"Biz Pamukbank'ı aldığımızda bankacılıktan anlıyor muyduk? Ankes nedir, disponibilite nedir, diye birbirimizin yüzüne bakıyorduk. Çalıştık, kısa sürede öğrendik. Pamukbank şimdi çok başarılı. Uluslararası'nı da başarılı bir konuma getireceğiz. Korkma yaparsın..." gibi teşvik edici birkaç cümle daha söyledi.

Teklif ettiği iki işten birine karar verebilmek için düşünmem gerektiğini belirterek süre istedim ve heyecanla yanından ayrıldım.

Kısa bir süre sonra kararımı verdim. Uluslararası Bankası'yla ilgili teklifi kabul ettiğimi kendisine bildirdim. Artık "bankacı" olacaktım!

O sırada Erol Aksoy Garanti Bankası Genel Müdürlüğü görevindeydi. Erol'un Koç topluluğunda finansmana yönelik bazı "flaş" hareketleri ve Türkiye için o zamanlar yeni sayılan dış ilişkilerde önemli girişimleri, ilk önceleri Koç Grubu'nu da etkilemiş ve Erol'u Garanti Bankası'nın genel müdürlüğüne getirmişti. Ancak biraz büyük bir organizasyonun yönetim sorumluluğunu genç ve deneyimsiz bir yaşta devralmış olmanın sıkıntısıyla, biraz da hem Koç Grubu'nun hem de Sabancı Grubu'nun banka mülkiyeti üzerindeki çekişmelerinin doğurduğu sorunlarla baş edemeyerek Erol kısa süre sonra Garanti Bankası'ndan ayrılmıştı. Mehmet ise Erol'un bankacılık bilgisine ve yurt dışı ilişkilerine bakarak, hatta sanırım biraz da, "Böyle bir adam karşımda rakip olacağına yanımda olsun," diye düşünerek Uluslararası'ndaki genel müdürlük pozisyonunu Erol'a da teklif etmişti. Aynı görevi aynı anda iki kişiye teklif ettiğini ben daha sonraları gelişmelere bakarak öğrendim.

Vural, aynı sıralarda Pamukbank'ta Hüsnü'nün genel müdür yardımcısı... Vural'ın da Robert Kolejli olması ve sınıf arkadaşı olmamız dolayısıyla Uluslararası Bankası'nın

genel müdürlüğü konusundaki gelişmeleri ben Vural'dan da izliyordum.
Aslında biz okulda Vural'la bir ara çok yakındık. Ortaokul mezuniyeti gecesi Vural bana hayatımın ilk (ve tek!) "Beyoğlu Geceleri" deneyimini yaşatan kişidir. O zamanlar, 1960'lı yılların başlarında Vural bazılarımıza göre daha deneyimliydi. Ortaokuldan mezun olduğumuzda Vural, Marsel (şimdi ABD'de ünlü bir nörolog) ile beni Beyoğlu'ndaki gece yaşamıyla tanıştırmıştı. Biz daha sonra Marsel'le baş başa kalıp, ilk purolarımızı içerek, Beyoğlu'nun arka sokaklarında bir otelde birer oda bulup, (ilk ve son kez) sabahlamıştık.

Vural'a bir-iki kere sordum:
"Uluslararası işi ne oldu, ne zaman göreve başlayacağım?"
Vural, "Genel Kurul'dan sonra..." falan diye geçiştirdi.

Bu arada Uluslararası Bankası içinde de benim genel müdür olacağıma dair söylentilerin yoğunlaştığına yönelik haberler geliyordu.

Bir-iki hafta sonra Mehmet telefon etti. Divan Oteli'ne yemeğe çağırdı. Gittim. Erol da geldi, üçümüz anlam veremediğim bir yemek yedik. Erol'la ilk orada tanıştım. Karşısındakine biraz tepeden bakıyormuş, küçümseyen bir tavır içindeymiş gibi hissettim. O da zaten beni beğenmemiş. Sonunda Mehmet onu tercih etti, Uluslararası'na genel müdür yaptı. Bana da telefon edip:
"Hüsnü seninle görüşmek istiyor," dedi.

İşte Mehmet'in bana iş teklifi. Ve bana bankacılıkta kendine özgü yöntemiyle "çalım atıp" ilk dersi vererek beni bankacılığa yönlendirmesi.

Sonra Hüsnü'yü aradım. Bana Pamukbank'ta genel müdür yardımcılığı önerdi. İşi, ne yapmam gerektiğini anlattı. Bu noktada biraz duraksadım. Bir hafta öncesine kadar bir bankanın genel müdürlüğü teklif edilirken, şimdi söz konusu olan daha büyük bir banka bile olsa, "genel müdür yardımcılığı" önerisi kabul edilir miydi? Edilebileceğine karar verdim. Fazla dert edinmedim. Kendime güveniyordum. Hüsnü'ye de güveniyordum. Mademki karar vermiştim, profesyonel olarak çalışacaktım, bir yerden başlayıp yürümem gerekiyordu. Bankacı olacaksam bu işte hiç olmazsa üç-dört yıl deneyimi olan birinin yanında işe başlamam belki de daha doğru olur, diye düşündüm. Zaten daha iki hafta önce, ilk öneri yapıldığında, "Ben bankacılıktan anlamam, sekiz yıldır sanayicilik yapıyorum," diye düşünen ben değil miydim! Öneriyi kabul ettim.

Kısa süre sonra Pamukbank'ta genel müdür yardımcısı olarak göreve başladım. Galatasaray'daki pembe renkli merkez binada oturacak yer yoktu. Yakınlarda, Beyoğlu pavyonlarının ötesinde, bir hanın karanlık koridorları arasında, ikinci katta bir han odasına yerleştim. Odam umduğumdan biraz büyüktü. Duvarları bomboş, yerde bir halı, kenarda bir masa, önünde iki koltuk vardı. Başlangıçta kendimi oldukça yalnız hissettim ama yeni adresimin tarifi çok kolaydı: Alt katta kiralık gelinlik ve damatlık giysileri pazarlayan bir dükkânın hemen üzerindeydim.

BANKA YÖNETİM KURULU İLE İLK TANIŞMAM
PAMUKBANK GÜNLERİ

Kurtlar sofrasında kuş sütüyle taze enginar
Arada yemek zorunda kaldığın bayat ekmek de var

Bir hafta sonra yönetim kuruluna çağırdılar, yönetim kurulu üyeleriyle tanışmam için. Mehmet beni yanındaki koltuğa oturttu. Salonda Mehmet'ten başka bir de Hüsnü'yü tanıyordum. Birçok yaşlı başlı, hiç tanımadığım ama bana asık suratlı gibi gelen - daha sonraları hepsinin de son derece nazik, beyefendi kişiler olduğunu keşfettiğim - adam bana bakıyordu. Özcan Bey, Tekin Bey, Ali Doğan Bey, Kemal Bey... Kendimi tanıtmam için bana söz verildi. Birkaç cümleyle neler yaptığımı, kim olduğumu anlatmaya başlamıştım ki, birden bir soru geldi. Sonradan adının Cavit Oral olduğunu öğrendiğim kişiden:

"İş programınızı ve çalışma planlarınızı bize anlatın, bu görevde neler yapmayı düşünüyorsunuz?"

Bu da nereden çıktı! Benim böyle bir hazırlığım yok. Yönetim kuruluna bir program vb. hazırlamam gerektiği konusunda kimseden bir uyarı almamışım. Hüsnü bana yalnız:

"Kısa bir özgeçmişini hazırla, yeter, " demişti.

Biraz toparlanıp cevap vermek üzereydim ki, Cavit Bey sözüne devam etti:

"... malum Türkiye ekonomisi ve bankacılık önemli bir geçiş döneminde bazı mühim... ekonomik... bankacılık... konjonktür... vaziyet... yüksek faiz... mevduat... döviz... Pamukbank... yönetim... Hüsnü Bey enerjik... müşteriler... krediler... dikkat..." bu hava üzerine konuşması yak-

laşık on beş dakika sürdü.
Bir yandan soruyor, diğer yandan sorduklarını da kendisi cevaplıyor. Neler yapmam gerektiğini, vb. düşüncelerini, galiba benim düşündüklerimi pek merak etmeden iyice toparlıyordu. Bir an ayağıma bir tekme geldiğini hissettim. Mehmet'tendi. Döndüm baktım. Göz kırptı. Tekmesi ve göz kırpmasının anlamını daha sonra Cavit Oral'ı tanıdıkça çok kolay çözdüm. Yönetim kurulundaki ilk günümde ayağıma yediğim tekme ve Mehmet'in göz kırpması: "Sen boş ver, o konuşmayı çok sever, bırak konuşsun. Zaten sen konuşsan da fark etmez, nasıl olsa dinlemeyecek..." anlamındaydı.
Ya da ben öyle yorumlamak istemiştim... Beni o gerginlik anımda, canımın acımasına rağmen, son derece rahatlatan bir tekmeydi. Bunda da bir kasıt vardı ama yine de top sahalarında attığı tekmelerden çok farklıydı...
Yönetim kurulu başkan vekili ve kredi komitesi başkanı Cavit Oral çok birikimli, esprili ve bilgili bir kişiydi. Şeker hastasıydı. Acıktığında kolay sinirlenirdi. Az dinler ve çok konuşurdu. Yıllar yılı bankacılık yapmış, meslekte önemli deneyimler kazanmıştı. Ben de kendisinden çok şey öğrendim. İyi niyetli, açık yürekliydi. Kendi değerlendirmesine göre, sözünü esirgemediği için politikacılarla ters düştüğünden, bazı kamu kuruluşlarında üst düzey yöneticilik yaşamı da çok kısa olmuştu. İleri yaşı ve şekerine rağmen çalışmak zorundaydı. Pamukbank Yönetim Kurulu'nda ve Kredi Komitesi'nde uzun yıllar görev yapmıştı. Mehmet'in bankacılık ufku Cavit Oral ve benzeri deneyimli kişileri el üstünde tutuyordu.
Muzaffer Ersoy Yapı Kredi kökenli ve deneyimli bir bankacı olarak yönetim kuruluna yeni katılmıştı. Kredi Komitesi toplantıları Muzaffer Bey'in katılımıyla biraz düzene girmiş, Cavit Oral'ın uzun monologları seyrelmiş, belki bi-

zim de deneyimsizliklerimizden kaynaklanan kapris ve diktalarından hafifçe kurtulmuştuk. Ancak bizce en önemli sorun Cavit Bey'in kızmaması, sinirlenmemesiydi. Kızıp, sinirlenince kredi dosyalarına takılmaya başlıyor, imzalamıyor, zorluk çıkartıyordu. Toplantılar uzuyor, randevular birbirine giriyordu. Randevuların birbirine girmesine özellikle Hüsnü'nün tahammülü yoktu. Hüsnü için müşterilerle randevular her şeyin önündeydi. Monologlar uzayınca Hüsnü, ceketini iskemlede bırakıp karşı odada randevusuna gidip geri döndüğünde Cavit Bey sözünü sakınmaz, "Hüsnü Bey, kardeşim, toplantıyı seninle mi yapacağız yoksa ceketinle mi?" diye takılırdı. Bu yüzden toplantı günleri herkes ne yapacağını şaşırıyordu. Muzaffer Bey ilk iki toplantıdan sonra durumu gözledi ve bir gün bana özel olarak şunları söyledi:

"Bizim Kâzım Taşkent de böyleydi. Şekerli insanlar çabuk acıkır, acıkınca da şekeri düşer ve sinirlenebilirler. Durum psikolojik değil, biyolojik bir sorundur. Çözümü de kolaydır. Biz Kâzım Bey'de denemiş ve başarmıştık."

Cavit Bey'i kredi komitesi ve yönetim kurulunda rahatlatabilmek ve bazı kararları kolay aldırabilmek için Muzaffer Ersoy'ın yıllanmış Kâzım Taşkent taktiğini uygulamaya karar verdik. Muzaffer Bey duruma oldukça bilimsel yaklaşmıştı. Toplantı günleri sabah 10:45'te toplantı odasına sıcak kanepeler, portakal suyu veya ayran ikramlarıyla Cavit Bey'in düşen şekerini yükselterek, toplantıları hızlandırmayı başarabildik. Karnı biraz doyduktan sonra, kandaki şeker seviyesi yükselir, rahatlardı. İncelememiz gereken dosyaları daha gerçekçi değerlendirir, esprileri canlanır, daha hızla sonuçlandırma olanağını bulur, işlerimiz çabuk biterdi.

Her yönetim kurulu üyesi kuruma biraz ısınınca, yetkilenince kendisine özel bir şeyler yapılmasını bekler. İlerleyen yıllarda yabancılarla temaslarıma da bakarak buna biraz şaşırdığımı itiraf etmeliyim. Çünkü yalnız Türkiye'de görev tanımlarının hep belirsiz bırakıldığını ve herkesin kişisel yorumuna göre kendi yetkilerinin duvarlarını zorlamaya çalıştığını görür gibi oldum. Her nedense bazı yönetim kurulu üyelerinde bu tür düşünceler önce görünümde değişiklik yaratma çabalarıyla başlar.

"Önce görünüm düzeltilmeli, işin esasına inecek çalışmaları daha sonra da yapabiliriz," düşüncesi egemen olur.

Bir deneyimli bankacı bankamıza murahhas aza olunca bankanın yedinci katındaki odasının büyütülmesini ve masasının da daha büyük bir masayla değiştirilmesini istedi. Ancak yedinci katta kendisine daha büyük bir oda tahsis olanağımız yoktu. Bankanın mimarları seferber oldular ve odayı nasıl büyütebileceklerini düşünmeye başladılar. Bir olanak bulamadılar. Bitişiğindeki oda öteki yönetim kurulu üyelerinden Sezer Birgili'ye aitti, rica ettik. Kendisi zaten toplantıdan toplantıya geliyordu, belki de özel bir odaya ihtiyacı olmayabilirdi! Son derece efendi ve anlayışlı bir insan olan Sezer Bey durumu anladı ve odasından vazgeçti. Aradaki bölmeyi kaldırarak Sezer Bey'i odasız bıraktık ve murahhas azaya yakışır büyüklükte bir oda yarattık.

ÇUKUROVA OLAYI

İş yaşamında mucizelere yer yok, paraya tapma
Çoğa tamah edenin itibarı yok, geleceğini satma

Pamukbank'a gireli kısa bir süre olmuştu ki, Çukurova olayı patlak verdi. Bazı Caterpillar parçalarının yurtiçine gümrüksüz girmesinden, Caterpillar'ın Türkiye genel mümessili olması nedeniyle Çukurova İthalat şirketi sorumlu tutulmuştu. Çukurova İthalat'ın Genel Müdürü Mehmet de ciddi suçlamalara hedef olmuştu. Mehmet ortalık yatışana kadar bu dönemi yurtdışında geçirmeyi tercih etmişti. Aynı olaydan suçlanan bir başka Çukurova yetkilisi, Osman Berkmen de bu dönemde Mehmet'i İsviçre'de yalnız bırakmayarak, o da yurtdışına Mehmet'in yanına gidince, birden Çukurova topluluğunda bir fırtına kopmuş, bir boşluk oluşmuştu.

Mehmet'in yurtdışında olduğu dönemde Hüsnü'yle arası biraz açıldı. Pek konuşmadılar. Mehmet grubun Pamukbank'tan bazı taleplerini gidermek için herkese başvuruyor, Hüsnü'yle konuşmaktan kaçınıyordu. Bu arada bana da arada bir telefon ediyor, herhangi bir konuyla ilgili işlerin olumsuz gitmesi halinde şiddetli tepki gösteriyordu. İstediği, şirketleriyle ilgili işlerin yarı yolda kalmaması için bazı kredi işlemlerinin yapılmasıydı. Hüsnü de bunlara direnç gösterince herhalde sinirleniyordu. Bu konuşmalardan birinde Mehmet'in yanında bulunan bir arkadaşımın aktardığına bakılırsa, Mehmet yurtdışında kalmanın gerilimi ve sözünün bankamız üst yönetimi tarafından dinlenmemesinin yarattığı sinir ve kızgınlık sonucu Cenevre'deki ofisine bir beyzbol sopası aldırmış. Telefonda Çukurova grubundan biriyle konuşurken, ters bir durum ortaya çıktığında, telefonun yanındaki toplantı masasının kenarına beyzbol sopasını vurmaya başlar ve olumsuzluklara karşı fiziki tepkisini öyle gösterirmiş. Söylenti odur ki kısa bir süre sonra masa bir hayli yıpranmış ve bir keresinde de beyzbol sopası kırılmış.

Kısacası durumum zordu. Hüsnü bankanın genel müdürüydü. Mehmet, hatta zaman zaman babası, sık sık olayı benim üzerimden götürmeye yelteniyorlardı. Rahatsız oluyordum. Bir keresinde yönetim kurulu başkanı baba Karamehmet'e:

"Bir gemide tek kaptan olur, geminin rotasını ikinci kaptanlarla düzeltmeye kalkarsanız ben bu işte yokum," dedim.

Bu konuşmayı da aynen Hüsnü'ye aktardım. Kurumsal veya kişisel "fırsatçılıklara" inanmadığımı, prim vermediğimi, bu tür fırsatçılığa da hiçbir zaman iyi gözle bakmadığımı açıkça söyledim.

Mehmet'le Osman'ın yurtdışında kalmaları iki yıldan fazla sürdü. Bu dönemde bir yandan hukuki işlemler sürerken diğer yandan Mehmet'in suçsuzluğunu çeşitli kademelere duyurabilmek için herkes çaba sarf etmekteydi. Bu çabalara ben de şahsen katıldım ve Mehmet'i Özal'la görüştürmeyi de başardım.

Başbakan yardımcılığı sırasında Turgut Özal'ın bir Libya gezisi olmuştu. Özal bu tür gezilerde yanına bir uçak dolusu işadamını da almayı gelenek haline getirmişti. Libya ile yakın işbirliğimiz nedeniyle bu geziye Pamukbank'ı temsilen ben de katılacaktım. Kanımca konuyu Özal'a açmak için yurtdışında uygun bir ortam yaratılabilirdi. İşte bunu düşünerek Mehmet ve Osman'ı da aynı tarihlerde Libya'ya getirmenin yollarını aradık. Madem ki Türkiye'ye gelmiyorlardı, o zaman Türkiye dışında buluşturmanın yollarını

bulacaktık.
Tuhaftır ama Mehmet'i böyle bir buluşmaya ikna etmek epey zor oldu, zaman aldı. Mehmet Çukurova işinde suçsuzluğuna o kadar inanmıştı ki, adının bu işe bulaştırılması bile onu yeteri kadar kızdırmış ve üzmüştü. Bu konuda herhangi bir hukuk dışı girişime karşı çok sert tepki gösteriyordu. Suçsuz olduğunu düşündüğü bir konuda af dilemeye tahammülü yoktu.

Bu arada Mehmet'in Libya'ya giriş vizesi alınmasında da bazı teknik sorunlar çıkmıştı. O zamanlar Libya yetkili makamları üzerinde var olduğunu sandığım etkisi dolayısıyla, bu sorunların çözüme kavuşmasına yardımcı olabileceği düşüncesiyle Mehmet Okumuş'tan şahsen ricada bulunmuştum.

Özal'ın Libya işadamları heyetinde, o dönemde Libya'ya önemli ihracat yapan işadamı Okumuş da bulunmaktaydı. Libya'ya inip otele geldiğimizde ben doğrudan Okumuş'un otel odasına çıktım. Okumuş odasından bazı randevular için girişimde bulunacak, Mehmet'in vize işleri için de temasta bulunacaktı. Süratle vize işini çözümleyebileceğini umuyorduk. Odaya çıktığımda, odada o sıralarda Okumuş'la birlikte çalışan Hikmet Bey de vardı. Okumuş bir yandan konuşup diğer yandan üzerini değiştirmek için soyunmaya başladı. Önce gömleğini çıkarttı. Ben biraz garipsedim.

"Yoldan yeni geldi, gömleğini değiştirmesi doğaldır. Herhalde burada durur," diye düşündüm.

Durmadı. Devam etti. Ne diyeceğimi bilemiyordum. O ise konuşmasını sürdürüyor, vize için kime ne zaman telefon edeceğini falan söylüyordu. Arkamı döndüm.

Libya'ya geldiğimizden bir gün sonra Mehmet ve Osman da geldiler. Vize işleri, Okumuş'un katkısıyla mı bilemem, halolduğundan, girişte hiçbir sorun çıkmamıştı.

Çevredeki iş adamlarına çok fazla reklam etmeden Özal'la Mehmet'in buluşmasını sağlayacak en uygun pozisyon Libya'da iş yapan inşaat şirketlerinden birinin Libya Müdürü'nün evinde, (o da bir başka Mehmet'ti) verilecek akşam yemeği davetinde yaratılabilirdi. Özal davete biraz geç geldi. Etrafı çok kalabalıktı. Fırsat bulan herkes yanına yaklaşıp derdini anlatmaya çalışıyordu. Özal'ın Başbakan Yardımcılığı'ndan beri hep aynı manzara... Bir takım kişiler Özal'ı görür görmez hemen yanına yapışıp iş ve sorun çözmeye çalışırlardı. Ben de zaman zaman onları kıskanır "Neden benim de Başbakan'la çözülecek bir sorunum olmaz," diye hayıflanırdım.

Tuhaftır ama, yaşamımda neyi ısrarla istemişsem hemen hepsi bir şekilde olmuştur. Nitekim işte şimdi de Özal'la halledeceğim bir "soruna" sahiptim. Yıllardır beklediğim fırsat gelip çatmıştı! Artık benim de Özal'la görüşecek "önemli" bir konum vardı. Ben de bir boş pozisyon yaratıp, Özal'a Mehmet'in Libya'da olduğunu ve kendisiyle görüşmek istediğini söylemek için çabalıyordum.

Yaklaşık on beş dakika kadar Özal'ın peşinde dolaştım. Sorunlarını Özal'la görüşmek için benden daha deneyimli olanların Özal'a yakınlaşmalarını izledim. Bir ara yakaladım ve konuyu açtım. Kabul etti. Mehmet'i hemen getirttik. İçerdeki bir odada baş başa görüştüler. Bu görüşmede konuşulanları bilmiyorum ama sanıyorum bu görüşmenin herhangi bir çözüme pek fazla yararı olmadı. Mehmet herhalde:

"Benim hiçbir suçum yok, niçin beni suçluyorlar..." falan demiştir.

Özal da, herhalde buna karşılık:

"Madem suçun yok gel şu iş bitsin," veya "işler nasıl gidiyor," falan demiştir. Bu görüşmeye rağmen Mehmet'in dönüşü epey sonra oldu.

TÜRKİYE-LİBYA DOSTLUK DERNEĞİ

Kendi vicdanına hesabını veremeyeceğin hiçbir adımı atma
Yaptıklarınla gurur duy, sakın endişeyle arkana bakma

Pamukbank'ta genel müdür yardımcısı olarak ilk görevim ihracat potansiyeli taşıyan projeleri, müşterileri bankaya yönlendirmekti. Bu nedenle ne kadar ihracatçı varsa ve nerede bir ihracat olayı varsa mümkün olduğu kadar yakınında olmak için çaba göstermekteydim.
 1982 yılının en flaş ihracat ülkelerinden biri Libya'ydı. Bir yandan Türk müteahhitler var güçleriyle Libya'da iş almaya çalışıyor, diğer yandan Türk ihracatçısı çividen, plastik çiçeklere; zeytinyağından, konfeksiyon ürünlerine kadar her şeyi Libya'ya satmaya çalışıyordu. O dönemde başarılı ve atılımcı bir ihracatçımız yedi buçuk milyon adet tahta mandal için ihracat bağlantısı yapmıştı. Girişimci ihracatçımız iki buçuk milyon nüfuslu Libya'ya adam başı üç mandalı bulan bu siparişi gerçekleştirmek için Batı Karadeniz yöresindeki pek çok köyü seferber etmişti. Sonunda da bu miktarda mandalı ihraç etmeyi başarmıştı. Aynı atılımcı ve yaratıcı kişi yine Libya'yla bir başka seferde yüz elli bin adet tahta baston siparişi bağlamış ve bu işi de gerçekleştirmişti.
 Bir başka ihracatçı ise yine Libya'ya iki milyon adet kemer satmıştı. Libya'nın erkek nüfusu bir yana, Libya'lı erkeklerin önemli bir bölümünün pantolon değil entari giydiklerini de düşündüğümüzde bunca kemerin kaç yıl süreyle, nasıl bir kullanım alanı bulacağını hep merak etmişimdir. Kısacası o dönemde gerçekten olağanüstü bir ihracat seferberliği yaşanıyor ve özellikle devletin verdiği teşviklerden

de yararlanmak amacıyla herkesin kafası bir ihracat yaratıcılığına doğru çalışıyordu.

Türkiye ekonomisinin dışa açılmasının en güzel, en yaratıcı örneklerinin yaşandığı 1980'li yıllarda, ekonomideki serbestleşme ve liberal düşünce eğilimleri ile bürokrasinin kuralları arasında zaman zaman ilginç çatışmalar yaşanıyordu. Bunun en güzel örneği olduğuna inandığım ve bir ekonomik modelde teşvik verildiğinde insanların ekonomik yaratıcılığının ne boyutlara vardığını, bürokrasinin ise bazen bu gelişmeye ayak uydurmakta ne kadar güçlük çekebildiğini gösteren küçük bir ihracat olayını burada aktarmayı gerekli görüyorum.

Giderek genişleyen dış ilişkileri sırasında, girişimci bir işadamı Türkiye'den bazı değişik malların da Suudi Arabistan'a satılabileceğini düşünmekteydi. Seccade, Kuranıkerim, battaniye gibi geleneksel (!) ürünlerin dışında yeni bir şey daha olabilirdi, olmalıydı. Yapılan çeşitli iç ve dış temaslar sonucu anlaşılan Suudi Arabistan'da ilk aşamada kolay pazarlanabilecek mallardan biri de "güvercin"di. Bir Suudlu vatandaş Türkiye'den canlı güvercin almak istiyordu.

Bu konuda bir Türk ihracatçısıyla anlaşarak bağlantı yapılmış ve ihracatçıya siparişi kesinleştiren akreditif bir Türk bankasına açılmıştı. Uyanık Türk ihracatçısı hemen kolları sıvar ve birkaç boş gezen kişiyle anlaşır. Gerekli "malzemeyi" (kafes ve mısır taneleri olmalı!) temin ederler. Eminönü'ndeki Yenicami alanına yerleşirler. İhracatçı şirketin genel müdürü ve yöneticileri yaptıkları stratejik yer seçimi kararından memnundurlar! Yenicami'den daha bol ve ehli güvercini başka bir yerde bulamayacaklarını bilmektedirler. Amaca en uygun yer burasıdır. İhracatçı şirketin ekibi mısır taneleri üzerinde uçuşan güvercinlere doğru ilerlemeye başlar. Bir yandan ellerindeki kafesler, diğer yandan ürküp uçuşan, ancak yerdeki mısır tanelerinin çekiciliğiyle ve fazla besili olmanın getirdiği tembellikle uzun süre havada kalamadıkları için tekrar yere konan güvercinlerin kanat sesleri, çıkardıkları tozlu rüzgâr, turizm veya iş amacıyla gelip geçen kişilerin dikkatini çeker.

Özellikle o yöre halkının bu tür görüntülere ayıracak zamanının bolluğu nedeniyle seyirci sayısı kısa zamanda artar, ihracatçı ekibin ve güvercinlerin çevresindeki halka genişler. Şirket yetkilileri büyük bir özenle ve ciddiyet içinde alanda uçuşan, kaçışan güvercinlerin peşinde koşmaktadırlar. Onlar için artık güvercin biraz döviz, biraz vergi iadesi, biraz düşük faizli kredi, biraz vb... teşviklerden oluşan önemli bir kazanç unsurudur. Bu büyük kazanç potansiyelini kısa zamanda kafese koymak gerekmektedir.

Yaklaşık bir saat süren bu eğlenceli ve hareketli ihracata hazırlık faaliyeti, olaya hızla müdahale etmek ihtiyacını duyan birkaç polisin düdük sesleriyle birden duraksar. O anda "Türkiye Ekonomisinin Dışa Açılması ve Bürokratik Engeller" adlı bir seminere konu olabilecek ilginç bir tartışma başlar:

Polis ihracatçılara ne yaptıklarını sorar. Onlar da Suudi Arabistan'dan güvercin siparişi aldıklarını ve bu siparişi yerine getirmeye çalıştıklarını söylerler. Polis pek bir şey anlamaz ve boş gözlerle bakarak, ihracatçılara Eminönü meydanının düzenini bozduklarından, trafiğin aksadığından, vilayetten izin olmaksızın toplantı yapılamayacağından söz eder. İhracatçılar da yaptıkları işe inanan kişilerin rahatlığı içinde ülkemizde başıboş uçuşan pek çok güvercin olduğunu ve bunların yalnız mısır tüketip çevreyi pislettiklerini, başka bir işe yaramadıklarını, amaçlarının trafiği aksatmak, düzeni bozmak değil, ekonomik bir çalışma olduğunu belirtirler. Polis,

"Bu güvercinlerin Eminönü yöresine ve Yenicami'ye

ait olduğunu, bunların ihraç edilebilmesi için herhalde belirli mercilerden izin alınması gerektiğini," ihtaren, sözlü olarak tebliğ eder.

İhracatçı şirket yetkilileri ise,

"... böyle bir izne gerek olmadığını, Resmi Gazete'nin son sayısında yayınlanan ilgili tebliğde ülkemizden güvercin ihracatının da artık serbest bırakıldığını, aslında bu güvercinlerin kimsenin malı olmadığını, dolayısıyla rahatlıkla ve engelsiz bunları ihraç edip ülkemize döviz kazandırabileceklerini, polisin böyle önemli bir döviz kazandırıcı işe engel olması halinde ise ülkeye ve topluma iyilik yerine kötülük yapmış olabileceğini, esasen bu girişimi engellemeye de pek hakkı olmadığını," belirtirler.

O ara tartışma biraz kızışır. Gelişmelerden hem polis, hem ihracatçı, hem de seyirciler tedirgin olmuştur. Memnun olmayanlar ise yüzyıllardan bu yana uçuştukları Yenicami alanında ekonomideki liberalleşme ve döviz kazanma uğruna rahatları kaçan güvercinlerdir.

Tartışma biraz daha sürer, izleyicilerden de karışanlar olur, polis aracından birkaç polis daha duruma katılır ve 1980'li yılların daha başlangıcında olduğumuz için bu tartışmada ihracatçı kaybeder, ellerinde boş kafeslerle, birkaç kilo mısır torbasıyla birlikte polisin muzaffer bakışı, güvercinlerin de hoşnut kanat çırpışları arasında sıkıntıyla uzaklaşıp giderler.

Suudi Arabistan'dan alınan bu güvercin siparişinin sonunda gerçekleşip gerçekleşmediğini bilmiyorum...

Ülkemizin bu hızlı döviz arayışı sırasında güvercinlerin döviz kazandırıcı işlemlerde başka rollerinin de olduğunu daha ilerki tarihlerde yeniden öğrenecektim! Konumuzla doğrudan ilgili olmamakla birlikte, söz güvercinden açılmışken, bir güvercin hikâyesini daha kısaca özetlememe okurun anlayış göstereceğini umarım.

Yine aynı yılların bir başka döviz kazandırıcı sektörü olarak hızlı çıkışını başlatan turizm sektörünün en hızla geliştiği yörelerimizden Bodrum'a giden bir grup turist yeni belediye başkanı tarafından özenle karşılanır. Belediye başkanı hem yeni seçilmiş olmanın heyecanı, hem de çevreye örnek olup turizm dövizi sağlayabilme düşüncesiyle, birkaç turistten oluşan, sezonun ilk turist grubuna Bodrum müzesini şahsen gezdirip ilgilenmek istemektedir.

Birlikte müzeye giderler. Başkan müzenin giriş kapısından içeri adımını atar atmaz, rastlantı bu ya, uçuşan güvercinlerden biri dışkısını Başkan'ın iki omuzunun tam ortasındaki yüksek alana bırakıverir. Başkan içine düştüğü sıkıntılı durumdan nasıl kurtulacağını pek bilmeden, bir yandan mendiliyle başını temizlerken diğer yandan müze müdürüne en sert talimatını verir:

"Kafama pisleyen kuşu hemen tutuklayın!"

Başkan turist grubuyla birlikte müzenin içine doğru ilerler.

Başkan'ın talimatını herkes duyar ve şaşırır, turistler ise dil bilgilerinin eksikliğinden durumu pek kavramazlar. Müze dolaşılır ve şehrin birkaç ilginç noktası da gezdirildikten sonra herkes işine döner. Başkan'ın talimatını alan müze müdürü ilk başta ne yapacağını pek bilemez. Yeni olması nedeniyle Başkan'ın tavrını da kestirememektedir. İşi pek riske sokmamaya karar verir. Müze bahçesinin yanında, çalıların arasında, bekçilerin korumaya aldığı, bir haftadır yumurtlamasını bekledikleri sakat bir martının üzerine bir kafes teli gererler.

Aradan iki gün geçmeden Belediye Başkanı müze müdürünü tekrar ziyarete gelir. Tabii ki ilk sorusu:

"Tutuklu kuş nerede," olur.

Bekçiler hemen sakat ve gebe martıyı, kafes tellerine sarılı olarak getirip gösterirler. Martıyı güvercinden ayırabilecek derinlikte kuş bilgisi olmayan Başkan talimatının dinlenmiş olmasından büyük keyif alır. Teşekkür eder. Ancak arkasını dönüp gitmeden müze müdürü Başkan'a yaklaşır ve kulağına fısıldayıverir:

"Sayın Başkanım tutukluluk süresi müebbet mi, yoksa süreli mi olacak?"

Bu hızlı, yaratıcı ve heyecanlı ihracat döneminin atak bankası olarak biz de bu olayların içinde, Türk ihracatçısına, turizmcisine ve müteahhidine yardımcı olup, onları finanse etmek için çabalıyor, sonuçta ihracat dövizlerini bankamıza yönlendirmeye çalışıyorduk.

Özellikle Libya pazarının kısa sürede bu kadar hızlı gelişmesi sonucu işler önem kazanmış, bu işi daha iyi yönlendirmek için bir Türkiye-Libya İşadamları Derneği kurulmasına karar vermiştik. İşin başını o zamanların flaş ihracatçısı ve Libya pazarına girmek isteyen herkesin yanına yaklaşmak istediği Mehmet Okumuş çekiyordu. Okumuş, Pierre Cardin etiketiyle Libya'ya bir sürü tekstil ürünü ihraç ediyordu. Takım elbiseler, ceketler, pantolonlar vb. Gelen siparişler yirmi-otuz milyon dolar düzeyindeydi.

Derneğin kuruluş çalışmalarına başlamak amacıyla Okumuş'un Cağaloğlu'ndaki yazıhanesinde toplandık. Çukurova Dış Ticaret'i temsilen Hasan Karamehmet ve Emin Karagülle, Sesa'yı temsilen Turan Sarıcı, Karat'ı temsilen Yener Tugay, Pamukbank'ı temsilen ben, Libya tarafını temsilen o zamanların Ticaret Ataşesi Muhammed Sharshari ve birkaç arkadaş daha oturduk neler yapılacağını konuştuk. Dernek kurmaya karar verdik. Her kurum iki yüz ellişer bin lira yatırarak derneğe üye olabilecekti. Paralar Pamukbank'ta dernek adına açtırılacak bir hesapta toplanacaktı ve bu paraları çekmeye derneği temsilen ben ve Yener yetkili olacaktık. Tüm arkadaşlar da kurucu üye olarak bir takım formaliteleri en kısa zamanda tamamlayacak ve sonra dernekler masasına başvurulacaktı.

Herkes bir-iki hafta içinde üzerine düşeni yaptı. Belgeleri hazırladık, Okumuş'un o sıralardaki üst düzey yöneticilerinden olan Celalettin Bey'e teslim ettik. Aradan bir-iki ay geçti, derneğin kuruluşundan bir haber çıkmadı. Birkaç toplantı daha yaptık. Her seferinde işleri yakından izleyen Celalettin Bey işlemlerin iyi gittiğini, 12 Eylül sonrası olduğu için bazı konulara titizlik gösterildiğini söylüyordu. Biraz daha gecikince işlerin yine iyi gittiğini ama konu bir yabancı ülkeyi de ilgilendirdiğinden üzerinde hassasiyetle durulduğunu ekliyordu.

Süre biraz daha uzayınca biz kurucu üyeler bu gecikmeden rahatsız olduk. Belki biraz da baskı yaratabiliriz düşüncesiyle zamanın İstanbul Valisi Nevzat Ayaz'ı makamında ziyaret etmeye karar verdik. Randevu alınırken "Kuruluş Halinde Türkiye- Libya İşadamları Derneği'nin kurucu üyeleri," olarak adımızı yazdırdık. Vali Bey "Dernek kurulmadan bunlar nasıl faaliyet gösteriyor," şeklinde bir düşünceye kapılmasın diye olabildiğince ince düşünmüş ve "kuruluş halinde" demeyi titizlikle uygun görmüştük. Bu arada bizim bankada biriken derneğin parası da bir hayli önemli bir rakama ulaştığından, ben daha şimdiden bu dernekle ilgili iyi sonuçların alınmaya başladığını genel müdürüm Hüsnü'ye müjdeliyordum.

Valiyi ziyarete gittik. Kendisi bizi kutladı. Okumuş bu işin iki ülke arasındaki dostluğun ve ekonomik işbirliğinin gelişmesine ne kadar yardımcı olacağını söyledi. Biz de uygun bir dille derneğin kurulmasının bu kadar gecikmesinin kimseye bir yarar sağlamadığını anlattık. Ben söz aldım ve özellikle bu işi hızlandırmak gerektiğini, ortada bir pürüz varsa bu pürüzün derhal kaldırılmasının ülke menfaatleri açısından önemli olduğunu, falan söyledim. Vali Ayaz durumu kavradı, şu sıralarda dernek kurmanın güçlüklerin-

den söz etti ve dosyayı kendisinin de bizzat izleyeceğini, ilgileneceğini belirtti.
Aradan bir-iki ay daha geçti. Biz toplantı yapmayı sürdürdük. Dernek kuruluşundan hâlâ bir haber yoktu. Bir gün Okumuş bana telefon etti. Telefonda, "Seninle önemli bir şey görüşmek istiyorum, telefonda olmaz, buraya gelebilir misin?" dedi.
Merak etmiştim. Okumuş'la geniş bir kredi ilişkimiz yoktu, acaba Libya'dan ilginç bir iş çıktı da bize mi teklif edecek, diye düşündüm. Sonra "Adam ayağına çağırdığına göre işle ilgili, ya da bir kredi meselesi olamaz," diye yorumladım. İşle ilgili olsa, bankadan kredi isteyecek olsa, onun beni ziyarete gelmesi gerekirdi. Öyleyse ne olabilirdi? Beni bulunduğu yere çağırmak istediğine göre bu mutlaka kişisel bir şey olmalıydı. Kalktım gittim.
Okumuş o zamanlar çok şişmandı. Göbeği engellediği için, masaya en çok yetmiş beş santim kadar yaklaşarak oturabiliyordu. Onun için koltuğunda hep geri kaykılmış gibi dururdu.
"Sana," diye söze başladı. "Özel bir soru soracağım."
Mehmet Okumuş, durduk yerde bana niçin özel bir soru sormak istiyordu acaba? Gerçekten merak etmiştim. Devam etti:
"Sen üniversiteden mezuniyetin sırasında bir toplantıda bir konuşma yapmışsın. Ve bu konuşmanda üniversite gençliğini tahrik edecek cümleler kullanmışsın. Bundan dolayı 'fişlenmişsin'. Bu nedenle bizim derneğin kurucu üyesi olman mümkün değil. Dernekler masası bunca zamandır senin dosyana takıldığı için bu derneğin kuruluş işlemleri de gecikiyormuş. Haliyle önceden 'fişlenmiş' bir kişinin dernek kurucusu olmasına izin vermezler. Bu işi bir an önce düzeltmelisin. Yarın milletvekili falan olmaya kalkarsın, bu yine karşına çıkar..."

Önce çok sıkıldım. Herhalde epey kızarmışımdır. Sonra kızmaya başladım. Arkadan işin tuhaflığına güleyim mi, diye düşündüm. Altı aydan beri kurmaya çalıştığımız, her türlü "torpili" deneyip başaramadığımız derneğin kuruluşunun tek engeli benmişim! Hem de nasıl bir nedenle. Üstelik adam "sana özel bir soru soracağım," diye söze başlamış, soru falan sormayıp, doğrudan bir yargılamayla işin sonuna gelivermişti.

"*...bu iş gerçekten önemli...*"

Aklıma 1968 yılında, yani o tarihten tam on dört yıl önce mezuniyette yaptığım konuşma geldi.

"*...senin bundan sonraki kariyerini de...*"

Çok kolay hatırladım. Çünkü konuşmanın tamamı bir, evet yalnız (1) bir cümleydi.

"*...etkilememesi için, etrafta herhangi bir iz...*"

O bir cümleyi kurana kadar bir hafta boyunca bütün sınıf tartışmıştık. Ne müthiş tartışmalar yapmıştık. O yıl 1968 kuşağının üniversite boykotlarını başlattığı yıldı.

"*...çünkü bu adamların ne yapacağı, kime ne zaman, nerede, nasıl bir...*"

En son elli-altmış kişi toplantı yapıp karar vermiştik. Konuşma uzun olmayacaktı. Siyasi ortam gergindi. Her kelimeyi tek tek seçmiştik. Hangi kelimenin neresine nasıl vurgulanacağını bile önerenler olmuştu. Dikkatli olmalıydık.

"*...en iyisi düzeltmektir. Benim sana bu konuda bir...*"

Ve tüm mezun olacak öğrencilerin, profesörlerin, velilerin hazır bulunacağı mezuniyet toplantısında özenle oluşturulmuş o tek cümleyi, sınıfı temsilen ben söyleyecektim.

"*...benim sana bu konuda yapabileceğim...*"

"Biz diplomalarımızı alırken mutluluğumuz, aynı diplomayı almaya hak kazanıp şu anda alamayan öteki üniver-

sitelerdeki arkadaşlarımızın mutsuzluğuyla gölgeleniyor."
Bütün cümle buydu. Ya da buna benzer bir cümle.
Benim fişlenip hakkımda on dört yıl dosyalar tutulmasına
neden olan cümle. Ve şimdi belli bir konuma gelmiş, doğrusu, bir bankanın genel müdür yardımcısı bir işadamı olarak, bir süredir iki ülke arasında ticaretin gelişmesine katkıda bulunmak amacıyla bir şeyler yapmaya çalışırken karşıma çıkıveriyordu.
"...*benim sana bu konuda*..."
Bizim istihbarat teşkilatı gerçekten iyi çalışıyordu.
Hakkını teslim etmek gerekir. Bunca yıl benim gibi bir adamı izle ve sonunda işte bir dernek kurarken suçüstü yakala.
Foyasını ortaya çıkart. Aşkolsun doğrusu!
"...*benim sana*..."
O an Okumuş'u bir kere daha fark ettim. Söylenip
duruyordu. Kendimi biraz savunup, benim nasıl bir insan
olduğumu, komünist olmadığımı falan söylemek gerekir
mi, diye düşündüm. Vazgeçtim.
Ne gerek vardı ki!
Kalktım, çıktım. Canım çok sıkılmıştı. Bu ne saçmalıktı ve ben şimdi kime isyan etmeliydim? Muhatabım kim
olmalıydı? Ülkenin döviz girdilerini artırmaya çalışacaktık
ama işe başlamak için muhatap bulamamanın sıkıntısı içindeydim! Eski bir tanıdığım vardı. MİT ile yakın ilişkilerinin
olduğunu sanıyordum. Belki bu işin ne olduğunu, aslını o
öğrenip bana aktarabilirdi. (Bu vesileyle gerçekten MİT'le
ilşkisi olup olmadığını da öğrenmiş olurdum!) Onu aradım.
Hafta sonu buluştuk. Anlattım. Hem dinledi, hem başını
salladı. Ayrıldık. Bir hafta sonra aradı. Okumuş'a gelen bilgi doğruymuş. Böyle bir dosya varmış. Ben fişlenmişmişim.
Ona takılmışlar. Ama önemli değilmiş... (Tanıdığım kişinin
MİT'le ilşkisi olduğu, demek söylenti değil, doğruymuş!)
Türkiye-Libya İşadamları Derneği'nin sonunda ku-

rulup kurulmadığını hatırlamıyorum. İşler daha fazla gecikmesin diye kurucu üyelikten ayrıldım. Sonra Okumuş'un işleri bozuldu, arkadan Türkiye-Libya ilişkileri azaldı. Sonra ben Pamukbank'tan ayrıldım. Tek bildiğim, Pamukbank Galatasaray Şubesi'nde açtırılan o hesaptan hiç para çekilmedi. Zamanında dernek hesabına yatan paralar herhalde hâlâ orada durmaktadır.

İşin ilginç tarafı, benimle ilgili o fiş dosyası hâlâ var mı, yok mu, bilemiyordum. Kimseye de soramıyordum. O günden sonra bana gelen çeşitli dernek, kulüp vb... konularındaki kuruculuk tekliflerini de "bu durum ya ortaya çıkarsa," endişesiyle ustaca savuşturdum, ya da doğrudan reddettim. Kimseye de gerçek nedenini söyleyemedim.

"Benim hakkımda dosya var, kurucu üye olarak alırsanız işiniz gecikir," diyemedim.

"Benim bunca formaliteyle uğraşacak zamanım yok, siz kurun ben sonra üye olurum," diye geçiştirdim.

Dahası, bu dosyanın ciddiyetini bilemediğim için, şimdi bu tozlu dosyanın açılmasına da neden olduğumuz için, içime 'pasaportumu yenilerken acaba bir şeyler olur mu,' diye bir de korku düştü. İster misin, süresi bitince pasaportumu da yenilemesinler! Biraz aşırı bir evham, ama öyle oldu işte. Bunu riske edemezdim. Kararımı verdim. Pasaportumun bitişine bir hafta kala yurtdışına gidecek ve orada uzatmayı büyükelçilikte yaptıracaktım. Nitekim öyle oldu! Bir işim çıktı, Libya'ya gitmem gerekti. Gittim. Büyükelçiliğe başvurdum. Pasaportumun süresini uzattım. Hem de çok kısa sürede, üç yıl daha uzattım. Üç yıl sonra, nasıl olsa Allah kerimdi!

Bu endişelerim epey sürdü.. Taa 1988 yılına kadar. 1988 yılında ben Garanti Bankası Genel Müdürü'yken, Türkiye Emlak Bankası Genel Müdürü Bülent Şemiler'in girişimi ve ısrarıyla, biraz da bu endişeyi taşımaktan sıkıldığım için, Bankacılar Kulübü'nün kurucu üyeliğini kabul etmek zorunda kaldım. Böylelikle kulübün kurucu üyesi olarak Dernekler Masası'nda hakkımdaki dosyanın hâlâ mevcut olup olmadığını da anlamış olacaktım.

Aylar sonra Horzum dosyası nedeniyle Bülent Şemiler'in Devlet Bakanı'yla arası açıldı. Bülent, Emlak Bankası genel müdürlüğünden ayrıldı. Bülent ayrılınca zaten onun itelemesiyle giden Bankacılar Kulübü düşüncesi de izlenmedi ve kulüp doğamadan öldü. Sonuçta kulüp kurulamadı. Ama benden dolayı mı, yoksa daha ciddi engeller mi vardı yine öğrenemedim.

Bildiğim şu ki, benim yaşamımın önemli merakı haline gelen bu dosyanın içeriğini öğrenebilmem için pek yakında bir başka derneğe kurucu üye olabilmek amacıyla yeni deneylere ve çalışmalara başlamam gerekecekti. İdari makamlar indinde sakıncalı durumumun devam edip etmediğini ancak böyle bir girişimle öğrenebileceğimi biliyorum.

Okumuş'un bu olaya beni yanına çağırarak gösterdiği tepkiyi de değerlendirmek gerekirse: Okumuş o olayda derneğin kurulmasının gecikmesinden çok benim böyle bir işe "bulaşmış" olmama sıkılmıştı. Bunu da iyi niyetle, açıkça ifade etmişti. Bu dosyayı benim "parlak geleceğim" için önemli bir engel olarak görüyordu. İşadamlarının ufku ne kadar geniş olursa olsun, kanımca pek çoğu hâlâ bazı saplantılardan kurtulabilmiş değiller. Üniversite yaşamımda tespit ettiğim ve yaşadığım bu gerçeğin bugün için de çağdaş düşündüğü sanılan veya o iddiada olan pek çok işadamı için hâlâ geçerli olduğunu sanıyorum.

Okumuş olayı bana ister istemez başka anılarımı da çağrıştırdı:

Üniversite yaşamımın üçüncü yılında, 1967'de, öğrenci birliğinde başkandım. O yıllarda, öğrenci birliği başkanlığı gibi kavramlar zamanın pek çok işadamının kafasını, haklı ya da haksız, karıştırmıştır. 1967 yazında staj yapmak için, Ahmet'le birlikte başvurduğumuz ilk kuruluş büyük bir holding olmuştu. O zamanların başarılı personel müdiresi Filiz Ofluoğlu, iki aylık staj için dahi, Ahmet ve beni, öğrenci birliği faaliyetlerimiz nedeniyle, "sakıncalı" bularak Koç Grubu'na ayak basmamızı engellemişti. Okumuş'un yıllar sonraki reaksiyonu yaklaşık on beş yılda nereden nereye geldiğimiz hakkında fikir veriyor mu?

On beş yılda nereden nereye geldiğimiz konusunda bir fikir vermiyorsa ve toplumda değişimin ne denli yavaş olduğunu algılamakta zorluk çekenler olursa başka bir öykümü daha anlatayım:

1992 yılında New York'ta kalabalık bir grup Amerikalı bankacının da katıldığı bir toplantıda yanıma yaklaşan bir hanım bankacı bana bozuk bir Türkçeyle:

"Merhaba, nasılsınız," deyince, döndüm

"Türkçeyi nereden biliyorsunuz?" diye sordum.

Hemen İngilizceye döndü ve bana söylediklerinden daha fazla Türkçe bilmediğini, ancak yıllar önce 1960'lı yıllarda Türkiye'ye Barış Gönüllüsü olarak geldiğinde öğrendiklerinden bazı sözcükleri anımsayabildiğini söyledi ve devam etti:

"O dönemde Başkan Kennedy'nin de Amerikan gençliğini teşvik etmesiyle Barış Gönüllüleri oldukça kalabalık bir grup olmuştu. Ben de yeni mezun bir üniversite öğrencisi olarak aralarına katıldım. Türkiye'ye geldim. Bilecik'te bir yıl kaldım. Amacım Türkiye'yi değiştirmek, uygar dünyaya doğru yönlenmesi için elimden geleni yapmak, var gücümle çalışarak bu toplumu etkilemekti. Altıncı ayın sonunda o yörenin kadınlarına uyarak ve bana da rahat geldiği için şalvar giymeye başladım. Türk yemeklerini öğrendim. Bir yıl sonunda döndüm. Aradan kırk yıl geçti. Evlendim, çocuk sahibi oldum ama hâlâ burada, Amerika'daki evimde dolma pişiriyorum. O dönemde, Türkiye'de kaldığım süre içinde ben Anadolu insanını ne kadar etkileyebildim, ne kadar değiştirebildim bilmiyorum ama, binlerce yıllık Anadolu insanı ve kültürü benim üzerimde çok büyük etki yarattı, hâlâ evimde dolma pişiriyorum."

Değişim gerçekten pek kolay değil. Amerikalısı için de, Türkü için de değişim zor ve zahmetli bir süreç.

KÜÇÜK ANILAR

Önce yanlarına sokmazlar, direnirler; korkularına vermelisin
Kendine güven. Ortalarına dalıp, içlerine yumuşak girmelisin

Bankacılıkta öğrenmemekte direndiğim bir hiyerarşi varmış. Genel müdürün odasına girerken ceketinin düğmeleri ilikli olacak, hemen oturmayacaksın vb. Ben Hüsnü'yle aynı kattayım. Sık sık beni odasına çağırıyor. Ya bir müşteriye randevu vermiş, benim de yanında olmamı istiyor, ya bir kâğıt verecek, ya bir dosya üzerinde görüşeceğiz. Hepsi de işin gereği önceden habersiz, aniden. Odamda ceketsiz çalıştığımdan ben de kalkıp, ceket falan giymeden odasına girip çıkıyorum. Bir keresinde zamanın Pamuksen Sendikası Başkanı beni görmüş. Kendisiyle daha önce tanışma fırsatım olmamıştı:
"Kim bu züppe? Genel Müdür'ün odasına böyle ceketsiz girip çıkan?" diye sormuş.
Bu sendika yetkilisine züppe olmadığımı, aslında çalışanlardan yana olan, sosyal demokrat bir yapıya sahip kişiliğimi anlatmak için epey zaman harcadım. Randevu alıp ziyaretine gittim. Gitmeden önce bir sepet çiçek gönderdim vb.
Pamukbank'a genel müdür olduktan sonra, Mehmet ve Doğan'la olan anlaşmazlıklarım sonunda istifa etmeye karar verdiğimde, aynı sendikacı önce odama gelip:
"Kapının önüne yatayım, ayrılacaksanız beni çiğneyip geçin," benzeri nice cümleyle bankada kalmam için beni ikna etmeye çalıştı.
Aynı sendikacı ben ayrıldıktan sonra, odamda eşyalarımı toplarken alt katta Doğan'ın müdürlerle yaptığı top-

lantıda:

"Doğan Bey işiniz, pek zor olmayacak, İbrahim Bey'-
den sonra işler daha kolay gider..." gibisinden sözler etmiş-
ti.

Aynı kişi, benim bu sözlerden alındığımı duyunca,
Doğan'la da arası açıldığından bana haber yollatarak:
"Kendisinin dedikodulara kurban gittiğini," anlatma-
ya çalışmıştı.

Hüsnü'nün odasına ceketsiz girmekle başlayan ilişki-
nin tuhaf uzantılarıydı bunlar.

Pamukbank'ta 1981 yılında çalışmaya başladığımda
görevim, önceki sayfalarda belirttiğim gibi, bankanın ku-
rumsal pazarlamadan sorumlu genel müdür yardımcılığıy-
dı. Bu yeni bölüm ülke ekonomisinde dövizin önemini kav-
rayan, bankacılıkta da döviz girdisinin artmasının önemli
olduğunu yaşayarak gören genel müdür Hüsnü'nün, ban-
kanın ihracat ve turizmden sağlanabilecek döviz girdilerini
artırabilmek için kurduğu yeni bir bölümdü. Kendi kadro-
mu kurup işi geliştirmeye çalışacaktım.

Bankada Yılmaz Başar adında meslekten yetişme bir
genel müdür yardımcısı Anadolu kredilerinden, öteki genel
müdür yardımcısı Vural Akışık İstanbul kredilerinden so-
rumluydu. En yoğun işbirliğim bu iki genel müdür yardım-
cısıyla olacaktı.

Yılmaz Bey kendisine bağlı Anadolu kredileri dosya-
larını incelememe izin vermeyerek daha ilk başından tavrı-
nı ortaya koydu. Açıkça "Ben çoluk çocukla işbirliği yap-
mam," anlamında banka içinde söylenip duruyordu. Kalp
hastasıydı.

Banka Hüsnü'nün teklifiyle Yılmaz Bey'i ABD'ye,
kalp ameliyatına göndererek epey masraf etmişti. Gerçi
bankaya gireli az olmuştu ama iç dengeler ve politikalara
bir türlü alışamamıştım. Sendika yetkilisinden sonra bir de

Yılmaz Bey'le aram hoş değildi. Oysa yeni girdiğim bu topluluğa kendimi kabul ettirmek için az çaba harcamıyordum. Kimseye ukalalık etmez, öğle yemeklerinde herkesle bir arada oturur, gece geç saatlere kadar işimin başından ayrılmaz, çalışır dururdum. Hiçbir dedikoduya girmedim. En azından ilk başlarda, "üstüme vazife olmayan" konuları merak eder görünmedim. Kapı aralığı haberlerini irdelemedim. Buna rağmen olmadı. Yılmaz Bey'le dost olmayı başaramadım.

Vural, ben Pamukbank'a girdikten kısa bir süre sonra bankadan ayrıldı. İstanbul bölgesi kredileri bana bağlandı. Kredi tekniğinin pek çok inceliğini anlayacak kadar bankacılık deneyimim yoktu. Gece gündüz bir yandan öğrenerek işi yürütürken, bir yandan da Hüsnü'nün olağanüstü hızlı temposuna ayak uydurmaya çalışıyordum. Hüsnü'nün bana telefon edip şuna şu kadar, buna bu kadar kredi verirsek iyi olur dediklerini iyiden iyiye anlayabilmek için gece geç saatlere kadar dosyaları inceledikten sonra değerlendirebiliyordum. Hüsnü, ne de olsa eski bankacı, güvendiğim bir arkadaşım, ne yaptığını benden iyi biliyordur, diye düşünüyordum. Bazen onun önerdiklerine imza atıyor, bazen kuşkuyla bakıp kendisini uyarmaya çalışıyordum. O da kredi konusunda bir görüş ayrılığımız olduğunda genelde ısrarlı olmuyor, ancak bankacılık anlayışı ve müşteriye titizlik ilkesiyle, olumlu-olumsuz cevabın hızlı verilmesi gerektiğini savunuyordu. O gün bugün, aradan geçen bunca yıla rağmen, geriye baktığımda, bu yöntemle acaba bazı hatalar yapmış olabilir miyiz, diye düşünürüm.

Hüsnü'nün matematiği çok ileridir. Kafasında her türlü işlemi süratle yapar. Hızla da sonucu söyler ve çevresini etkiler. Ondan hızlı düşünemediğin ortamda bile senden cevabını süratle vermeni bekler. Bense o kadar süratli karar vermeye inanmadığım için, cevabını verecek durum-

da olsam bile, özellikle susar, daha sonra da onu eleştirirdim. İkna edebilirsem kararını değiştirirdi.
Bir-iki yıl sonra Yılmaz Bey de Pamukbank'tan ayrıldı. Ayrılırken bana veda etmedi. Koridorda karşılaştık, başını çevirdi geçti. Sanki ayrılışından beni sorumlu tutar gibi bir hali vardı. Anadolu kredileri de bana bağlandı. Yıllar sonra ben Garanti Bankası Genel Müdürü iken Yılmaz Bey'den bir mektup aldım. İş istiyordu. Uygun göreceğimiz bir şubede müdürlük yapmaya razıydı. Sıkıldım. Kendisine bankamızda gerçekten bir görev öneremezdim. Bankanın geleneklerinde müdürler dışardan atanmıyor, banka içinden yetişenler müdürlüğe yükseltiliyordu. Uzun süre mektubuna kendisini kırmadan nasıl cevap vereceğimi düşündüm. Sonunda şube müdürlerinin banka içinden atandığını, bunun bankamızın kurumsal kültür ve geleneğinin bir parçası olduğunu, bu nedenle ona teklif edebileceğimiz bir görev bulamadığımı yazdım. Yılmaz Bey birkaç yıl sonra vefat etti. Vefatını duyduğumda içim burkuldu. Yılmaz Bey'e son isteğinde yardımcı olamadığım için acaba suçluluk duymalı mıydım?

1980 sonrasında,
ihracat atılımı başladığında,
Gaziantepli canlı hayvan ihracatçısı Niyazi,
sabahın saat 04:30'unda,
Antep'in hayvan pazarında,
bir keresinde en çok 10 koyun tartabilen kantarın
　　yanında,
hayvan dışkısıyla iyice karışmış çamurun içinde,
Suriyeli canlı hayvan tüccarının iki eline
iki eliyle birden yapışmış,

aşağı-yukarı sallayıp bin beş yüz koyunluk sürünün pazarlığını bitiriyordu. Ayağımda çizmeler, bu hayvan pislikleri içinde, hafif uykulu gözlerle, Türkiye'nin 1980 sonrası ihracat seferberliğine yakından tanık oluyordum. Pamukbank'a genel müdür yardımcısı olalı iki ay olmuş olmamıştı. Değişik ihraç mallarının fiyat ve pazarını izleyip bilgilenmeye çalışıyordum. Antep'in canlı hayvan pazarından etkilenmiştim. Aynı Niyazi kısa süre sonra bana telefon edip gümrükten çıkan hayvanları kontrol etmekle görevli veterinerin görevini son derece yavaş yaparak, sıcak altında kalan hayvanların su ve kilo kaybetmelerine neden olduğunu söyledi. Hayvanlar ya ölüyorlar, ya da eksik kilo nedeniyle ihracat gelirimiz düşüyordu. Niyaziye göre hayvanları sağlık kontrolü gerekçesiyle sınır kapısında bu kadar uzun süre bekleten bu veteriner "vatan haini" ilan edilmeliydi.

Niyazi o zamanlar yılda kırk-elli milyon dolarlık canlı hayvan ihracatı yapıyordu. Yani o bir ihracat şampiyonuydu. Veteriner bu davranışını aylardır bir türlü düzeltmemişti. Turgut Özal o zamanlar başbakan yardımcısı ve ihracatın baş savunucusuydu. Randevu aldım, Niyazi ile birlikte gittik. Özal'ı ilk o zaman tanıdım ve şaşırdım. Canlı hayvan ihracatı konusunda Niyazi ile neredeyse yirmi dakika konuştu. Özal tüm sorunları en ince ayrıntısına kadar biliyordu. Veterinerin durumunu da anladı. Hemen telefona uzandı, önce ilgili bakana, sonra Gaziantep Valisi'ne telefon ederek bizzat rica etti, talimat verdi. Konu kısa süre sonra çözümlendi. Niyazi koyunlarını daha rahat ihraç etmeye başladı. Etkilenmiştim.

İki yıl sonra Niyazi hakkında ihracatla ilgili bazı yolsuzluklara adı karıştığı gerekçesiyle bir soruşturma açıldığını duyduk. Daha sonra Niyazi, sanırım bir süre gözaltına alındı. Ve daha sonraki yıllarda ihracat yapmadı, ya da yapamadı. Duraksadım. Acaba veteriner o zamanlar gerçekten işi geciktiriyor muydu, yoksa kendince, ülkeden bir şeylerin kaybolmasını engellemek mi istiyordu... Ben yine bir acemilik ya da iyiniyetle yanlış mı yapmıştım? Ya Özal?

Sonraları Özal görevden ayrıldı. Kafaoğlu ile ters düştü. Kafaoğlu dönemi başladı. Bu dönemde şirket kurtarmaları peş peşe gündeme gelmeye başladı. İlk sırada Transtürk dosyası vardı. Zora düşen Transtürk Grubu sorunlarını bankalarla baş başa gelip çözemeyince, nedense Maliye Bakanı Kafaoğlu'na başvurmuştu. Aslında talepleri kendileri açısından son derece mantıklı ve basitti: Borçlarını ödeyemiyordu. Dolayısıyla devlet kendilerine yardımcı olmalıydı! Aynı mantığın uzantısı: Bu devletin sınırları içindeki bir özel sektör kuruluşu zora düşünce "devlet baba" tabii ki yardım etmeliydi. Zora düşmeden önceki dönemlerde ödedikleri vergiler böyle bir zor zamanın sigortası değil miydi!

Kafaoğlu da Hazine'nin o zamanki genel sekreterine talimatını vermiş olmalı ki, Transtürk Grubu'yla iş yapan, bu gruba kredi vermiş bankacılar camiası sıfatımızla bir gün Ankara'dan davet aldık. Aslında davet deyince, öyle büyük, gösterişli bir zarf içinde yazılı şık bir kart falan, diye düşünmemek gerek. Bir sekreterden gelen bir telefonu biz bankacılık adabı içinde "davet" olarak düşünmüştük. Transtürk Grubu'ndan alacaklı on-on iki bankanın genel müdürü veya üst düzey yetkilisi Maliye Bakanlığı'nda dikdörtgen, büyük bir masa çevresinde oturtulduk.

Masanın bir yanında Transtürk yetkilileri oturuyordu. Genel sekreter önce yumuşak ve mütebessim bir ifadeyle konuşmaya başladı. Ülke ekonomisi, zorluklar dolayısıyla zora düşen köklü sanayi kuruluşlarının durumu vb... Sözün sonunda özetle :

"Söz konusu gruba yardım edilmesinin doğru olacağı, o dönemin olağanüstü özel ve duyarlı ekonomik koşulları içinde büyük bir ekonomik sıkıntı yaratılmaması gerektiği, bu nedenle bankalardan gruba destek sağlanması ve yardımcı olunmasına yönelik bir anlayışın benimsenmesinin iyi olacağı" yolunda mesajlar veriliyordu.

Hepimiz başımız önümüzde, yarı-keyifsiz, yarı-kızgın ve son derece düşünceli, endişeli toplantıdan ayrıldık.

Çok geçmeden yine bir sekreterden telefon. Yeniden Ankara'ya davet edildik - pardon çağrıldık... Yine aynı toplantı salonu, yine aynı kişiler. Bu kez önceki grup gitmiş yerini bir başka grup almıştı. Yine benzer talepler, öneriler, ricalar...

Hepimiz iyice sıkılmıştık. Bir noktada yıllar sonra hayali ihracatçılıktan tutuklanıp hapse giren bir beyin sahibi bulunduğu bir grubu kurtarmaya kadar varan öneriler bizleri rahatsız etmekteydi.

Şu kamu bankaları olmasa, Türkiye Cumhuriyet Hükümetleri ve siyasiler acaba ülkeyi nasıl yönetebilirler, diye yıllardır merak etmişimdir. Bu anlayış egemen olduğu sürece yönetemeyecekleri düşüncesine gelmişimdir.

Hazine koridorlarında Bakan talimatıyla ve Hazine Genel Sekreteri yönetiminde, alelacele toplantıya getirilen banka genel müdürleriyle şirket kurtarma talimleri yapılırken, söz konusu şirketlerden birinin, örneğin Başak Grubunun sahibi Ertan Bey o sıralarda neler yapıyordu? Meraklı okurun bunu da bilmek isteyebileceğini düşünerek madalyonun öteki yanını da aktarmaya çalışacağım.

Bankamız Ertan Sert'in sahibi olduğu Başak Grubu'ndan bir miktar alacaklıydı. Dolayısıyla biz de banka yönetimi olarak, konuyu çok yakından izlemekteydik. Alacağımızı toplayabilmek amacıyla Başak Grubu'na dahil bir şirketin gayrimenkulünü ele geçirmek veya satışa çıkartabilmek için her gün yeni bir girişim başlatıyorduk. Bu arada, borçların hemen tamamında kefalet imzası bulunan Ertan Sert'i bulup bir konuda kendisinden bazı bilgilerin alınması gerekti. Ertan Sert'i buldular. Kendisi Yeniköy'de bir yıl önce satın aldığı yalısında dinleniyormuş. Telefonla görüşebilirmiş. Bağladılar. Ertan Bey'e durumu anlattım. Kendisiyle görüşmek istediğimi söyleyip bankaya davet ettim. Ertan Bey bana aynen şöyle cevap verdi:

"Başak Grubu dolayısıyla başıma gelenler beni çok üzdü. Streslere... depresyona... girdim. Doktorum uzunca bir dinlenmeye ihtiyacım olduğunu söyledi. Bu nedenle şimdi birkaç hafta, yaz sonuna kadar evimden çıkmayacağım. Ama çok isterseniz gelin sizinle burada görüşelim..."

Bu Ertan Bey ilginç bir adamdı. Nasıl olmuştu da o kadar genç yaşta bankalardan (bizim banka da dahil) milyarlarca krediyi alabilmişti? Meraklı okurun bunu da bilmek isteyeceğini sanıyorum.

Başak Grubu'nu yakın takibe aldığımız dönemlerden birinde Ertan Sert'i aradım. Ertan Sert o zamanlar daha "stres veya depresyondan" yorgun düşmediği için doktoru Yeniköy'deki yalısından dışarı çıkmasına izin veriyordu. Ertan Bey'e sahip olduğu şirketleri gezmek istediğimi söyledim. Kendisi geldi, koyu yeşil Mercedes'i ile bir gün yola çıktık. O gün iki-üç saat beraber olduk. Bir fabrikadan ötekine girip çıktık. O zaman yolda kendiliğinden anlattı:

"Türkiye'de ihracat gelişiyordu. Herkes dışa açılmanın peşindeydi. İthalat için döviz gerekiyordu. Bu dövizi getirene kazanç çoktu. Bankaların dövizden başka bir şey düşünmediklerini anlamam güç olmadı. Bir bankadan kredi istemeye gitmek yerine, banka genel müdürüne 'bu yıl beş milyon dolar döviz getirebilirim,' dediğim anda, hemen her genel müdürün bana derhal 'bunun için kaç para kredi istersin,' diye sorduğunu tespit etmem zor olmadı. Ben de bankaların genel müdürlerine yalnız döviz getirecek projelerimi anlatmaya başladım. Ben anlattıkça onlar ayaküstü ve kolayca kredi teklif ediyorlardı. İlk başlarda iyi niyetle, ciddiyetle söz verdiğim dövizleri getirip borçlarımı kapattım. Ben borcumu kapattıkça yeni kredi verip, yeni döviz getirmem için bankalar bana baskı yapmaya başladı. İş o noktaya geldi ki, hiç krediye ihtiyacım yokken zorla kredi vermeye çalışıyorlardı. Bir akşam Hilton otelinde bir davette o zamanlar ... Bankası Genel Müdürü ve ... Bank Genel Müdürü ... ile karşılaştım. Biriyle konuşurken öteki de hemen, rekabet kokusunu sezmiş olmalı ki, yanıma geldi. Önümüzdeki dönemde hangisine ne kadar döviz getirirsem bana ne kadar kredi verebileceklerini anlatmaya başladılar. Biri bırakıyor, diğeri başlıyordu. Bir an kendime yabancılaştığımı hissettim. Kalabalık bir davette, herkesin ortasında, iki önemli bankanın, iki önemli, başarılı genel müdürü yanımdaydılar. Biri bir kolumdan, diğeri öbür kolumdan tutmuş ve beni kendileriyle çalışmam halinde bana daha çok kredi vereceklerine inandırmaya çalışıyorlardı. Ben para falan istemiyordum. Onlar vermek için yarışa girmişlerdi ve beni kollarımdan çekiştiriyorlardı. Birden sırtımda bir çatırdama oldu. Anlayamadım, acı falan yoktu. İki genel müdür de gülmeye başladı. Ceketim yırtılmıştı. Ceketimin sırt dikişleri, bankacıların kollarımdan çekiştirmesiyle sökülmüştü. Ben de gülmeye başladım. İki bankacı beni kollarımdan para vermek için öylesine çekiştirmişlerdi ki, ceketim yırtılmıştı. Bunda bir iş vardı. 'Oğlum Ertan kendine gel,' dedim. Bunca ısrardan sonra bu bankalardan kredi almamayı kendime yakıştıramadım. En azından bu genel müdürlere saygısızlık, terbiyesizlik olur, diye düşündüm. Sonra? Bana lazım olmayan bunca parayı aldıktan sonra bir yerlere yatır-

mam gerekiyordu. Gayrimenkul aldım, fabrika aldım vb...
Gerisini biliyorsunuz...."

Ertan Bey o gün bunları anlatırken bende bıraktığı izlenim anlattıklarında içten olduğu yönündeydi. İşte Başak Grubu ve madalyonun önü... arkası... hatta en uç kenarı!

Bir-iki hafta sonra tekrar Ankara'dan telefon... Yeni bir davet: Artık alışmıştık. Bu sefer sahnede Sultan Halı ve Kilimcilik vardı. Konu: Kurtarılması için taze para verilmesi. Kafaoğlu işin pratik çözümünü bulmuştu herhalde, diye düşünüyorduk. Bu şekilde yüz toplantı yapsak, acaba Türkiye ekonomisinin kurtulabileceğini mi düşünmekteydi? Artık deneyimli bankacılar olarak biz de bu konuda önlem almaya başlamıştık. Kimi banka yetkisiz kişileri toplantıya gönderiyor, kimisi yetki yönetim kurulundadır, diyor, kimimiz toplantı sonunda önümüze sürülen, önceden hazırlanmış protokolü imzalamamak için sancılanıp tuvalete gidiyor, kimimiz birkaç kez söz alıp konuşmayı kasıtlı olarak uzatıyorduk. Kısacası herkes topu nereden ve nasıl taca atarım hesabındaydı.

Sultan Halı gündeme gelince, Hüsnü ilginç bir öneri getirdi. Hüsnü Bakan'a şu teklifi yaptı:

"Sayın Bakan'ım, Sultan Halı gerçekten büyük bir yatırım, ülke ekonomisine kazandırılmasında biz de yarar görüyoruz. Ancak konuya daha bilimsel yaklaşabilmemiz için izin verin bu yatırımın gerçek değeri nedir? Bugünkü piyasa şartlarında talep nedir? Bu tesis hangi şartlarda verimli çalışır? Bütün bunları kapsayan bir fizibilite çalışması yapalım?"

Teklif olumlu karşılandı. Hüsnü görevi bana verdi. Ben de Türkiye'de halıcılık işini en iyi kim bilir diye araştırmaya başladım. Müşterilerimize, güvendiğim kişilere sordum. Öyle bir isim bulmalıydım ki, konuyu enine boyuna inceleyip doğru dürüst, güvenilir bir rapor oluştursun.

Bedrettin Dalan'la ilk tanışmamız, Sultan Halı fizibilite raporu dolayısıyla oldu. Dalan o zamanlar yanılmıyorsam bir halı fabrikasına danışmanlık yapıyordu. Tekstil ve halı konularını son derece iyi bilen Dalan, böyle bir raporun hazırlanması için bilfiil araştırma yapıp, baştan sona raporu yazdı. Sonuç şaşırtıcıydı. Tesisin kurtarılacak, savunulacak tarafı yoktu. Kafaoğlu'nun önüne koyduk.

"Biz bu rapora rağmen bu işe yeni para verirsek, sizin Maliye Bakanı olarak bizi banka yöneticisi diye bu koltuklarda oturtmamanız lazım..."

Top taca falan gitmemişti, doksandan kaleye girmişti. Kafaoğlu "Haklısınız," demekle yetindi. Hüsnü son derece akıllı bir öneriyle yalnız Pamukbank'ı değil galiba öteki bankaları da kurtarmıştı.

Yıllar sonra, İstanbul Belediye Başkanlığı'ndan ayrılışının üzerinden beş-altı ay geçmişti ki, Dalan beni aradı. Bir ricası vardı: Aslında çok çalışkan ve dürüst olduğuna inandığı bir arkadaşının bankamıza olan bir borcu nedeniyle benim kendisine yardımcı olup konuyu çözmemi istiyordu. Kim olduğunu sordum.

"Sultan Halı fabrikasının eski sahipleri," dedi. Duraksadım.

"Bedri," dedim, "Biz seninle ilk ne zaman ve hangi işle ilgili tanışmıştık, hatırlayabildin mi?"

Bedri, "Çoook eskiden, ama niçin sordun" dedi.

"Hiç. Biz seninle Sultan Halı dolayısıyla tanışmıştık. Ve sen zamanında Sultan Halı'yla ilgili bana hazırladığın raporda, bu işin savunulacak tarafı yok, demiştin. Bizi ve tüm bankaları önemli bir sıkıntıdan kurtarmıştın. Sana gecikmiş bir teşekkür borcumuz olmalı. Onu hatırladım. O kadar."

Kredi piyasasında en çok çekiştiğim kişilerden biri "Dünya Deniz Ticareti Benden Sorulur" (DDTBS) şirketinin sahibi A. Kendinehayran'dır. A. Kendinehayran kredi almasını çok iyi bilirdi, geri ödemelerde ise mazeret üretmekte üstüne yoktu. Hâlâ öyle midir, onu (DDTBS) ile kredi ilişkisine girmiş genç bankacılar takdir etsinler.

A. Kendinehayran'la önemli bir takışmamız sonucu gemisini Zonguldak'ta haczetmek zorunda kaldık. Ancak bu becerikli işadamı ne yaptıysa, nasıl yaptıysa, hukuk sistemimizin açıklarını ya da sistemi uygulayanların zaaflarını nasıl olup da hemen buluverdiyse buldu ve malları yükledi, hacizli gemiyi çözdürüp hem İstanbul, hem de Çanakkale Boğaz'larından serbestçe geçirdi, açık denizlere çıkarttı. Konuya sinirlenip kendisine telefonda ne yaptığını sorduğumda, gevrek gülüşlerle, ticarette bunların olabileceğini söyleyerek geçiştirdi. Gemiyi izlemeye karar verdim. Bir Deniz Hukuku uzman ekibi oluşturduk. Tüm hukukçu arkadaşlarımın olağanüstü gayretiyle, iki ay sonra Brezilya'dan yük alıp Fransa'nın küçük bir limanında demirleyen gemiyi, demirlediği yerde, yeniden haczettik.

İki saat sonra becerikli armatör, A. Kendinehayran beni arıyordu. Telefona çıkmadım. O geceyi öyle geçirdik. Özellikle yurtdışı limanlarda altı yedi saat gecikmenin gemi sahibine getireceği maddi yükün ne kadar fazla olduğunu çok iyi biliyordum. Ertesi gün cumartesiydi. A. Kendinehayran beni evden aradı. Gemisini çözmemi istiyordu.

"Niçin? Ticarette böyle şeyler doğal değil mi?" diye cevap verdim.

Önce borcunu ödemesi gerektiğini söyledim. Konu pazartesiye kaldı.

Pazartesi günü Cumhurbaşkanlığı Genel Sekreterliği'nden beni aradılar. A. Kendinehayran Cumhurbaşkanı'na teleks çekip beni şikâyet etmiş. Gerekçesi de ilginç:

"İki Türk kuruluşunun yurtdışında hesaplaşması, ülke itibarını zedeleyebilirmiş."
Arayan kişiye sözlü ve sonra da yazılı bilgi verdim. Parayı alana kadar da haczi kaldırmadık. Parayı iki gün içinde aldık. Daha sonra bir konuşmamızda bu armatör beye:
"Sen galiba bu işi sporuna yapıyorsun. Ödemede zorluk çıkartman paran olmadığı için değil, hoşluk olsun diye... işleri yokuşa sürmek sende adeta bir alışkanlık olmuş" dedim.
Önce kabullendi, sonra "Ama sen de iyi güreşiyorsun." dedi.

Ahmet Mavitan altından kalkamayacağı boyutta borca boğulunca, varını yoğunu satıp tüm bankalara ödeme yapmaya karar verdi. Bu konuda borçlarına iyi niyetle yaklaşan ve kendi sağlığını tehlikeye atma pahasına adını temize çıkartmaya çalışan tanıdığım olumlu örneklerden biridir. Borçları yalnız bankalara değildi. Piyasadan bazı özel kişilerden de borç aldığı için sıkıştırılıyordu.

Bankamıza ipotekli bir yalı dairesi vardı. Satışa çıkartmaya karar verdik. Ancak aldığı bir özel borç nedeniyle söz konusu daireyi, borç aldığı kişiye kiralamış. Biz daireyi satışa çıkartınca, kiracı karşımıza dikildi.

"Bana satın, " dedi. Neden olmasın, diye düşündük, istediğimiz fiyatı söyledik.

"Çok," dedi. "O kadar etmez."

Ederdi... etmezdi... Sonunda anlaşamadık. Biz icradan satış yapmakta kararlı olduğumuzu söyledik. Kiracının bize dönerek:

"Benim iznim olmadan hiçbir icra dairesinden satış yapamazsınız, deneyin göreceksiniz," şeklinde yaklaşımı sanki bir tehditten de öteydi.

Bir kısmımız "Vay canına, olmaz böyle şey," derken, diğerlerimiz "Vah Türkiyem, zavallı hukuk," diye düşündük tabii.

Yine de umudu kesmedik, daireyi satışa çıkartmak için icradan gün aldık.

Satış günü geldi. Satışa bizim dışımızda bir kişi daha katılmaktaydı. Tanımadığımız birkaç kişi de satışı izlemek üzere gelmişti. Fiyat artışı başladı. Birkaç tur döndükten sonra, ortalıkta bir hareket oldu. Bizim karşımızda satışa iştirak eden kişiyi, izleyenlerden birileri koluna girip karga tulumba götürdüler. Kişi de:

"Yetişin... adam kaçırıyorlar," diye bağırmaya başladı.

Bizim arkadaşlar şaşkın, gidenlerin peşinden bakıp biraz izlediler.

Rastlantı bu ya, o anda kapının önünde bir polis arabası bekliyormuş. Anında tutanak düzenlendi... Sonuç:

"İhaleye fesat karıştığından satışın belirsiz bir süreye ertelenmesi..."

Bunlar bizim banka olarak baş edebileceğimiz yöntemler değildi. Boyun eğmek zorunda kaldık. Kiracı haklı çıkmıştı, onun onayı olmadan icradan bu satış yapılamazdı! Bu vesileyle hukuk sistemimizi etkileyen unsurlardan bir başkasını da yaşayarak öğrenmiş olduk.

Türkiye'de bazı kesimler istemezse gerçekten icra dairelerinde hukuku çalıştırmak son derece zordur...

Sonunda kiracı istediğini bize yaptırmış oldu. Yalıyı yok pahasına içindeki kiracıya satmak zorunda kaldık...

"Vay canına, olmaz böyle şey," diyenlerimiz kaybetmiş, "Vah Türkiyem, zavallı hukuk," diyenlerimiz haklı çıkmıştı!

1980'li yıllarda serbest pazar kuralları çalışmaya başladıkça, bankacılık sisteminde geri dönmeyen kredilerin sayısı da artmaya başladı. Özellikle ithalatta kurlar üzerindeki baskı kalkınca, ithalatla uğraşan ticaret kesimi bu değişikliğe ayak uydurmakta zorlandı. Eminönü piyasasının büyük bilinen isimlerinden bir kâğıt ithalatçısı bankamıza olan kredi borcunu ve faizini ödemekte zorlanmaya başlamıştı. Kendisiyle yaptığımız çeşitli görüşmeler sonucu yardımcı olmak amacıyla ek süreler verdik. Ek süreler sonunda da ödemelerini yapmakta ciddi zorluklar yaşamaya başladı. Dahası, bir bankacıyı en çok korkutacak ya da kızdıracak adımlar atmaya başladı: Telefonlarımıza cevap vermekte gecikmeler oluyordu.

Aramızda toplandık, yasal işlemlere başlama kararı aldık. İlk adımları attık. İsmini hiç duymadığım birisinden bir telefon geldi. Söz konusu ithalatçıyla ilgili konuları görüşüp sonuca bağlamak amacıyla bir randevu isteniyordu.

Randevu günü odama gelen dört kişiden biri, borçlu şirketin sahibiydi. Diğer üçünü ise tanımıyordum. Ayağa kalktım. Konuklarımı karşılamak amacıyla odanın kapısından girmek üzere olan kişilere doğru yürüdüm. Önce şirketin sahibi girdi. Tokalaştık. Ardından her gireni sırayla takdim ettikçe, her biriyle teker teker tokalaşıp kendilerini içeri buyur ediyordum. En son giren kişi şirketin hukuk danışmanı olarak tanıtıldı. Elimi uzattım. Elimi diğerlerinden farklı olarak kavradı. Daha sert sıktı. Elimi bir süre bırakmadı. Sağ elinin ortaparmağı ya da işaret parmağıyla sağ bileğimin içine bastırdığını hissettim. Bir anlam veremedim.

Odama gelenlere genelde çay ya da kahve ikram etmemek gibi kimilerince oldukça "saygısız bir davranış biçimi" olarak yorumlanan bir ilke edinmiştim. Beni ziyarete gelenler iş için geldiklerine göre, bir an önce iş konularına geçip toplantıyı bitirmek arzusundaydım... İşin içine çay-kahve siparişi, onun yol açtığı sohbet girince, hem laf uzuyor, hem herkesin dikkati dağılıyor, hem de ardından gelecek olan kişilere haksızlık edilip onların zamanından çalınıyordu. Bu nedenle kimseye herhangi bir ikramda bulunmadan doğrudan konuya girmek çabasıyla bir hamle yaptım. Cümleme başlamadan hukuk danışmanı bey:

"Beyefendi biz sizinle bir yerden tanışıyoruz ama," deyip, sözümü kesti.

Hayatımda daha önce gördüğümü pek sanmadığım bu kişi, şimdi durduk yerde böyle bir giriş yapınca önce kuşkulandım. Acaba yanılıyor muyum, diye duraksadım. Oldum olası kimsenin sözünü kesmeyi sevmediğim gibi, sözümü kesenleri de terslemekten çekinmem. Adama aksilenmeye başlarken, bir kere daha, bu kez gülümseyerek:

"... acaba nereden tanışıyor olabiliriz," diye devam etti.

"Beyefendi, ben sizinle herhangi bir yerden tanıştığımızı hatırlayamadım," diye cevapladım.

Hukuk danışmanı bir hamle daha yaptı ve:

"Nuru Ziya sokaktan olabilir mi," diye sordu. Doğru duyup anladığımdan emin olamadım:

"Nurlu Ziya sokak mı?" diye sordum.

Ağzımdan çıkan sözlerle birlikte karşımdaki adamın yüzünde ciddi bir umutsuzluk belirmişti. Sanki konuyu açtığına pişman olmuş gibiydi. Hukuk danışmanı,

"Nurlu değil, efendim, Nuru Ziya sokak, Beyoğlu'nda," deyince birden irkildim.

İrkildim, çünkü, bizim gençliğimizde Beyoğlu sokakları, deyince akla gelen ya pavyondur, ya da barlardır. Şimdi:

Bankada zora girmiş bir kredi konuşmasında,

odamda, makamımda, tanımadığım diğer kişilerin yanında, tanımadığım bir dördüncü kişinin birdenbire bana hem de Beyoğlu'nun arka sokaklarına referansla, belli bir eğlence yaşamı tarzını yakıştırması, beni damgalayıp, odadakilerin farklı yorumlayabilecekleri göndermelerde bulunması toplantının başında beni iyice rahatsız etmişti.

Ortaokulu bitirdiğim gece hariç Beyoğlu'nda ne pavyona gitmiş ne de bir bara uğramıştım. Ama bütün bunları hiç tanımadığım bir adamın sorusu üzerine, savunmaya geçmişçesine anlatmanın da bir âlemi olamazdı.

Adamın laubaliliğine iyiden iyiye içerlemiştim. Terslenecektim ama nereden başlayacağımı bilemiyordum. Telaşımı yenemedim:

"Aman beyefendi yanlışınız var, ben pek oralara uğramam, öyle bir alışkanlığım yoktur," diyerek nedense savunmaya geçmeyi yeğledim. Söz konusu sokaktan haberim olmadığını çoktan anlamış olan hukuk danışmanının yüzü, benim bu telaşlı savunmamı duyar duymaz, biraz daha değişti, ısrar etmedi. Sustu. Biz asıl konumuza geçtik.

Eve gelip bu anlam veremediğim olayı anlattığımda, Sedef kahkahalarla gülmeye başladı. Neden güldüğünü sordum. Öğrenince utandım. Meğerse o sokakta çok bilinen bir derneğin merkezi varmış. Kâğıt ithalatçısı müşterimin hukuk danışmanı beni herhalde o derneğin bir üyesine benzetmiş olmalı ki, konuşmanın başlangıcında aramızda ortak bir zemin oluşturmak amacıyla, biraz dolaylı yoldan da olsa sözünü etmiş.

Yıllar sonra Tophane'den Galatasaray'a çıkarken köşesinden geçtiğim Nuru Ziya sokağının tabelasını her gördüğümde, kâğıt ithalatçısı müşterimin hukuk danışmanı karşısındaki cehaletimi, yersiz alınganlığımı anımsayıp, yüzümü bir gülümseme kaplar oldu.

KASTELLİ KAÇIYOR

*Sözdür iş ilişkilerinde önemli olan ve karşılıklı güven
Bunu sağlayınca tüm kapılar sana açılır, olmasın endişen*

Başlangıçta, kredilerin sorumluluğu sanki mesleki bir yük ve sıkıntı gibiydi. Belki bir karabasandı. Kredi tekniğini bilmeden kredi kararları vermek zor bir işti. Bir yandan öğrenmeye çalışıyor, bir yandan, doğru-yanlış, kararlar veriyordum. Bir kısım kredi dosyaları genel müdür veya kredi komitesi tarafından belki düzeltiliyordu, ama ya düzeltilmeden geçerse, endişesi beni yeteri kadar yoruyordu. Benim bankacılığa alışma döneminde imzaladığım krediler arasında haftada üç dört tane de Kastelli kredisi geliyordu. Bir yanda bu işte kazanç olduğunu savunan bazı yönetici arkadaşlarım kredi verilmesinden yana ısrar ediyorlar, öteki yanda ben hesap yapıp bu işteki kazancı anlamaya çalışıyordum, ama bulamıyordum. Ben arada sırada, kredilerdeki deneyimsizliğime rağmen, oturup yaptığım hesaplara bakarak:

"Beyler bu işte bir kazanç yok, mevduatı şişiriyoruz o kadar, üstelik bize de pahalıya geliyor. Neredeyse yüzde yüz maliyetle kaynak alıyoruz," dememe rağmen, "toy ve deneyimsiz" -hatta belki bir kısmına göre de bilgisiz ve deneyimsiz- genel müdür yardımcısı olarak sözlerim pek ciddiye alınmıyordu.

Ben de bankanın bu olağanüstü (!) gelişmesini engellerim endişesiyle fazla karşı çıkamıyordum. Yönetim kurulu ise belki biraz da yönetim geleneklerine saygı duyduğu için, genel müdürün önerilerini genelde benimsiyor, imzayı atıyordu. Kısacası bankada pek çok konuda olduğu gibi,

Kastelli kredilerinde de sanırım gereğinden hızlı büyümüştük.

Kastelli diye bilinen Cevher Özden'i Sınai Kalkınma Bankası'nda çalıştığım günlerden tanırdım. O zamanlar hisse senedi alıp satma merakım vardı ve Cevher'le çok işler yapmıştık. Ona aileden kalma Tasarruf Bono'larını büyük pazarlıklar sonucu çok iyi fiyata satmıştım. Hep telefonda iş bitirir, her ikimiz de telefonlarda verilen sözleri hiç bozmamaya özen gösterirdik. Cevher'in iddiası, sahip olduğu en büyük varlığın verdiği sözün eri olduğuydu. Sözle iş bitirmeyi ve bu özelliği ile de övünmeyi ondan daha çok seven bir başka kişi yoktu. Veya ben tanımamıştım. Atak, risk almayı seven, batmaktan korkmayan veya batacağını hiçbir zaman düşünmeyen bir kişiydi. Yıllar sonra bu krediler dolayısıyla yine karşılaştık Cevher'le.

Büyük Kastelli olayı patlamadan önce çok özlediğim bir mavi yolculuk için hazırlıklarımız tamamdı. Salı günü sabah uçağı ile Dalaman'a gidecek ve bir hafta denizde dolaşıp dinlenecektim.

Pazartesi öğleden sonra dört sularında haber geldi. Cevher İsviçre'ye kaçmıştı. O andan başlayarak olaylar hızlı bir film şeridi gibi akmaya başladı. Genel müdürün rengi bembeyaz olmuştu ama son derece soğukkanlı duruyordu. Gece saat dokuz sularında Cevher'le temas edebildik. İmzalanmamış bir sürü kredi sözleşmesi, eksik kalan kefalet imzaları vb. vardı. Galiba biraz endişeliydik. Korkuyorduk. Bir soruşturmada en azından kredi şartlarını yerine getirmemiş olmanın sorumluluğunu yaşayabilirdik. Cevher telefonda, her nedense güveneceği kişi, ya da kendisine zarar vermeyecek kişi olarak beni gördüğünden olmalı:

"İbrahim gelsin, ne var ne yok imzalayayım. Korkmayın, kimseyi yarı yolda bırakmam," gibisinden sözler ediyordu.

Saat on bir sularında eve telefon edip bizim mavi yolculuğun suya düştüğünü Sedef'e haber vermeyi ancak akıl edebilmiştim.

Ertesi gün uçaktayım... Dalaman'a değil, Cenevre'ye! Cevher'in o günlerde ülke ekonomisi içinde işlettiği portföy bir hesaba göre yüz milyar liradan fazla (o tarihin cari döviz kuru ile bir milyar dolar veya daha fazlası)... Uçakta birkaç tanıdık işadamı var. Muammer Kitapçı biri. Laf atıyor bana:

"Yoksa sen de Cevher'in peşinden mi gidiyorsun," diye.

Yüzümü kızartmamaya, açık vermemeye çalışıyorum. Hiç bozuntuya vermeden yol boyu sohbet edip, Kastelli krizinin ülke ekonomisi açısından muhtemel sonuçları üstüne fikir yürütüyoruz. Türkiye ekonomisi nasıl etkilenir, vb... Bir sürü gazeteci var uçakta. İsviçre'ye gidiyorlar. Cevher'in peşinden. Nereye gittiklerini bilmeden:

"Hele bir oraya varalım, nasıl olsa buluruz," gibisinden düşünüyor olmalılar.

Sanki İsviçre arkadaki mahallenin yan sokağı! Zaman zaman kulak veriyorum konuşmalarına. Birkaç otel ismi üzerinde duruyorlar, o kadar. Biri de:

"...Önce Yahya Demirel'i bulup ondan öğrenebiliriz," diye bir öneri getiriyor. Kaçaklar nasıl olsa birbirini tanır, gibilerden.

Uçak önce Zürih'e iniyor. Hep birlikte çıkıyoruz. Kalkacak uçakların tarife tablosuna bakıyorum. Cenevre uçağı iptal. Fırtına var. Bir sonrakini bekliyorum. Tedirginim, acaba bu gizli misyonumdan dolayı kimse beni gözlüyor mu endişesiyle, çaktırmadan çevreme bakınıyorum. Cenevre'ye geç saatte iniyorum. Doğru otele. Noga Hilton'da kalıyoruz. Profesör Erdoğan Hoca ile otel lobisinde buluşuyorum. Osman da geliyor. Osman'ın odasına çıkıyoruz. Erdoğan Hoca'nın yardımıyla bir sürü belge hazırlıyoruz. Cevherin imzalaması gereken rehin senetleri, kredi sözleşmeleri. Yani "hızlı kredilendirme süreci" içinde ihmal ettiğimiz bir sürü belge. Her şirket için ayrı imzalanacak. Sabah 02'ye kadar çalışıyoruz. Yaklaşık on iki-on üç imza almam gerekiyor. Osman ve Erdoğan Hoca'yla sabaha randevulaşıyoruz. Sabah Cenevre'deki Çukurova irtibat ofisine gidip bazı belgeleri daktiloya çekiyorum, imzaya hazır duruma getiriyorum. Cevher'i telefonla arıyorum.

"Yalnız gel," diyor. "Yanında kimseyi istemem."

Erdoğan Hoca hafif bozuluyor, belli etmiyor! Belki bana öyle geliyor. Ben de Erdoğan Hoca'yı sanki yalnız bırakmış olmaktan, Cevher'in beni yalnız istemesinden dolayı tuhaf bir utangaçlık duyarak ayrılıyorum. Trene biniyorum. Lozan tren istasyonu karşısında McDonald's varmış, orada buluşacağız.

Trene bindim. Kafam karışık. Bir yandan arkamda bıraktığım Erdoğan Hoca'yı düşünürken diğer yandan Cevher'i merak ediyorum. Acaba randevuya gelecek mi? İmzalayacak mı?

Erdoğan Hoca pek çok kuruluşun danışmanlığını yapar. Çok hoşsohbet ve yaman adamdır. İlgimi çeken bir davasını burada anlatmadan geçemeyeceğim.

Büyük bir inşaat şirketinin danışmanlığını yaparken, söz konusu inşaat şirketi o sıralarda İstanbul'un göbeğinde, Barbaros Bulvarı üzerinde, bir iş merkezi inşaatı için büyük bir çukur kazar. Belediye ile imar durumunda ortaya çıkan bazı anlaşmazlıklardan olsa gerek, o derin çukur yıllar boyu öyle kalır. Kışın yağan yağmur, eriyen kar çukuru doldurur, özellikle bahar ayları, hatta yaz sonlarına kadar o çukurda sürekli su kalır. İstanbul'da işsiz çok olmakla birlikte, serbest pazar ekonomisi içinde "müteşebbis" de çok olmalı ki, günlerden bir gün o çukurun kenarına derme çatma bir kulübe yapılır. Yanına, üzeri sazla örtülü bir çardak, üç-beş iskemle, küçük bir çay ocağı kurulur. Birden orada, su kenarında küçük bir "çay bahçesi" oluşuverir. Dahası var: Çay bahçesinden yeteri kadar gelir sağlayamayacağını düşünen girişimci, su birikintisine biraz da balık yumurtası atar. Kısa süre sonra suyun içinde balıklar oluşur. Girişimcinin beklediği an gelmiştir. Hemen Karaköy'den sekiz-on olta alır ve başlar oltaları kiraya vermeye. Zamanı bol vatandaş sayısı desen, hayli kabarık! Kısa zamanda Barbaros Bulvarı'ndaki inşaat çukurundaki derince su birikintisinin çevresi mesire yerine döner. Balıklar tutulur, ızgaralar, gelsin çaylar vb... Çoluk çocuk neşesini bulur. Şimdi bütün bunlarla Erdoğan Hoca'nın ilgisi ne, diye düşünecek olursanız sıkı durun. Bir gün balık tutayım derken dokuz yaşında bir çocuk suya düşer, boğulur. Polis... savcılık... soruşturma...

"....inşaat sahibinin çevrede yeterli güvenlik önlemlerini almadığından... küçük bir çocuğun şantiye alanı içinde sahipsiz olarak...."

Anımsarken bu trajediyi düşünüyorum, üzülüyorum...

Tren git git Lozan'a varmak bilmiyor.

Yol boyu Cevher'le son karşılaşmamız gözümün önünde. On beş gün önce. Sabah Dördüncü Vakıf Han'daki bürosuna gitmiştik, öteki yönetici arkadaşım Hayri ile birlikte. Saat dokuzda, kapısının önü para yatırmak için sıra bekleyen insanlarla tıklım tıklım dolu. Aralarından zor geçiyoruz. Cevher odasında. Bir yandan berberi sakallarını sabunlayıp tıraş ederken, biz karşısında kahve içiyorduk.

"Şu sıraya bakın, vatandaşın bana güvenine bakın. Elimde satacak mal yok. Namussuzum, şu gazete kâğıdına imzamı atıp versem, milyarları toplarım. Ama yapmam. Bana yakışmaz. Ben bana güvenenleri aldatmam," diye bağırıp haykırıyordu.

Merkez Bankası, bankaların bankerlere mevduat sertifikası satmasını yasaklamış, dolayısıyla, Cevher'in de halka satacak "malı" kalmamıştı. Satacak malı kalmayınca daha önce sattığı mallarının faizini ödeyecek taze para girişi de kurumuştu. İşte Cevher'in saadet zinciri böyle kopmuştu.

Saadet zinciri kopunca Cevher paniğe kapılmıştı. Çok güvendiği, sistemin beyinlerinden, Cevher'in uzun yıllar yakını olan Yücel Çelik'e ne yapması gerektiğini danışmıştı. Cevher'in verdiği vadeli çekler vardı. Hisarbank'tan aldığı eski sertifikaların ("malların") karşılığı çekler. Zaten zor durumda olan Hisarbank da Cevher'i sıkıştırıyordu. Hisarbank'ın büyük ortaklarından Ahmet Kozanoğlu çekler vadesinde ödenmezse, Cevher'i savcılığa vermekle tehdit ediyordu. Baskılara dayanamayan Cevher nefes almak için İsviçre'ye gitmişti. Gitmesine engel olmadı diye de, her nedense Yücel'e küstü ve uzun yılların bu yakın iki dostu bir daha hiç konuşmadılar. Daha sonraki yıllarda Cevher'le Yücel'i tekrar barıştırmak için çabalarım sonuç vermedi.

Tren Lozan'a geldi. Çantamın içindeki belgeleri kontrol ettim. Hepsi yerindeydi. Bu belgelerin imzalanması önemliydi. Banker Kastelli ve öteki altı şirkete açılan kredilerin yasal eksiklikleri böylelikle tamamlanacaktı. Aksi halde yönetim kurulu üyeleri dahil, genel müdür ve benimle birlikte pek çok kişinin başı derde girebilirdi.

McDonald's Lozan tren istasyonunun hemen karşısında. Elimde iş çantası, kravatlı, ciddi görünümümle içeri girdim. Lozan'ın on beş-on yedi yaş grubu sanki bütünüyle oradaydı. Blucin ve renk renk giysilerle, bir yandan çalan müziğin de etkisiyle rahat bir ortamda birden kendimi tuhaf hissettim. Giyimimle, duruşumla bütünüyle ortamın dışındaydım. MİT ajanı gibi, CIA mensubu, belki de KGB'-

den biri gibi falandım. Yaşımla, koyu renk bankacı giysilerimle, elimde "önemli" belgeler taşıdığım çantamla, yalnızlığımla. Oturdum. Bir Coca-Cola yudumlayarak, beklemeye başladım. Çok geçmeden Cevher geldi. Tedirgin. Beni yalnız görünce rahatladı. "Gidelim," dedi. Kalktık. Dışarda oğlunun kullandığı bir araba bekliyordu. Direksiyona Cevher geçti. Oyalanmak, boş durmamak için bir şeyler yapmalıydı. Onun için arabayı kendisi kullanıyordu. Yolları tam bilmiyor, oğlunun direktifleriyle gidiyordu.

"Aman Laba kırmızı ışıkta dur, buradan sağa dönüş yok..." gibi yönlendirmeler, katı İsviçre trafik kurallarına dikkatini yoğunlaştırmak, onu biraz olsun oyalıyordu.

Araba kullanırken belki biraz çekiniyordu. Ne de olsa 1980 başlarının İstanbul trafiğinden gelme, ilkel sayılabilecek şoförlük bilgisiyle, Lozan'da araba kullanırken bir kaza yaparsa, başı çok çabuk derde girebilirdi. Bense ön koltukta onun yanında oturuyorum. Tedirgin mi? Hem de nasıl!

Cevher yabancı dil bilmediği için, Türkiye'nin adamı olduğu için, bu ortamda çok sıkılıyordu. Kâh sinirlenerek, kâh ağlayarak dertlerini anlattı. Arabayı göl kenarında bir parkta durdurduk. İçinden çıkmadan sohbete başladık.

Kâğıtları okumadan imzaladı.

"Nereye istersen göster imzalayayım, " dedi. "Sana güvenim sonsuz, puştluk yapmayacağını biliyorum," dedi.

İmzalar otuz saniyede tamamlandı. Yarım saat daha konuştuk.

"Param yok!" dedi. "Mehmet'ten istesem acaba bana borç verir mi?" diye sordu.

Oysa Türkiye'de herkes Cevher'in yurtdışındaki muhtemel varlığı hakkında olur olmaz ne spekülasyonlar yapıyordu. Türkiye'yi sordu. Kendisine ne olabileceğini sordu.

"Sen mert adamsın, buralar sana yabancı. Yapamazsın. Nasıl olsa eninde sonunda döneceksin. Bir an önce yurduna dön," gibisinden düşüncelerimi söyledim. Sonra sarılarak ayrıldık.

Cevher 1970'te tanıdığım gibiydi. Sözünün eri, mert duruşlu. Başkası olsa o imzaları kolay kolay atmazdı.

Lozan'dan imzalarla döndüğümde yönetim kurulu üyeleri beni önemli bir iş başarmışım gibi tebrik ettiler. Hepsi yapılan işin güçlüğünü takdir etmişti. Oysa imzalar işin sadece bir yanıydı. Olay bütünüyle pahalıya patlamıştı. Yüz ifadelerinden her zaman pek bir şey anlaşılmayan genel müdür bile bu olayın bankaya getirdiği yükten oldukça etkilenmişti. Sıkıntısı yüzünden okunabiliyordu.

Bana bu ölçüde güvenmesinden ve bu imzaları atmasından ötürü kendimi Cevher'e biraz borçlu hissettim. Bir iki yıl sonra borcumu ödeme fırsatını buldum. Cevher geri dönmüş, tasfiye kuruluna yardımcı olarak borçlarını ödemeye çalışıyordu. O arada benim çalıştığım bankayı da ziyaret etti. Ben bankaya genel müdür olmuştum. Borçlarına karşı Cumhuriyet Caddesinde Kastel Han'ın zemin ve bir üst katını önerdi. Epey pazarlık ettik. Daha fazla vermesine olanak yoktu. Yönetim kurulunun bazı üyeleri Cevher'in borçlarına karşı bu gayrimenkulü verme önerisini kabul etmeye yanaşmıyordu:

"Bu adama bunu yapamayız, zamanında pek çok imzayı tamamlayarak bizleri sıkıntıdan kurtardı. Önerisini kabul edeceğiz..." yönünde kısa bir konuşma yaptım.

Herkes olumlu oy kullandı. Konuşmayı yaparken Cevher karşımdaydı ve gözlerinin ıslandığını gördüm.

Cevher borçlarını tasfiye ederken tasfiye kuruluna da bazı sözler vermiş, belirli sürelerde belirli miktar para yatıracağını taahhüt etmişti. O taahhütlerinden birinde yaklaşık 50 milyon lira kadar açığı vardı. Tasfiye kuruluna bu paraları ödemezse, başı yine derde girecekti. Bu sefer de borçlu olduğu insanlara karşı taahhütlerini yerine getirmekte zorlanacağını, alacaklıların daha da büyük zararlara uğrayabileceğini tahmin ediyordum. Zaten iyice zarara uğramış, sıkıntı çekmiş olan vatandaşların mağduriyetini azaltmak için Cevher'in ticari yönden ayakta kalmasının gerekli olduğunu düşünüyordum. Bir gece bana telefon edip ertesi sabah mutlaka görüşmemiz gerektiğini söyledi. Sabah erkenden geldi. Cevher'i uzun süredir görmemiştim. Görünce yadırgadım. Bitkin bir hali vardı.

"Ne oldu sana?" dedim, birden boşaldı, ağlamaya başladı. Odada baş başaydık. Kendisine hâkim olup toparlanmasını söyledim. Morali çok bozuktu. Bu parayı bulmazsa iki yıl önce başladığı noktaya gelecekti.

"Üzülme, yardımcı olmaya çalışacağım," dedim.

Sorunu çözdük. İki ay sonra da parayı getirdi, ödedi. Cevher güvenimi kötüye kullanmadı.

Bankalar yeminli murakıbı Kastelli olayı ile ilgili olarak: "Dolaylı kredi kullandırmak, kredi limitlerinde yasalara aykırı aşım yapmak," gibi suçlamalarla hepimizi mahkemeye verdi. Oturdum, tüm savunmamı kendim yazdım. Bütün suçlamalara karşı tek tek kanun maddelerini bularak on-on iki sayfalık bir savunma oluşturdum. Peşinden konuyla ilgili hukuk danışmanımıza gösterdim. İşin ilginç yanı benim dışımda bu konuyu pek ciddiye alan yoktu, galiba. İlk duruşmaya kadar kimse fazla bir şey yazmadı. Ancak itiraf etmeliyim ki bankacılık yaşamımda bilmeden, iyi incelemeden attığım bazı imzalar sonucu ortaya çıkan yasal durumdan kurtulmak için bu savunmayı yazarken bankacılık mesleği ile ilgili pek çok şey öğrenmiştim. Hem yasal yönleri, hem uygulama teknikleri, hem de bir sürü kaçamak yolları, yasadaki boşluklar vb... Sonunda benim yazdıklarım esas alınıp biraz değiştirilerek herkesin savunmasına uyarlandı!

Aradan beş-altı yıl geçti. Ben bankadaki görevimden çoktan ayrılmıştım. Garanti Bankası Genel Müdürü'yüm. Bir gün Hüsnü telefon etti. O da Yapı Kredi Bankası Genel Müdürü. Ben bankada yeni kadrolar kurarken Yapı Kredi Londra Temsilcisi İlhan Nebioğlu'nu da Garanti Bankası Londra Temsilciliği'ne getirmiştim. Hüsnü'nün telefonda olduğunu duyunca huzursuz oldum. Birden İlhan'ın transferi konusuyla ilgili serzenişte bulunacağını sandım. Herhalde "Bizim bankadan başka bir adam almasan daha iyi olur..." falan gibisinden söylenecekti. Bir yandan cevap aramaya, diğer yandan telefonu kaldırarak söyleyeceklerini dinlemeye başladım. Bana:

"Seni hapse girmekten kurtarmaya çalışıyorum... Hatırlıyor musun, Kastelli dosyasıyla ilgili dava hâlâ devam ediyor ve konu bilirkişiye havale edilecek..." türünden şaka yollu birkaç cümle söyledi.

İlk başta bunca yıldan sonra neden söz ettiğini toparlayamadım. Beklediğim "İlhan... Londra...Bankadan adam transferi,." falan gibi kelimelerdi. Oysa Hüsnü, hemen ardından mahkemenin öngördüğü bilirkişi adaylarının isimlerini saymaya başladı. Bunlar arasından benim tanıdığım isimler olup olmadığını sordu. Hüsnü konunun takibini bırakmamış ve şimdi bilirkişiler ve onların güvenilirliği, tarafsızlığı hakkında araştırma yapıyordu. Bütün merak ettiği kimsenin etkisi altında kalmadan karar verecek kişiler olup olmadıklarıydı.

Ben Garanti Bankası'na genel müdür olduktan hemen sonra genel müdür yardımcılığı görevinden ayrılan bir arkadaşımız vardı. Hüsnü'nün telefonda ismini söylediği kişilerden biri galiba bu arkadaşımızdı. Öteki birkaç ismi de tanıyordum. Görüşlerimi söyledim. Hüsnü her konuda olduğu gibi pek çok işi bir arada götürme becerisini burada da sürdürmüş ve bu konuyu da yakından izlemişti. Sonunda benim yıllar önce yazdığım savunma bilirkişinin çalışmalarına da esas teşkil etmiş, önemli bir belge olmuştu. Bilirkişi raporu da olumlu çıktı ve bizler topyekûn beraat ettik. Yedi yıl önce bankacılık yaşamımla birlikte başlayan Kastelli olayını her yönüyle yaşamış ve sonunda meslek yaşamımın en önemli deneyimlerinden birini elde etmiştim:

Bilmediğin işe girme. Girersen tüm sorumluluk senindir. Seni bu işe sokan kişi veya kişilerin, kurtulman için senden daha fazla çaba sarf etmeleri mümkün değildir. Ve buna benzer çeşitli dersleri bu vesileyle, hem de bir daha kolay kolay unutamayacak şekilde öğrenmiştim.

GÜNEŞ OLAYI

> *Yöneticinin görevi yönetmektir, patronluğa soyunma*
> *Gücünü bil, çıtayı aşamayacağın noktaya koyma*

Kastelli olayı patlak verir vermez o zamanlar Güneri Cıvaoğlu yönetiminde bulunan Güneş gazetesinde, baş sayfada Pamukbank'la ilgili bir haber patladı. Habere göre Pamukbank Kastelli'ye bilmem kaç milyar borçluymuş. Oysa durum tam tersiydi. Pamukbank borçlu değil alacaklıydı. Böyle bir haberin bankanın itibarını sarsacağını düşünüp çok sinirlenmiş ve sıkılmıştık. Banka itibarı çok önemliydi. Kimse bizlerin itibarıyla oynamamalıydı. Biz de bunu sorun edip Güneş gazetesini dava etmeye karar verdik: Banka içinde bu kararı alabilmek epey zor olmuştu. Bir kesim "gazetelerle dalaşmayalım" şeklinde düşünürken, diğer kesim "hadlerini bildirelim" tezini savunuyordu. Sonuçta "hadlerini bildirmek isteyenler" (yani "bizim" ekip) kazandı ve biz Güneş gazetesini "haddini bildirmek için" mahkemeye verdik. Tam elli milyon liralık tazminat davası açtık. O zamanlar büyük paraydı, önemli rakamdı.

Diğer yandan da gerek Güneri Cıvaoğlu'na gerekse gazetenin o zamanlar sahibi olan Çavuşoğlu-Kozanoğlu ortaklara ateş püskürüyordum. O kadar hırslıydım ki, çevremdekiler ve aile yakınlarım benim bu denli hırslanmamı ve sinirlenmemi yorumlamakta güçlük çekiyorlardı. İçlerine kuşku düşüyordu, sonraları söylediler, acaba ben bu bankanın sahibi miyim, diye merak ediyorlarmış...

Olayların sıcaklığının ortasında bir gündü. Güneş gazetesinden iki muhabir habersiz, randevusuz Pamukbank'a geldi. Hüsnü'yle görüşmek istediler. Benim odam yakında

olduğu için Hüsnü'nün sekreteriyle gazetecilerin giderek yükselen seslerle konuşmalarını, tartışmalarını duyuyordum.
Hüsnü odasındaydı. Görüşmemekte kararlıydı. Adamlar da inat ettiler, kapısının önünden ayrılmıyorlardı. Benimle görüşmelerini önerdik. Kabul etmediler. İlle de Hüsnü'yü bekleyecek, hiç olmazsa bir fotoğrafını çekeceklerdi. Bu anlamsızlığa daha fazla tahammül edemezdik. Bir yandan bankanın güvenlik görevlisi, diğer yandan Hüsnü'nün şoförü Mustafa, gazetecileri kapıdan ayrılmaya davet ettiler. Gazeteciler direnince galiba biraz tartaklanma olmuş. Veya olmuşçasına bağrış çağrışlar duymaya başladım.

Adamlar çıktılar fakat iki saate kalmadı karakoldan polisler geldi. Meğer aynı gazeteciler bu sefer karakola gidip, duyduğumuzda hepimizi şaşkınlık içine iten bir suçlamada, bizi dövdüler, diye şikâyette bulunup davacı olmuşlar. İçlerinden biri de hâlâ bağrıyordu,

"... biz senin fotoğrafını mahkeme koridorlarında da çekmesini biliriz, elimizden kurtulamazsın...".

Kalemini silah olarak kullanmaktan öte, gazetesini silah olarak kullanma anlayışı zaman zaman basına hâkim olmuştur. Tabii bu anlayışın talimatlarıyla hareket eden, gazetecilikle silahşorluğu biribirine karıştıranlar da böyle haykırmayı meslekten sayıyordu. Çok şükür bu anlayışla gazete sahibi olmaya soyunanlar uzun süre devam edemediler.

Polisler geldiğinde Hüsnü gerçekten bankada yoktu. Kendilerini ben karşıladım ve adımı şahit olarak yazdırdım.

Duruşma günü, şahit olarak mecburen Beyoğlu Adliyesi'ne ifade vermeye gittim. Daha kapıdan adımımı atar atmaz yüzümde fotoğraf makinelerinin flaşları patladı. Eh ne de olsa "Banka Genel Müdür Yardımcısı Mahkemede" alt yazılı bir fotoğraf bu savaşta bir cephe çatışmasının kay-

bedilmesi olarak da nitelenebilirdi. Canım sıkılmıştı.
Bir başka gazeteci benimle konuşup birkaç kelime söylememi istedi. Başımı kaldırdım yüzüne baktım. Gözlerime inanamadım. Bu Cengiz'di. Yıllar öncesinden mahalle arkadaşım. O da o anda beni görünce şaşırdı. Çevremizdeki kalabalığın şaşkın bakışları arasında biz birbirimize sarıldık. Yıllardır görüşememenin özlemini o gergin ortamda gidermek mümkün değildi. Ben Cengiz'e,

"Senden ricam bu saçma sapan fotoğrafları basıp beni rezil etmeyin," dedim.

O da "Sen merak etme." dedi ve biz ifade vermek üzere savcının odasına girdik.

İki gün sonra mahkeme koridorlarında çekilen fotoğraflar, negatifleriyle birlikte masamın üzerindeydi.

Patronların, gazetelerin, bankaların büyük savaşının ortasında, sıcak bir dostluğun tartışmasız bir zaferle galip gelmesinden daha huzur verici ne olabilirdi ki...

O günlerde Hilton otelinde bir davette, Güneş gazetesinin diğer ortağı Ahmet Kozanoğlu ile tanıştım. Hemen yanına gittim:

"Sizin mutfak çok mu temiz. Hiç hamamböceği yok mu? Ne diye başkalarına devamlı çamur atıp duruyorsunuz?" diye çıkıştım.

O da bana uzun bir cevap verdi. Söylediklerinden hiçbir şey anlamadım. Yıllar sonra aynı kişiyle Can Paker'in Anadoluhisarı'ndaki yazlık evinde karşılaştım. Aradan geçen yılların ve olayların getirdiği küllenmeyle kendisine aynı hıncı duyamadım. Daha duyarsız, hırssız, kinsiz birkaç kelimeyle sohbet ettik. O da bana bir cevap verdi. Ben yine söylediklerini hiç anlayamadım.

Güneş gazetesi davasını yakından izliyordum. Mutlaka kazanacaktık ve adalet yerini bulacaktı. Bu basın denen güç de bunu görecek, artık yerli yersiz, olur olmaz haberler yazmayacaktı. En azından yazarken doğruluğunu kontrol edecekti. Ekonomik ceza en etkili cezaydı. Birkaç oturum geçti. Bilirkişiler, savunma, bir sonraki oturum derken iki yılı aşkın bir süre geçti. Bu sırada ben Pamukbank'a genel müdür oldum. Amacım şeffaf olmak, basınla iyi bir diyalog kurmaktı. Bu şekilde yanlış haber çıkmasını da dolaylı olarak engelleyebilecektim. En azından ben öyle düşünüyordum. Güneş gazetesi de el değiştirdi. Çavuşoğlu-Kozanoğlu Grubu'nun da "Mutfağında hamamböcekleri çıkmıştı. Üstelik onlarınki bir felaketmiş..." Grup tümüyle yok oldu. Pek çok kuruluşları battı, bir kısmı el değiştirdi. Güneş gazetesi de o sıralarda Pamukbank'ın iyi müşterilerinden olan bir inşaat firması sahibi tarafından satın alındı. Mehmet Ali Yılmaz nakit varlığı yüksek bir kişiydi. Bankanın günlük nakit ihtiyacı olur, telefon edersin, "Gönder bir milyar" dersin, gönderir. "İki gönder" dersin, iki gönderir. Kredi kullanmaz. Özetle iyi bir ilişki içindeydik. Güneri ayrıldı. Güneş gazetesi genel yayın yönetmenliğine Nezih Demirkent geldi.

Güneri'yi o zamanlar yakından tanımazdım. Pamukbank'ın o haberini yazdı diye de nedense kendime hafif düşman gibi görürdüm! Oysa o da beni tanımazdı. O nedenle olmalı, gazeteden ayrıldığına da sevinmiştim. Yıllar sonra Güneri'yi daha yakından tanıma olanağı buldum. Geçen günlerde kendisi hakkında düşüncelerimde yanıldığımı anladım. Acaba o mu değişmişti. Ben mi? Yoksa koşullar mı!

Bir sabah Pamukbank'taki odamda Süheyl Hoca ile sohbet ediyorduk. Güneş davası bir gün önce sonuçlanmış ve "biz" kazanmıştık. Güneş gazetesi Pamukbank'la ilgili yalan haberinden dolayı 25 milyon lira tazminata mahkûm olmuştu. İşte göstermiştik, yalan haber yazmanın cezasını görmüşlerdi. Yaşasın Türk adaleti. Gerçi dava 50 milyonluktu. Ve açılışından bu yana üç yıl geçmişti. Yüksek enflasyonla sonuç olarak hükmedilen tazminat neredeyse istediğimizden %80 azalmıştı ama, zararı yok, yine bir zaferdi. Kendi çapında da olsa, bir savaş kazanılmıştı.

Biz bunları konuşurken telefon çaldı. Gazetenin yeni sahibi Mehmet Ali Yılmaz arıyordu. Aldım. İki hoşbeşten sonra konuya girdi.

"Biz senin eski müşteriniziz... Gazeteyi yeni aldık... Bir dava varmış..."

Bunu bekliyordum. Tarihi an gelmişti. Bu rakamı ödetmek, bana keyif, basına önemli bir ders olacaktı.

"Biz kaybetmişiz. Yıllar önce açmışsınız. Gazetenin eski yönetimi zamanında... Oysa şimdi yönetim değişti. Biliyorsun biz geldik..."

Bunu affedersem bunca uğraş, haklılık uğruna bunca mücadele boşa gitmeyecek miydi? Yıllar önce yönetim kurulunda dava açmayı savunan, "Haddini bildirelim" tezinin başını çeken ben değil miydim?

"Aslında 25 milyon para değil. Sen beni tanırsın... Ama önemli olan senin yapacağın jest olacak... Gazetenin çalışanlarına karşı bir jest olacak. Moral verecek. Bunun bana da yardımı büyük olacak..."

O konuşuyordu. Ben duyuyordum ama dinlemiyordum... Sıkılmıştım... Düşünüyordum:

"Ya bizim çalışanlarımıza ne olacaktı? Üç bin kişinin morali, haysiyeti zedelenmeyecek miydi? Kabahat bendeydi belki de. Ta başından beri. Horoz gibi diklen, diklen, sanki kendi malınmış gibi inatla uğraş. Sonra? Başardın. MI? Şimdi ne yapacaksın bakalım? Yönetim kuruluna kazanılmış bir hakkın tahsilinden vazgeçme önerisine imzayı sen mi atacaksın? Millet gülmeyecek mi? Sen kimsin, sermayenin bu gücüyle başa çıkmak kim?"

"Şimdi senden ricam Nezih Bey'i ara veya o seni arasın. Anlaşın. Öperim!"

O anda artık kendimi toparladım.

"Bak Mehmet Ali. Bu iş bildiğin gibi değil. Bizim için şöyle önemli böyle önemli tarafları var... Üç bin çalışanın haysiyeti var... Bu haber bizim o zamanlar çok canımızı yakmıştı... Ben de parasında değilim ama düpedüz affetmek olmaz. Bir formül bulalım," falan diye direttim.

Mehmet Ali dikkatle dinliyordu. Onun da biraz efe tavrı vardı, ama benim söylediklerimi pek derinlemesine kavramamıştı. Ya da işine gelmemişti. Bu kez daha açıktan söyledim:

"Bir şartla olur. Birinci sayfada, ilan edeceksiniz. Hem de benim istediğim şekilde yazacaksınız. Davayı kazandığımızı. Parayı almadığımızı falan..."

"Yaz gönder canım. Ne istersen yaz, basarız. Burası senin gazeten!"

Yılların düşmanca gözüken Güneş gazetesi birden "benim gazetem" oluvermişti.

Oturdum kendim yazdım. Gerçekten yazdıklarımın tümünü bastılar. Bir farkla. Başlangıcını birinci sayfanın en altına, küçücük bir başlıkla ve gerisini de 10. devam sayfasına...

Güneş davasının sonucunun bir zafer olmadığı kesindi.

Bir galibiyet olup olmadığı da tartışmalıydı.

Çoğu zaman "Acaba bir yenilgi miydi?" diye kendime sormuşumdur. Korkumdan da cevabını vermekten hep kaçınmışımdır.

ARABESK OLMANIN BEDELİ

Kimi parayı, kimi sanatı sever
Küreselleştikçe herkes dilediğini dinler

1980'li yılların başında Libya gündemin ön sıralarındayken, Türk bankaları açısından da önemli olan, önde gelen Libya bankalarının bizimle işbirliği yapmasıydı. Karşılıklı iş hacmini geliştirebilmek, hızla büyüyen Libya ticaretinde bankamızın payını artırabilmek amacıyla Libya'ya pek çok ziyaret yapmakta ve öncelikle Libya bankalarındaki yetkililerle ilişkilerimizi ve dostluklarımızı geliştirmekteydik. Bankacılıkta önemli olan da buydu. Dünyanın her yerinde kişisel dostluklar geliştikçe iş ilişkileri de düzene giriyordu, kolaylaşıyordu. Bu gidip-gelmeler sonucu, Libya bankalarından birinin dış işler müdürü Süleyman da İstanbul'a gelmişti. Kendisine İstanbul'da iş temasları dışında hoşça vakit geçirtebilmek amacıyla bir akşam yemeğe davet ettik. Bu arada bir tercihi olup olmadığını sorduk. Adam hiç düşünmeden İbrahim Tatlıses, deyiverdi. Hemen Bebek Park Gazinosu'nda iyi bir masa ayırtıp gece yemeğe gittik. Bankanın üst yönetim kadrosu neredeyse bütünüyle oradaydık. Hüsnü, Hayri, Akın, ben ve birkaç kişi daha..

Yemek servisinin sonlarına doğru sanatçımız sahnede görünür görünmez, o ana kadar hoşsohbet olan bizim Libyalı Süleyman birden sustu ve tüm dikkatini sahneye verdi. Büyük bir beğeni ve keyifle İbrahim Tatlıses'in peş peşe söylediği parçaları izledi, ona gül yaprakları attı, alkışladı. Ara oldu. Biz Süleyman'a jest olsun diye

"Gel seni tanıştıralım," dedik ve sahne arkasına götürdük.

Sahne arkası bir sürü iriyarı, esmer, bıyıklı adam tarafından kuşatılmıştı. Birine derdimizi anlatmaya çalıştık. Bizi aldılar, sonradan isminin Hasan olduğunu öğrendiğimiz bir kişiye götürdüler. Hasan Bey, Tatlıses'in menejeriymiş. Tüm talepleri onunla görüşecekmişiz. Biz kendisine Libya -Türkiye ilişkilerinden başlayarak, dış ticaretin önemine, oradan bankaların ekonomideki yerine ve Libya bankasının bizim bankamız için değerine, bankamızın genel müdürünün çok özel ricasına ve Jamahirıye Bankası dış işler müdürü Süleyman'ın Tatlıses'e duyduğu hayranlığa kadar her şeyi çabuk çabuk özetledik.

Hasan Bey konuştuklarımız içinde pek çok şeyi ilk olarak duyuyormuşcasına ilgiyle, ancak biraz da kendisine çok yabancıymış gibi yadırgayarak dinledi. Adam aslında haklıydı... Onun derdi sahnede sanatını icra eden sanatçı ve şunun şurasında iki saatte alacağı para, içeceği bir kadeh rakıydı. Sahne arkasında, gecenin bu saatinde kimin umurundaydı ekonomi, dış ticaret, ya da Arabın bankası. Ama biz derdimizi anlattık. Ne kadarını anladığını, ne kadarını anlamadığını bilmem ama Tatlıses Libyalı bankacı Süleyman'la tanışmayı kabul etti. Şimdi sahne arkasına geçip Tatlıses'le Libyalı hayranını tanıştırabilecektik. Gittik. Tatlıses elinde viski bardağı bizi karşıladı. Tanıştılar, öpüştüler. Birkaç kelime Arapça falan, anlaştılar. Derken Süleyman fotoğraf çektirmek istedi. Hemen fotoğrafçı bulduk. Pozlar verildi. Gidelim diyecek olduk, Süleyman bir istekte bulundu: İbrahim Tatlıses Libya'da çok tanınır ve sevilirmiş. Kendisi acaba iki konser vermek için Libya'ya gelir miymiş?

Tatlıses "Gelirim ama menecerimle görüşün," dedi.
Tekrar Hasan Bey'e gittik.
"Düşünelim," dedi. Kartını verdi. "Çok meşgulüm, beni iki-üç gün sonra arayın," dedi.
Gittik yerimize oturduk.

İki-üç gün sonra aradığımızda Libya'da iki konser için istenen fiyatı öğrendik. Hesapladık. Yol ve otel masrafları hariç, bütün Türkiye-Libya ticaretinin bankacılık işlemlerini biz yapsak, yine de o tarihte bu kadar yüklü parayı kazanmamız olanaksızdı. Vazgeçtik.

Arabeskin bedeli ödeyemeyeceğimiz kadar yüksek gelmişti.

BATAK BİR KREDİNİN TAKİBİ

*Kaçsa da hesapsızlık sonucu, dönecektir bir gün elbet
Krediyi verirken güvenceye almazsan, dönmesine dua et!*

1982-1983 yılları ihracatın alabildiğine teşvik edildiği dönemlerdi. Ülkenin yıllık döviz girdilerini iki buçuk milyar dolar düzeyinden on milyar dolarlara getirmek için ihracatçıya verilen aşırı teşvikler sonucu hemen herkes ihracatçı olmaya özenmişti. Pamukbank da ne kadar ihracat müşterisi varsa onları kredilendirmek ve sağlayacakları dövizleri alabilmek için ön planda yarışıyordu. O dönemde TC Merkez Bankası ihracat finansmanına destek olabilmek amacıyla bankalara "ihracat reeskont kredisi" adıyla, her ihracat proje kredisinin %60-75'i kadar kaynak sağlamaktaydı.

İşte bu dönemin ihracat heyecanını duyan ve kalbi ülkeye sağlayacağı dövizlerin isterisiyle çarpan müşterilerimizden biri de yılların tekstil danışmanı ve desencisi olarak tanınan (E) isimli bir tekstil desencisi işadamıydı. Onun da bir ihracat projesi vardı. İtalya ile bir bağlantı yapmıştı. İki milyon dolar deri konfeksiyon satacaktı. Bizden bu işin finansmanı için kredi istiyordu. Önceleri bize projeyi fason imalat olarak anlatmıştı. Projeye inanan ve tesisinde imzası olan kişilerden biri de bendim. Nedense adamın bu işi becereceğine inanmıştık. Krediyi kullandırdıktan kısa süre sonra öğrendik ki, aldığı paraları deri satın almaya yönlendireceği yerde bir fabrika binası ve makine almayı tercih etmiş. Kendi açısından akla yatkın gelen iyi niyetli bir açıklaması da vardı. "Üç yıl boyunca sağa sola vereceğim kesim-dikim parasını başında fabrikaya yatırır daha sağlam bir iş yapmış olurum", diye düşünmüştü. Yeni ihracatçı dostumuz o günlerin pek çok ihracatçısında görülen tipik hastalıklardan birine yakalanmıştı. Kısa vadeli kredi olanaklarını sabit yatırıma yönlendirmişti. Vadesi geldiğinde borçlarını erteletmeye çalışmanın, bankalarla sürtüşmeye yol açacağını her nedense işin başında hesaplamamıştı.

(E) de aynı hatayı yapmıştı. Kredi vadesi geldiğinde ne ihracat siparişini tamamlayabilmişti, ne de borcunu ödeyebilecekti. İşin kötüsü yaptığı üretimin bir kısmını da hatalı üretmişti. Oğluyla da sürtüşmeleri vardı. Bizler biraz sıkıştırınca birden paniğe kapıldı ve yurtdışına gitmeye karar verdi.

Önceleri nereye gittiğini öğrenmeye çalıştık. Kimine göre İsviçre, kimine göre İtalya. bazılarına göre de İsrail'e kaçmıştı. Dönecek miydi? sorusuna da cevaplar çeşitliydi. Kimine göre:

"Bankalara olan borçlarını bankalar ertelerse," dönecek; kimine göre ise "İtalya'daki alıcıyla işlerini halledince," gelecekti.

Bazısı ise (E)'in yurtdışında kişisel birikimleri olduğunu, onların bir kısmını getirmeye hazırlandığını söylüyordu. Söylenenlerin hiçbiri doğru çıkmadı. Zaman içinde, aynı piyasadan, eski bir tanıdığım olan bir başka işadamından öğrendim ki, (E) İsrail'de, zaman zaman sinir krizleri geçiriyordu. Ne yapacağını bilmiyordu. Ben oraya gidersem benimle görüşme olanağı sağlanabilirdi. Bu bilgi bana sağlam yerden gelmişti.

Bunu duyar duymaz Hüsnü ve ben karar verdik ki (E)'i görüp konuşmak gerekir. Ben İsrail'e gidip onu bulacak ve Türkiye'ye dönmeye iknaya çalışacaktım. Hemen hazırlıklara başladım. Kendisine ortak tanıdığımız o işadamı kanalıyla haber gönderdik. Onun da görüşmeye arzulu olduğunu öğrendik.

Tel Aviv'e indiğimde (E) beni karşılamaya gelmişti. Otele gittik. Konuşmaya başladık. Kendisi kötü niyetli değilmiş, oğlu ona kazık atmış vb. cinsinden bir sürü hikâye (veya gerçek) anlattıktan sonra ertesi sabah yeniden buluşmak üzere sözleştik. Bu sefer konuşma ortamını renklendirmek için bir tur almaya karar verdik. Sabah sekizde otelin hemen ilerisinden, Kudüs ve çevresine giden bir günlük tura katıldık. Otobüste bizim dışımızda yirmi-yirmi beş kişi vardı. Hemen her ülkeden pek çok turist. Biz (E) ile en öne, şoförün hemen arkasına oturduk. (E) yolda bir yandan paraları nereye nasıl harcadığını anlatıyor, diğer yandan yeni ihracat projelerini gerçekleştirebilirse tüm borçlarını ödeyebileceğini savunuyordu. Ben bir yandan onu dinliyor, diğer yandan devamlı konuşan turist rehberinden gözlerimi kaçırarak (E)'in söylediklerinden bir şeyler kapmaya çalışıyordum. Zaman zaman yol kenarında üç-beş bombalanmış tank veya kamyona takılıyordum. (E) sustukça ben başlıyor ve kendisinin İstanbul'a gelip işinin başına geçmesi halinde her türlü anlayışı göstereceğimizi söylüyordum. Zaman zaman (E)'in gözleri yaşarıyor, ağlıyordu. (E) anlatıyordu: Bu duruma düşecek kişi olmadığını... buraya isteyerek gelmediğini... buralarda çok yalnızlık ve sıkıntı çektiğini... yıllar yılı İstanbul'a alışmış, Adana - İstanbul arası gidip gelmiş, Türkiye kültürü içinde yoğrulmuş bir insanın bu yaban ellerde yaşamasının kolay olmadığını, anlatıyordu. (E)'in yanaklarından yaşlar süzülüyordu...

O anda otobüsteki rehber bize bakmaya başladı. Biraz kızgınca, biraz şaşkın. Ben kendimden en az yirmi yaş büyük bir adamın yanındayım ve adam ağlıyordu. Rehber (E)'in bir şeyler anımsadığını ve duygulandığını sandı. Belki de kendi söylediklerinden bir söz onu duygulandırmıştı. Ne yapacağını şaşırdı. Telaşlandı, turistlere anlattığı konuyu da unuttu. Birden toparlandı. Bir çıkış bulmuş gibiydi. Kendisini dinlemiyoruz, diye bizi öteki turistlere şikâyet etti. Hatta daha da ileri giderek eğer kendisini dinlemeyecek idiysek niçin bu tura katıldığımızı merak ettiğini sordu. Bana bakıyordu. Yalnız o değil otobüsteki yirmi beş çift göz de benim üzerimdeydi.

Sıkıldım. Ne işim vardı benim buralarda. Kudüs yolunda, yanımda ağlayan bir adamdan, bankanın batak kredisini geri almaya çalışıyordum... Yetmiyormuş gibi bir de turist rehberine hesap mı verecektim? Ben ne yapmaya çalışıyordum. Bu rehber beni niçin sorguluyordu? Doğru dürüst bir cevap veremeyeceğimi biliyordum. Adama ne söyleyebilirdim ki? Sustum. Rehber bu sefer (E)'e aynı soruyu yöneltti. Ancak (E) Türkçe ve bozuk bir İspanyolca'dan başka yabancı dil bilmiyordu ki. Dolayısıyla adamın İngilizcesini de İbranicesini de anlaması olanaksızdı. Anlasa, aslında onun da verecek bir cevabı yoktu. Bu nedenle (E) pek sıkılmadı, çünkü rehberin şikâyetini anlamamıştı, konuşmaların farkında bile değildi.

Kudüs'e geldiğimizde (E) benden İstanbul'a gelirse gerektiğinde yeniden yurtdışına çıkabilme güvencesi vermemi ve Bebek'teki katını hacizden vazgeçmemizi istemeye başlamıştı.

(E) beni yüksek düzeyde bir polis yetkilisiyle karıştırmış olmalıydı.

Biraz kutsal Ağlama Duvarı'nı gezdik...

(E) İtalya'dan iade edilecek bozuk derileri ben istersem geri getirtebilirdi.

Ağlama duvarında fotoğraf çekmeme izin vermediler.

Ama bunları Türkiye'de de satacak birilerini bulmalı veya ona yardımcı olmalıydım.

(E) ortama uygun ağlamasını sürdürmekteydi. Sonra Mescid-i Aksa'yı gezdik.

Aksi halde en azından bir de İtalya-Türkiye arası navlun parasını boşuna vermiş olurdu.
Çarşıda yürüdük.
Oğlu Leon'dan da tam emin değildi. Leon'un karısıyla ise hiç anlaşamıyordu.
Develere binip fotoğraf çektirmedik ama benim (E)'le çekilmiş bir Kudüs hatırası fotoğrafım var.
Hatta onun bu duruma düşmesine belki biraz da Leon'la karısı neden olmuşlardı.
Yan yana durup deveciden rica etmiştik, o da kabul edip bizim poz vermemizi beklemişti.
Avukatı Aydoğan galiba daha güvenilirdi ama o da uzaktan belli olmuyordu ki.
Kudüs'te üniversiteyi ve parlamentoyu da gördük.
Kendisi orada olsa işlere daha çabuk hâkim olabilecekti.
Kudüs büyük dinlerin iç içe geçtiği tuhaf bir yerdi.
Ama sinirleri yıpranmıştı, acaba altından kalkabilir miydi?
Kalabalık çarşıda birbirimizi kaybetmemek için kol kola yürüyorduk. İki yakın dost gibiydik. Akşam otele dönüşte (E) İstanbul'a dönmeye razı olmuş gibiydi. Ancak hiç olmazsa biraz dinlenmeliydi. Sinirleri yatışmalıydı.
Daha fazla yapacak bir şey yoktu. Ertesi sabah uçakla İstanbul'a döndüm. (E) bir-iki hafta bocaladı. Gelip gelmemekte kararsız kaldı. Sonunda gelmedi. Fabrikasını bir meraklısına sattık. Daha doğrusu kredilendirerek devrettik. Devralan kişi iyi niyetliydi ama galiba işi götürecek birikimi yoktu... Sanırım o da kotaramadı. Yıllar sonra (E)'in döndüğünü duydum. Bir yaz günü aynı piyasadan eski bir arkadaşı anlattı. (E) o zamandan beri huzursuzluğunu yenemeyerek geri dönmüş. Bir süre yeni işler yapmaya kalkışmış, ama bir türlü sıkıntıdan çıkamamış. Daha fazla soruş-

turmadım. Müthiş takibe rağmen krediyi kurtaramamıştık. Birkaç yıl sonra (E)'in öldüğünü gazete ilanlarından öğrendim.

GENEL MÜDÜR OLUYORUM

*Yükselmek değildir önemli olan yükseldiğin yerde kalabilmen
Onurunu zedelemeden, para bir yana, saygın kişi olabilmen*

1984 baharında Mehmet İsviçre'den dönmüştü. Türkiye'ye döner dönmez Hüsnü'yle barıştı, ardından Hüsnü'yü Yapı Kredi Bankası genel müdürlüğüne getirdi. Hüsnü bu nedenle bizim bankadan ayrılınca, Hüsnü'den boşalan genel müdürlük pozisyonu için bana teklifte bulundular. Kısa süre düşündüm. Kaybedecek bir şeyim olamazdı. Çünkü daha önce sağduyulu hiç kimse banka genel müdürü olarak bir şey kaybetmemişti! Gerçi çok daha sonraki yıllarda banka genel müdürü olarak ortaya çıkan birtakım kişiler genel müdürlük makamını gereği gibi değerlendiremedikleri için, yanlış yorumladıkları için, maddeten ve manen çok şey kaybettiler. Ama onlar sağduyudan yoksun kişilerdi. Yine de genel müdürlük sorumluluğunun bana önerildiği tarihlerde, benim bildiklerim arasında banka genel müdürü olmakla herhangi bir kayba uğramış kişi yoktu. Sonuçta 'Genel müdürlük yapmasını bilmem,' demek galiba pek mümkün değildi. Çünkü, sonradan öğrendim ki, genel müdürlük bilinmez, zaten zaman içinde öğrenilirmiş. Benzer bilimsel düşünce ve değerlendirmeler sonucu bir karara vardım ve öneriyi kabul ettim. Beni bu göreve önerenler Hüsnü ile Osman'dı. Ancak bu arada Mehmet nedense galiba bana bir uyarı vermeyi uygun görmüştü! Belki de genel müdür olmayı bekleyen genel müdür yardımcısı Doğan Çınar'ı küstürmemek amacıyla, onurlandırmak için, onu da bankanın dış işlemlerden sorumlu, görevli yönetim kurulu üyesi yaptı. Yani kısacası bankada iki baş, çift kaptan yarattı. Çınar benim genel müdürlüğümü ancak bu şartlarla kabul edeceğini patrona bidirince, Mehmet bir yandan belki de Çınar'ı küstürmemek, diger yandan da bana banka içinde bir denge yaratacağını düşünerek Çınar'ın şartlarını kabul etmiş olmalıydı.

Ben genel müdür olur olmaz bir Bankalar Yeminli Murakıbı bana gelerek Çınar'ı mahkemeye sevketmeyi düşündüğünü, kendisiyle ilgili bazı tespitleri olduğunu söyledi. Çınar'la ilgili birtakım yorumlar yaparak beni Çınar hakkında olumsuz bir karara yönlendirmeye çalıştı. Bankalar Yeminli Murakıbı'nın uyarılarına kulak asmadım. Genel müdür olmanın beraberinde tahammül, hoşgürü, anlayış gibi erdemleri de barındırması gerektiğini düşündüm.

Pamukbank Genel Müdürü iken yönetim kurulu murahhas üyesi ile çok yakın işbirliğine giremedim. Kendisi yönetimde hiyerarşiye son derece önem verirdi. Bir keresinde kendisine Cumhuriyet gazetesi gelmemiş. Bu aksamayı banka genel müdürü olarak gidermemi benden rica etmiş ve o günkü gazetenin kendisine gönderilmesini temin etmemi istemişti. Ben konuyu pek ciddiye almadığım için kızmış olduğunu sonradan duydum. Hatta denir ki, kendisinin Pamukbank'tan ayrılma nedenlerinden bir tanesi de bu gazete olayında benim gösterdiğim özensizlikmiş!

Mehmet Kemal Karamehmet'i daha sonraları tanıdım. Atlara meraklıydı, at yetiştirirdi. Sık sık Veliefendi hipodromuna gider, atları seyreder, yürüyüş yapardı. Alçakgönüllü, oğlunun sözünden pek çıkmak istemeyen, Tarsuslu eski bir toprak ağasıydı. Çok cana yakın, iyimser bir insandı. Uzun yıllar yönetim kurulu başkanlığı yaptı. Bankacılık tekniği ve ayrıntılarıyla pek yakından ilgilenmezdi ama her gün bankaya gelip, gazete okur, bizlerle sohbet eder ve arada sırada Tarsus şubesinin mevduatını sorardı. Kalp hastasıydı. Nabzı taşikardi dönemlerinde sayılamayacak süratte atardı, bir sefer bana da göstermişti. Ciddi bir kriz geçirmiş, doktorların önerilerine pek kulak asmamış, arkasından bir tane daha geçirince, Amerika'ya gitmişti. ABD'de uzun süre tedavi gördükten sonra Türkiye'ye döndü. Orada yapılan tedavi sonucunda, kalbine gerektiğinde elektrik şoku verebilmek için göğsüne yerleştirilen çok ince bir kablonun ucu omuzunda, deri yüzeyinin hemen altında bırakılmıştı. Ancak ABD'li doktorlar bunu kendisine söylemeyi unutmuşlardı veya kendisi hatırlamıyordu. Kemal Bey bir gün banyoda yıkanırken bu kablonun ucu eline gelir, merakla ucundan tutup çeker. Çektikçe gelen otuz santim uzunluğundaki kablo sonunda vücudundan tamamen çıkar. Bu olay birkaç yönetim kurulu toplantısında gündemin ilk maddesi oldu, tekrar tekrar anlatıldı. Önceleri hep birlikte bu kablonun ne olabileceğini tartıştık. Pek kabloya benzemiyordu. Acaba ameliyatta kullanılan dikiş ipliği fazlası mıydı? İçeride unutulan bir malzeme miydi? Sonraları bir doktora danışıldığında ve ABD'ye telefon edilip sorulduğunda ne olduğu öğrenildi. Her anlatışında on-on beş dakika dinler, sonra hepimiz bir ağızdan gülerdik. Sonra da yönetim kurulu toplantısı gündeminin bir sonraki maddesine geçerdik.

Pamukbank genel müdürlüğüm yaklaşık bir buçuk yıl sürdü. Bu süre boyunca kendimi başarılı bir yönetici olarak değerlendirmem mümkün değil. Bunun temelinde galiba Çınar'la çekişmemiz yatıyordu. Bu dönemde Çınar'ın dalları, budakları, tuhaflıkları, garip esintileri, yapraklarının hışırdamalarıyla Bizans'tan kalma Galata bankerlerine taş çıkartacak bir uyumsuzluk içinde kurumu yönetemedik, bir o yöne bir bu yöne ittik! Daha farklı bir şeyler yapmak gerektiğine inanıyordum. Belirli adımlar atmaya çalışıyordum. Ancak her seferinde bir şekilde engellendiğimi hissediyordum, ya da nedense beceremediğim kaygısına kapılı-

yordum. Benim yönetimimde olması gereken bankanın sanki dümeni tutmuyordu...
Bunları yazarken aklıma çocukluğumun ilk bisikleti, parlak kırmızı bisikletim geldi. Alındığı gün Göztepe'nin arka sokaklarında bisikletime binerken yolda yürüyenlerin bisikletimi beğenip beğenmediklerini merak ediyordum. Gittiğim yöne değil, yanından geçtiğim bir kişiye, bisikletimi beğenmesi beklentisiyle bakarken önce kaldırımdaki çöp bidonuna çarpıp sonra da aynı kaldırımdaki koca çınara bindirerek düşmüştüm. Kalktığımda bisikletin didonu çarpılmıştı. Didonu düz tuttuğumda tekerlek yana gidiyor, tekerleği düzletmem için didonu yana çevirmem gerekiyordu. Kısacası yeni, kırmızı bisikletimin dümeni tutmuyordu... Ancak yoldan geçenler bunun hiç mi hiç farkında değillerdi. İlgilenmiyorlardı bile. Ne kırmızı bisikletimle, ne de tutmayan dümeniyle...

Yıllar sonra, kısmet bu ya, yine bir çınarla karşı karşıya kalmıştım... Yönetim kurulu ise Göztepe'nin arka sokaklarında etraftan geçen yayalardan farklı değildi... Bisikletin didonunu düzeltemiyordum... Kimsenin umurunda değildi! Ya da bana öyle geliyordu!

KUVEYT - BAĞDAT

İş içinde başka işle uğraşmamaya özen göstereceksin
İki ayağın bağlı da olsa verdiğin randevuya gideceksin

Bankacılıkta dışa açıldıkça, dış ilişkilerin geliştirilmesi için kişisel ilişkiler, karşılıklı görüşmeler giderek önem kazanmaktaydı. Bankacılık dediğin, bir yerde dönüp dolaşıp kişisel güven ve yeteneklere bakış açısıyla özdeşleşiveriyordu. Özellikle Pamukbank'a genel müdür olduktan sonra değişik ülkelere ve o ülkelerdeki bankalara yaptığım ziyaret sayısı artmaya başladı. Dış banka çevrelerini şahsen tanımak, Pamukbank'ta neler yapmak istediğimizi kendi ağzımdan, kendi sözcüklerimle onlara anlatmak amacındaydım. Bu temaslarımın önemli bir kısmına bankada dış işlerinden sorumlu yetkili yardımcımı da götürüyordum. Bazen Avrupa bazen Ortadoğu ülkelerine yapılan bu yolculuklarda özellikle günde her biri yaklaşık bir saat süren altı yedi randevudan sonra insanın rahatlaması için sağı-solu görmek amacıyla biraz gezinti yapması gerekiyordu. Arap ülkelerinde ise buna olanak yoktu; çünkü pek çok yer öğleden sonra çalışmıyordu ve o sıcakta gündüz dolaşmak zaten mümkün değildi. Kaldı ki dolaşsan da pek çok yerde görecek bir şey yoktu.

Sık sık yapılan bu seyahatler nedeniyle gezip gördüğüm yerlerin fotoğraflarını çekmek gibi bir ihtiyaç duymaya başlamıştım. New York'ta 1980 yılında aldığım Konica marka yarı otomatik fotoğraf makinemi de bu yolculuklarda yanımda taşımaya başladım. Cezayir, İsrail, Viyana'da pek çok fotoğraf çektikten sonra, Kuveyt ve Bağdat yolculuğumuza hazırlanmaya başladım. Amacım Kuveyt'ten bir tele-objektif alarak makineme monte etmekti.

Kuveyt'te ilk günkü randevularımız bitince, akşamüstü dükkânları dolaşıp kendime beğendiğim bir tele-objektif aldım. Çok mutluydum. Yaklaşık üç yıldır istediğim olmuştu, üstelik iyi bir fiyata da almıştım. Ertesi gün sabah randevularından sonra boş iki saatim vardı. Çevrede biraz çekim yapıp Bağdat'a doğru yola çıkacaktık. İran-Irak savaşının şiddetle sürdüğü 1985 yılında Bağdat'ta fotoğraf çekmek, gezeceğimiz birkaç şantiyede ilginç görüntüler elde etmek için sabırsızlanıyordum.

Öğlene doğru Sheraton otelinden çıkışımızı yaptık, otelin önündeki kaldırımda bizi havaalanına götürecek otel otobüsünü bekliyorduk. Ben de makineme monte ettiğim tele-objektifle etrafta ilginç görüntüler arıyordum. Otobüs geldi. Makinemin objektifinden bakarak otobüse bindim. Otobüste Doğan ve benden başka kimse yoktu. Filipinli şoförün yanına oturdum. Hareket ettik. Rastlantı bu ya, şoför de fotoğrafa düşkünmüş. Onun Asahi Pentax'ı varmış. Şoför fotoğrafa duyduğu kişisel sempati dolayısıyla olacak yolda yer yer yavaşlayıp benim iyi birkaç görüntü yakalamama yardımcı oldu. Günlerden perşembe, Arapların hafta sonu tatilinin başlangıcı olduğu için yollar kalabalıktı. Havaalanına gelişimiz yaklaşık kırk beş dakika sürdü. Havaalanına geldik. Otobüs durdu. Şoföre teşekkür edip makinemi omuzuma astım, eğilip çantamı alacaktım ki elim boşta kaldı. Çantam yoktu.

Oturduğum koltuğun altı...
Yüzüme ateş bastı.
Yandaki koltuk...
Terlemeye başladım.
Arka sıralar...
Sıkılıyor ve utanıyordum.
Çantam yoktu. Çantasız gidemezdim. İçinde pasa-

portum, bu ne büyük bir sorumsuzluktu... biletlerim, iki günlük banka ziyaretlerimde tuttuğum notlar...
Bağdat randevum ne olacaktı? Ona daha zaman vardı.
Perşembe günüydü. Otele dönmeliydim. Nasıl? Geri gelebilir miydim? Uçak kaçar mıydı? Doğan ne olacaktı.
Karar verdim. Doğan gidip uçağın kalkışını oyalayacak, ben de otele dönecektim. Daha bir buçuk saat vardı. Gidip dönebilirdim. Şoför de en az benim kadar heyecanlanmıştı. Havaalanına geliş kartını imzalatmadan beni tekrar otobüse aldı.
Havaalanından otele doğru son hızla ilerliyorduk. Çok kızmıştım kendime. Bir fotoğraf makinesiyle oyalanmak yüzünden nasıl bu rezaleti yapabilirdim. Bu ne biçim bir laubalilikti, bankacılık ciddiyetinden uzak bir davranıştı... ve daha neler, neler. Kendimi bunca yıl bu denli hırpaladığım bir başka olay hatırlamıyorum.
Çantamı nerede bıraktığımı düşünüyordum. Hatırladım. Otelin dışında kaldırımın üstünde bırakmış olmalıydım. Otobüs beklerken, makineyle etrafı seyre dalmışken, çantam ayaklarımın yanında, yerdeydi. Sonra makinemle otobüse yürürken her nedense onun da peşimden geleceğini mi sanmıştım?
Olacak iş değildi. Ama olmuştu.
Yol fena değildi. Bütün yoğun trafik şehirden dışarı akıyordu. Şehre gidiş daha boştu. Filipinli şoför bu otobüsü yaşamı boyunca bu denli hızlı sürmüş müydü acaba! Beni anlayışla karşılamıştı. Ne de olsa o da meraklı fotoğrafçıydı. Sırf bundan dolayı bana acımış gibiydi. Fotoğrafa merakımdan dolayı uçağı kaçırarak Doğan'ın gözünden düşmemeliydim. Bunun için Filipinli arkadaşım elinden geleni yapıyordu. Otobüsle sanki ortalama 120 kilometre hızla gidiyorduk. Otuz dakikada otelin önüne geldik. Herkes

fırtına gibi gelen otobüsü çıldırmış sanarak hayretle bakakalmıştı. Kaldırımda duranlar ürküp geriye kaçıştılar. Ben kapıdan fırladım. Şoföre teşekkür dahi etmeden.

Çanta yoktu. Hani Kuveyt'te hırsızlık olmazdı diye isyan edecek gibiydim. Nasıl olur da otelin dışında kaldırımın önünde, yolun hemen yanında, başıboş, sahipsiz duran bir çantayı çalabilirlerdi... Çalmadılarsa ne yapmışlardı?

Bu soruyu otelin resepsiyonuna sordum. Cevap onlarda olmalıydı. Çantayı görmüşlerdi. Bir süre beklemişler, kimse almayınca, içeri almışlardı. Bu kez teşekkür ettim. İslami kurallardan korku mu, kültürel birikim ve ahlak mı, sebebi her neyse, kesin olan oydu ki benim çantam çalınmamıştı...

Şimdi tekrar uçağa yetişmeliydim. Tam elli beş dakika vardı. Şu uçak bir geçikse ne iyi olacaktı. Veya Doğan, Kuveyt Havayolları'nı oyalayabilse. Bakalım Doğan uçağın kalkışını erteleyebilecek miydi! Gidip:

"Bankamızın Genel Müdürü gecikti, yolda, geliyor, şu uçağı biraz bekletir misiniz?" diyecek hali yoktu ya. Ayrıca dese de kim dinlerdi ki!

Otelin önünde beni havaalanına en kestirmeden, en hızlı götürecek uçak gibi bir arabayı gözüme kestirdim. Kapıya elimi attım ki, şoför bir şeyler söyledi. Arapça anlamadım. "Havaalanı," dedim,

"Tayyare" dedim,

"Airport" dedim. Birinden birini anladı. Tamam, der gibi yaptı. Hangisini anladığını bilmiyorum ama gözü elimdeki paraya dikilmişti. Elimdeki paraları iyice gösterdim. Aklımca beni uçağa yetiştirirse çok para vereceğimi anlatmaya çalışıyordum. Acele "Yallah," deyip direksiyona oturdu. Biraz İngilizce anlıyordu galiba. Bizim Türk şoförleri kadar uyanık olmasa da bir acele içinde olduğumu halimden anlamış olmalıydı.

Yol tıkanık. Şehir dışına hafta sonu tatil göçü dört şeritli yolu arabalarla tıka basa doldurmuştu. Biraz önce havaalanından gelirken karşı yönün tıkalı olduğunu görmüştüm ama pek dert edinmemiştim. Çünkü o an dert etme zamanı değildi. Oysa şimdi dert etmeliydim, çünkü dert etme zamanı gelmiş ve galiba geçiyordu. Biz kaldırımdan gidiyoruz. Şoförü beğendim. Kafa dengi. Kaldırımlar tıkanınca arsalara geçiyor. Arsa dediğin çöl. Arkama bakıyorum bir toz bulutu kalkmış, bir şey görmek mümkün değil. Adam bu hırs ve inatla giderse yetişebiliriz. Camdan dışarı bakıyorum. Çok değil bir saat önce bu yoldan amma keyifli geçmiştim. Şeytan diyor ki, demin kaçırdığın için pişman olduğun birkaç görüntü vardı ya, onları da şimdi yakala. Bu fırsat bir daha ele geçmez. Kızıyorum şeytana.

Heyecanlıyım. Biraz yatışıp sakin düşünmeliyim. Sakin düşünüyorum. Ve bir felaket daha! Bavulum yok. Havaalanına geldiğimde, otobüsten indiğimde bavulumu da indirmiştim. Ve nasıl olsa uçağa yetiştim, diye bavulu orada, havaalanının kapısında bırakmıştım. Acaba Doğan almış mıdır? Bu yolculukta kendimi üçüncü kümeye düşmüş gibi hissediyorum. Çok kötü. Oysa havaalanında o paniğe kapılmadan sakin düşünsem yapılacak daha garanti bir iş vardı. Git içerden otele telefon et. Bir taksiye koyup göndersinler çantanı. En azından otuz beş-kırk dakika dönüş süresini kazanırdım. Sakin düşünsem kesin böyle yapardım ama insanın panikte olunca sakin düşünme yeteneğini kaybetmesi de böyle oluyor demek.

Panik çok kötü bir şeymiş. Bir kere daha anladım. Şimdi artık sakin düşünmeliyim. Uçağı yakalayamazsam ne olacak. Yakalarım umudundayım. Yakalamalıyım. Hâlâ çölden gidiyoruz. Yanlarından geçerken toz toprağa boğduğumuz öteki araçtakiler kim bilir neler diyorlardır peşimizden. Bazılarının bağırdığını duyuyorum ve Arapça bilmediğime seviniyorum. İşte havaalanı nihayet gözüktü. Daha on dakika var. Bu iş galiba oldu, deyip havaalanı kapısına geldiğimde elimdeki bütün Kuveyt dinarlarını teşekkür ve "şükran" la şoföre verdim. Kendimi taksiden dışarı attım. Yetişmiştim... mi?

Yanılmışım. Doğan son umut, polis kontrolünden bakıyor. Havayollarının kontuarı kapanmış. Oradaki adama biraz rica vb. birkaç söz fayda etmiyor. Bankacı olmanın pek de önemli bir şey olmadığını böyle durumlarda daha kolay ve hemen anlayıveriyorsunuz. Görevli adam yedek yolcuları alarak uçağı doldurduğunu söylüyor. (Yalan söylediğini ertesi gün anladım. Doğan uçakta iki tane boş koltuk olduğunu görmüştü.) Adam kenarda duran bavulumu bana gösterip oradan almamı istiyor. Acımasızca.

Yavaş yavaş bavuluma yaklaşıyorum. Bavulu elime aldığım an bir kararsızlık geçiriyorum. Artık telaş bitti. Olan oldu. Önce hangi yöne gitmeliyim? Şehre mi? Nasıl?

İşte şimdi sakin düşünebilirim. Bütün koşuşturma bitti artık. Pasaport ve bilet yanımda. Üzerimde tek dinar dahi yok. Hepsini uçağa yetiştiğimi sandığım o sevinçli anımda şoföre boca etmişim.

Yapılması gerekenleri soğukkanlılıkla düşünmeye çalışıyorum. Olmuyor. Ben her zaman soğukkanlı düşünemem ki. Bazı durumlarda heyecanlanmalı veya sıkılmalıyım. Kendime kızgınlığım daha geçmemiş. Bir koltuğa oturuyorum. Kendime kızgınlığımı geçirmeye çalışıyorum. Havaalanı bomboş. Beş-on dakika sonra yavaş yavaş kendime geliyorum. Kendimle barışıyorum. Önce durum tespiti yapmalıyım:

Günlerden perşembe.
Kuveyt'teyim.
Bağdat'a gitmeliyim.
Cumartesi sabahı randevum var, ne olursa olsun ye-

tişmeliyim.
Dolar bozdurmalıyım. Dinar almalıyım. Bozduruyorum.
Sonra, bir sonraki uçağı öğrenmeliyim.
Soruyorum: Ertesi gün!
Yer durumu? Bekleme listesinde, biniş garantisi yok! Başka uçak? Biz bilmeyiz, şehirdeki seyahat acenteleri bilir!
Şehre gitmeye karar verdim. Bu kez taksi falan değil. Otobüse biniyorum. Kuveyt'te otobüse yalnız bedeviler ve hizmet edenler biniyor. Bankacıyım ama kişisel para durumum birdenbire ve gereğinden çok önem kazanmıştı. Ben de temkinli olmak için halk otobüsüne bindim. Tüm ara sokaklardan geçerek şehir merkezine gelmemiz bir saatten fazla sürdü. Elimde bavul, yeniden otele gidiyorum. Gece kalıp kalmayacağımı bilmiyorum, o nedenle oda ayırtmayıp bavulumu emanete bırakıyorum. Üstelik gece kalacak bile olsam belki de bu otelde kalmamam gerekir. Daha bir ucuzunda da kalabilirim. Kızıyorum yine kendime. Bugün bu otele üçüncü gelişim... Zor durumum kimsenin umurunda değil. Bu hem kötü hem de iyi. İyi tarafı kimse benim enayiliğimin farkında değil. Bu biraz güven veriyor. Gerçekten de başıma gelenleri koskoca Kuveyt'te benden başka bilen yok!
Kuveyt'te seyahat acentelerinin öğle tatili, akşam dörde kadar sürüyor. Çaresiz bekliyorum. Dolaşıp bütün acentelerin yerlerini tespit ediyorum. Bir saat çok zor geçiyor. Acenteler açıldığında bir nefeste olanakları öğreniyorum: Ya yer yok, ya uçak yok. Kısacası iki gün içinde Kuveyt'ten uçakla çıkmak mümkün değil. Oysa benim randevum var Bağdat'ta, cumartesi sabahı dokuzda. Kimin umurunda!
Gözlerim ucuz otel tabelalarında, kararsız, Sheraton

oteline geliyorum. O dakikaya kadar kafamdan atmaya çalıştığım bir düşünce galip gelmeye başlıyor:
Karayolundan gitmek!
İlk başta kafamda mesafeleri keştiremiyorum. Harita lazım. Yanımda harita yok. Kuveyt'te de harita yok. Satılmıyor da. Güvenlik gerekçesiyle. Çantamda bir uçak dergisi var. Onu açıp kestirmeye çalışıyorum. Arkadaşım Ali Canlı'yı hatırlıyorum oracıkta. O olsa coğrafyası müthiştir. Üstelik yıllardır Arabistan'da iş yapıyor. Hem coğrafya bileceksin hem de Arapları. Tam o anda olmak istediğim ama çok uzağında kaldığım bir konum.
Otel resepsiyonuna danışıyorum. Genç Arap Irak sınırına hemen karşıdan kalkan otobüslerle gidebileceğimi söylüyor. Ancak sınır kapısı akşamları 18:00'de kapanıyormuş. Acele etmek gerekiyormuş. İran-Irak savaşının, kendilerine de sıçramasını engellemek için Kuveytlilerin aldıkları önlemlerden biri de hava karanlıkken sınır kapısını kapatmak. Saat 17:00. Düşünmekle geçirecek zamanım yok. Yok ama hiç olmazsa günün bu saatinde artık düşünmeye başlamalıyım. Aslında tüm gün düşüncesiz eylemlerle geçti. Belki de böyle sürsün sonunu birlikte görelim, diyorum. Düşünmek için zaman kaybetmiyorum. Otobüse binmek için risk almıyorum ve hızla karşıdaki taksiye yöneliyorum. Taksi şoförüyle pazarlık ediyorum. Fiyatta değil, zamanda!
Arap şoför "yetiştiririm," diyor. Nereye yetiştireceğini soramıyorum. Umarım sınıra gideceğimizi anlamıştır. Ve biz yine çöle koyuluyoruz. Önümüz yol, dümdüz, ufka kadar. Sağımız solumuz da ufka kadar düz.
Dünyanın yuvarlaklığına inanmak mümkün değil! Elli dakika, yol boyunca bir-iki deveden başka bir canlıya rastlamadık. Milletin işi mi yok bu sıcakta çölde dolaşsın! Bu Araplar harika. Şoförleri de çöl ulaşımında olağanüstü usta.

Sınıra geldik. Bir büyükçe baraka birçok kamyon ve biraz ileride bizi tampon bölgeden karşıya geçirecek mavi otobüs. Sınır kapısının kapanmasına 10 dakika var. Şoföre parayı verip "eşyalarıma sahip ol, pasaport işlemlerimi yaptırayım," diyorum. Tamam bekliyorum, git, gibi bir şeyleri işaretle anlatmaya çalışıyor. Mecburen anlıyorum. Barakanın kapısını itince canım sıkılıyor. İçerisi tıklım tıklım. Yüzlerce kamyon şoförü pasaportlarını birbirlerinin omuzları üzerinden, bankonun arkasındaki tek görevliye iletmeye çalışıyorlar. Görevli kim bilir son kaç saattir, ama mutlaka çok saattir, çalışmanın yorgunluk ve sıkıntısıyla, derin bir umursamazlık içinde, bön bön bakıyor. Bağırış çağırışlar, bu arada birkaç tane siyah çarşaflı Kuveyt veya Irak vatandaşı da var. Kuyruk falan yok. Üste çıkan kazanıyor. Görevlinin de umurunda değil. Onun için önemli olan bir pasaport, bir damga. İster benimki ister başkasınınki. Belki de bir yaşam boyu Kuveyt sınırından Irak'a geçeceklerin pasaportlarına basacak bu damgayı. Niçin benim için heyecanlansın ki.

Omuzumda fotoğraf makinem. Kravat ve ceketimle. Ben neyim, diye kendime sordum. Kendime kızgınlığım geçmemişti, ama artık sabrım da kalmamıştı. Beş dakika içinde bu işi halledemezsem, nerede geceleyeceğim dahi belli değildi. Beynim yine düşünerek hareket etmemi söylüyor, ama benim düşünmeye vaktim yok ya!

"Savulun," diye bağırmak geldi içimden. Bağırmasına bağırmadım ama, önümdekilerin altından ve üzerinden peş peşe düşüncesizce birkaç seri hareketle sıyrılıp kendimi en öne yerleştirdim. En son bu hareketleri 1960'lı yılların birinde Türkiye-Almanya milli maçını İnönü stadının kapalı tribününde seyretmek için sabah 04:00'ten itibaren, Gündüz Vassaf'la kuyruğa girdiğim günün öğle saatlerinde yapmıştım.

Hemen ardından, sağımdan solumdan ve arkamdan gelen itirazlara kulak vermeden, görevliye doğru uzanan yüzlerce el arasından pasaportumu uzatıverdim. Nazik bir şekilde, tabii! Adam sabahtanberi kamyon şoförü eli görmekten sıkılmış olmalı ki, kalem tutmuş, mürekkebe bulaşmış bir elden uzanan pasaportu tercih edeceği tuttu. Gözüm duvardaki saatte: 18:03. Görevlinin gözleri beni arıyor. Fotoğrafıma bakıyor. Sonra bana. Göz göze geliyoruz. Bu sınır kapısından arada sırada da olsa doğru dürüst, ya da farklı giyimli birinin çıkıyor olması onu da meraklandırıyor. Belki de giyimime bakıp beni önemli biri sanıyor. Yaptığım beceriksizlikler Allahtan pasaportumda yazmıyor. Gülümsüyor. Fazla soru falan sormuyor.

Pasaportumun üzerine inen ilkel damganın "Tak" sesiyle son ayların en mutlu anlarını yaşıyorum. Düşüncesiz hareket etmenin bir ödülü gibi yorumlayıp kendime avunacak bir pay çıkartmaya çalışıyorum.

Pasaportumu kapıp dışarı fırladığımda, beni bekleyeceğini vaat eden Arap şoför ve arabası yok. Bavulum ve çantam, soyut bir sanat filmi sahnesini anımsatırcasına, bomboş meydanda yalnız başlarına duruyorlar. İslami kurallardan korku mu, kültürel birikim ve ahlak mı, acaba nedir diye bir kere daha sorguluyorum. Ama her neyse sonuçtan sevindiğim kesin.

Mavi otobüsün içinde, benden başka, sekiz siyah çarşaflı kadın, on beş-yirmi bedevi veya köylü, kırk-elli tavuk, sekiz-on yatak, bir sürü piknik-tipi tüpgaz, bavullar, denkler vb. var. Otobüste oturacak yer yok, koltuklar çıkartılmış. Yolculuk kısa sürüyor. Beş yüz metre sonra karşıdayız. Yani Irak'ta. Bizi, hepimizi, tavuklarla birlikte, bir hangara alıyorlar. Kapıyı da üzerimizden kapatıyorlar.

Omuzumda fotoğraf makinem. Yanında "tele-objektif". Ne güzel fotoğraflar çekilir diyor, şeytan. Düşünüyorum. Cesaret edemiyorum. Şeytana bir kere daha kızıyorum. Gazeteci değilim ki! İnsanları tedirgin etmekten çekiniyorum. Üstelik bir de savaş ortamı. Herkes zaten bana bakıp duruyor. Aykırı düşüyorum bu ortama. Yaklaşık bir saat sonra benden başka bu aykırılığın farkına varan bir gümrük askeri beni o güruhun içinden çekip çıkartıyor. İleride bir yer işaret ediyor. Birkaç saat daha kalsam Arapça işaretlerle konuşmam iyice gelişecek. Pasaport giriş işlemlerinin yapıldığı bir barakaya gidiyorum.

Irak'a giriş işlemlerimin tamamlanması üç saate yakın sürüyor. Pasaport barakasından çıktığımda, dışarısı zifiri bir karanlık. Ne yöne nasıl gideceğimi bilemiyorum. İleride uçuk bir ışık etrafında kümelenmiş birkaç insana yaklaşıyorum.

"Bağdat'a nasıl giderim," diye soruyorum, İngilizce. Yüzüme bakıyorlar, şaşkın şaşkın.

"Önce sen Basra'ya gitmenin yolunu bul, sonra Bağdat'ı düşünürsün," diyor bir tanesi, kırık-kaba bir İngilizceyle.

Yine Ali Canlı'yı anımsıyorum. Coğrafya yetersizliğimden bir kere daha utanıyorum. Basra'ya nasıl gidebilirim, diye sorduğumda ileride boş bir alanı gösterip,

"Orada bekle, arada sırada bir araba gelir, herhalde seni de bir alan olur," diyorlar.

Üzerimde Irak dinarı yok ama sorun değil. Dolar dünyanın her yerinde geçer. Hem de özellikle Irak'ta, Irak dinarından daha iyi geçer. Birazdan bir küçük araba geliyor. Üç kişi arkaya, ben öne oturuyoruz. Gece saat on sularında, Basra'ya doğru yola koyuluyoruz.

Şu anda benim nerede olduğumu bilen tek kişi olmadığını düşünüyorum. Çevre simsiyah. Arabanın farları iyice karartılmış. Şoför ve arkadakiler aralarında Arapça konuşmaya başlıyorlar. Kim bilir ne diyorlar, diye meraklanırken, araba aniden duruyor. Şoför kapısını açıp hızla dışarı çıkıyor. Biraz korkuyorum. Acaba bana bir şey mi yapacaklar, diye düşünüyorum. Olur a! İçlerinde tek yabancı benim. Giyimli, çantalı. Belli ki üzerimde para falan da olabilir. Böyle düşünüyor olabilirler. Issızlığın ortasındayız. Şoför bagajı açıp bir şeyler alıyor ve aynı hızla tekrar yerine oturuyor.

Birden kucağıma bir şişe düştü. Şoförden geldi. Baktım, adam gülümsüyor, bir şeyler söylüyor. Birer tane de arkadakilere verdi. Açıp içmeye başladılar. Ben de açtım. Biraydı. Kuveyt'te alkollü içkinin yasak olmasının yarattığı psikolojik tepkiden olmalı, sınırdan geçer geçmez nedense hemen bir şeyler içmek istediklerini anladım. Bira içmeyi hiç sevmem ama, soğuk bir yudum bira üzerimdeki gerginliği biraz olsun yumuşattı.

Basra'ya gelmeden önce uzun süre düz yolda gittik. Sonra bazı ara sokaklara, mahalle aralarına girdik, çıktık. Bir ara tabelada "Basra" yazmasına rağmen ters yöne döndük. Yine huzursuz oldum. Kısa süre sonra anladım ki yolculardan birini bırakmak için yönümüzü saptırmışız. Tekrar "yörüngeye" girdik. Otomobilin boşalması, Basra'nın kenar mahallelerinde bitti.

Basra'ya şehir merkezine geldiğimizde yaklaşık bir saat geçmişti. Şoför bana hangi otele gitmek istediğimi sormak istercesine bir şeyler söyledi. Veya ben öyle yorumladım. Ben de ona hangi otelin iyi olduğunu sormak istercesine cevap verdim. İkimiz de birbirimizin dilinden anlamıyorduk ama anlamak "istercesine" işaretlerle anlaşabiliyorduk. Arapça işaretlerle konuşmam gelişiyordu. Şoför beni Sheraton'a benzer bir otele götürdü. Çok kalabalıktı, vazgeçtim, bir başkasına gidelim, dedim. Bir yerde durdu, burası tamam, dercesine. Önüm simsiyahtı. Şoför siyahlıkları işaret ediyordu, arasından geçeceksin, dercesine. Neyse parada anlaştık, bavulumu, çantamı aldım, karanlıkların içine doğru yürüdüm. Önüme yüksek bir duvar geldi. Anladım ki otelin girişinden birinci katına kadar kum torbalarıyla barikat yapmışlar. Savaş ortamında bombalanma riskine karşı önlem almışlar. Kum torbalarının aralarından sıyrılıp binanın ana giriş kapısını buldum.

Resepsiyonda iki gence derdimi anlattım. Bir gecelik oda istiyordum, dinarım yoktu, dolar ödeyecektim, kabul ederler miydi, vb. Arapça işaretlerle konuşmam artık su gibiydi.

Odama çıkıp, elimi yüzümü yıkayıp yatağa uzandığımda gece yarısına yaklaşmıştık. Ne biçim bir gün geçirmiştim, böyle bir günü bir daha yaşar mıydım? Ama daha bitmemişti. Yarın kim bilir ne kadar yolum vardı?

Bu düşünceler arasında uykuya dalmak üzereydim ki, kapının hafifçe tıkladığını duydum. Kulak verdim. Birisi hafifçe kapıya vuruyor ve Arapça bir şeyler fısıldıyordu. Duyar mısın, duymaz mısın? Kalkıp açar mısın, açmaz mısın? Anlaşılan gün daha bitmemişti. Bu kapıyı açmazsam da biteceği yoktu, çünkü kapıdaki ısrarlıydı! Kalktım. Karşıma nasıl bir sıkıntı ve sorun çıkacağını düşünerek, biraz da korkarak, kapıya yaklaştım. İngilizce ne istediğini sordum. Fısıltıyla uzun uzun bir şeyler söyledi. Söylediklerini hiç anlamadım ama bir kelimeyi yakalamam beni rahatlattı. Cümleleri arasında sanki bir "dolar" kelimesi duyar gibi olmuştum. Açtım, içeri aldım.

Aşağıda, resepsiyondaki gençlerden biriydi. Dolarlarıma karşı Irak dinarını sabahı beklemeksizin, şimdiden değiştirmemi öneriyordu. Çocuk İngilizce bilmiyordu ama o da Arapça işaretlerle iletişimi becerebildiği için her şeyi anlıyordum. Resepsiyonda bozulan kurdan daha iyi bir fiyat verecekti. Biliyordum doların dinara epey prim yaptığını.

Özellikle savaş ortamında karaborsada dolar-dinar paritesi neredeyse üç misli fark etmeliydi. Artık yine bankacı gibi düşünebilirdim. Ama gece yarısı para alışverişini de ilk olarak yapıyordum. Yorgunluğuma ve strese rağmen, burada iyi bir pazarlık yapmalıydım ki moralim biraz düzelsin. Nitekim öyle oldu. Önce çocuğun azami alış gücünü tespit ettim. Aşağıdan biraz daha dinar getirebileceğini söylediği noktaya kadar zorladım. Aşağıya gitmesini de istemiyordum. O noktada bozdurabileceğim rakamın en çok elli beş dolar olduğunu anladım. Elli beş doları bozdurmak için Iraklı gençle on beş dakika pazarlık ettim ve alabileceğimin azamisi olduğuna inandığım rakama anlaştık ve alışveriş bitti. Basra'da gece yarısı o sersem halimle yaptığım alışveriş, üç günlük Irak gezisi sırasında bulduğum ve öteki konuştuğum kişilerden duyduğum en yüksek ve en iyi fiyattı. İyi iş yapmıştım elli beş doları bozdururken. Ne de olsa iyi bir bankacıyım, diye gururlandım!

Gece rahat uyudum. Bombalanma falan olmadı. Cuma sabahı erken kalkıp gece aldığım dinarlarla otel paramı ödediğimde, resepsiyondaki diğer genç biraz şaşırdı. Veya arkadaşının ondan önce davranıp benim dolarlarımı satın aldığına bozuldu. Belki de ortaktılar, onun için fazla reaksiyon göstermedi.

Bağdat otogarı yakındaydı. Otobüsle o kadar yolu çekemezdim. Anlaşılan beş-altı saat sürecekti. Taksi-dolmuşlar vardı. Onlardan birine bindim. Bağdat yolculuğumuz, sıcakta, cepheye gidip gelen tankların çökerttiği asfalt yolda, biraz da tehlikeli ve sıkışık bir trafik yoğunluğunda beş saat sürdü. Bir ara şoför coşup 110 km. hıza kadar erişmişti ki, yoldaki tank çökertmelerinin etkisiyle direksiyon kontrolünü kaybetti. Fren yapayım derken arabayı kaydırdı. Yol kenarı Allahtan çöl olduğu için, bir süre yol yerine çölde gittik. Arap şoförlerin çölde iyi gittiklerini bu yolculukta çeşitli vesilelerle öğrenmiştim. Heyecanlanmadım. Araba takla da atabilirdi. Atmadı. "Biraz da şansımız olsun artık bunca sıkıntıdan sonra," diye söylendim kendi kendime.

Basra-Bağdat arasında bir köyde durduk. Arabada kimse Arapçadan başka bir şey bilmediği gibi, benimle işaretle anlaşma yolunda da kimsenin çaba sarf ettiği yoktu. Oysa ben artık Arapça işaretlerle çok iyi anlaşabiliyordum. Öğleye doğru 11:30 sularıydı. Şoför arabayı kenara çekti. Herkes indi. Bana da in, dediler. Burası Bağdat olamaz, diye düşündüm. Gerçekten de Bağdat değildi. O zaman niye durmuştuk? Soru dolu bakışlarım şoförün kısık gözlerini yakaladı. "Nakil," dedi bana. Araba değiştireceğiz sandım. Çantama yöneldim. "İstirahat," benzeri bir şey daha söyledi. Baktım, hepsi bir tarafa doğru birlikte yürüyorlar. Peşlerine takılmam için Arapça işaret ettiler. Takıldım, ben de yürüdüm.

Kocaman bir yere girdik. Lokanta gibi. Sıraya girip tabak aldılar. Ben de aldım. Birer tavuk ve yanına pilav. Çatal kaşık bakındım. Yok. Herkes bir masa etrafına oturdu ve elleriyle tavuğu kopartmaya başladı. Bir yandan da pilavı baş, işaret ve ortaparmak yardımıyla tomaklayıp, yoğurup sıkıştırarak, pilavın yağının fazlasını parmaklarından bileklerine doğru akıtarak, tavukla birlikte yemeye başladılar. Ben onların yaptıklarını yapamadığım için yemek yemedim. Onlar da bir süre bana baktılar, neden yemediğimi anlamıyormuşcasına baktılar ama fazla ısrar etmediler.

Tekrar arabaya döndüğümüzde "Bağdat ne kadar çeker," anlamında saatimi gösterip, Arapça bir hareket yaparak bir şeyler söylendim. Şoför de işaret parmağını Arapça ileri geri sallayarak "yaklaşık bir saat," demek istedi, veya saat birde varırız demeye getirdi. Belki de, "seni gidi seni, fazla meraklanma," demek istedi. Fark etmez, nasılsa "bir" vakte kadar Bağdat'tayız, diye düşündüm.

Gerçekten de yaklaşık bir saat içinde sağ-salim Bağdat'a geldik. Yani cuma günü öğle saatinde. O tarihlerde Bağdat'ta bir tane iyi otel vardı. O da doluydu ve yer bulamadım. Başka, kırık dökük bir otele yerleştim. Ve hemen en son bir önceki gün Kuveyt havaalanında uzaktan el salladığım Doğan'ı bulabileceğimi sandığım, bankamızın da müşterisi olan bir Türk müteahhidinin şantiyesine telefon ettim.

Telefon açıldığında Doğan'ı istedim, karşı taraftaki sesin söylediklerini dinlerken, şaşkınlıktan neredeyse oturduğum koltuktan düşebilirdim. Nefesimi kestim ve söylenen bu güzel cümlelerin bozulmaması için susarak dinledim:

"Doğan Bey yarım saat önce geldi. Uçak Kuveyt'ten kalkıp Amman havaalanına indikten sonra, bir hava alarmı nedeniyle kalkışı geciktirilmiş. Bayağı tehlike de geçirmişler. Yolcular sabaha kadar havaalanında bekletilmiş, uçak sabaha karşı hareket edebilmiş. Gümrük işlemleri, şehre geliş süresi uzamış. Ancak yarım saat önce gelebildi. Bütün gecenin uykusuzluğu nedeniyle çok yorgun. Şimdi odasında istirahat ediyor."

Son yirmi dört saatte bütün olağanüstü olaylara rağmen, en azından bir otelde iyi uyumuş olmanın rahatlığı içinde, benim yolculuğumun daha iyi geçmiş olabileceğini düşünmeye hak kazanmış gibiydim. Bu yolculuk sırasında edindiklerimi, düşüncesizliklerimi yaşam boyu iyi bir şekilde hatırlayacaktım. Özellikle fotoğraf makineme her elimi attığımda daha da çok olmak üzere!

BİR İSTİFA!

*Yaşamda her şeyi deneyeceksin, geleceğine güveneceksin
Seni yolda bırakanı, sen de terk etmesini bileceksin*

1985 Ağustos ayında Mehmet şirketlerinden biri için küçük bir kredi istedi. Ne ben, ne kredilerden sorumlu genel müdür yardımcısı, ne de kredi komitesi bu krediyi uygun gördük. O zamanlar prensiplerime çok bağlı, inatçı, nedense her şeyin doğru dürüst olması gerektiğinde ısrar eden birisiydim. Biraz da ters bir tiptim galiba! Sonradan yorum yapan Freud okulunun savunucularından Psikoloji Hocam Gökçe Cansever'e göre bu tavrımın temelinde "Genel müdür olmayı yeni öğreniyor olmam!" yatıyordu.

Mehmet sürekli olarak bir ay boyunca krediyi ısrarla istedi. Aslında isteyiş şekli, bankanın sahibi gibi falan değildi. Sık sık telefon edip rica ediyordu. Diğer yandan bizim gerekçelerimiz sağlamdı. Sık sık onun telefonlarına ret cevabı veriyorduk. Yani patronun kredi isteğini kabul etmedik. Aslında adam sahibi olduğu bankadan bir şirketine kredi istiyor, biz de buna bilimsel bankacılık gerekçelerini öne sürerek karşı koymaya çalışıyor, gibi bir durumdaydık. Buna rağmen bir süre sonra kredinin son derece "sakin ve sessiz" bir şekilde, hiçbirimizin farkında olmadan kullanıldığını öğrendim. İşte buna çok şaşırdım. Çünkü o ana kadar ben, genel müdür olarak kabul etmedikçe bankada kredi kullandırılamaz sanırdım... Gelen bilgiye göre benden bankacılık konusunda daha deneyimli olan Mehmet (onun üç bankası ve kredi kullanan onlarca şirketi vardı), bizim Çınar'ı ikna etmiş ve benim haberim olmadan kredi kullandırılmış.

Konuyu saf saf yönetim kuruluna getirdim ve önemli bir savcı edasıyla yönetim kurulu önünde Çınar'a böyle bir krediyi kullandırıp kullandırmadığını sordum. Sonraları Çınar'ı neden o kadar hırpaladığıma ben de şaşırdım. Sekiz yönetim kurulu üyesi önünde bocaladı, yuvarladı, doğru dürüst bir cevap veremedi.

Bizim yönetim kurulu "Göztepe'nin arka sokaklarında benim yeni, kırmızı bisikletime dönüp bakmayan yayalar" gibi olduğundan, konuyu bir kere daha açıklama gereği duydum. Başımı Mehmet'e çevirdim. Hayret! O da sessizdi. O zamanlar bu tavrına çok şaşırmıştım. Oysa şimdi asıl onların, yönetim kurulunun üyelerinin, bana ve acemiliğime şaşırdıkları için öyle sessiz kaldıklarını ve bana hayret ettiklerini düşünüyorum. Yönetim kurulu üyelerine dönerek, aldığım cevaplardan ve reaksiyonlardan tatmin olamadığımı söyledim. Çınar'a bağlı birimlerin bu nedenle denetlenmesi için yetki istedim. Nedense (veya tabii ki) yetkiyi vermediler! Her kredi komitesi toplantısında bankacılık, ahlak ve kişilik üstüne bana yararlı konuşmalar yapan üstat bankacı Cavit Bey'e baktım. Yüzünü ekşitmiş, sanki bana bazı şeyleri hâlâ "öğretememiş" olmanın sıkıntısını yaşıyordu.

Bu şartlar altında genel müdürlük yapamayacağımı söyledim. Onlar da "Yapmazsan yapma!" dediler. Ya da tam öyle demediler, ama söylediklerini ben öyle yorumladım. Oysa ben o anda yalvaracaklar sanmıştım. İlk genel müdürlüğümden ayrılışım işte böyle oldu. Bir buçuk yıl süren çekişmeyi noktalamıştım. Çınar kazanmıştı. Oysa ben ta başından beri kendimin kazandığını sanıyordum. Demek ki aramızdaki yorum ve değerlendirme farkı burada da sürmüştü.

Geriye bakınca, o an hışımla ve son derece fevri olarak verdiğim kararı, belki tuhaf gelecek ama, meslek yaşa-

mımda en doğru ve onurlu kararlardan biri olarak anımsarım.
Sonraları Mehmet ayrılmamam için çok ısrar etti. Ancak kendisine: "Çınar seni bir gün bu kararına pişman edecek, onu 'ulu çınar' yaptın, üzüleceksin," falan gibi felsefi sözler ettim. Her zamanki sakin ve bilge tavrıyla "Biliyorum," demekle yetindi. Gerçekten biliyor muydu? Biliyorduysa bildiği neydi? Bunları hiçbir zaman öğrenemedim. Çünkü sormadım. O da söylemedi. Benim ardımdan Çınar bankanın genel müdürlüğüne atandı. Ancak Mehmet'le Çınar'ın yolları da bir buçuk yıl sonunda ayrıldı.
Çınar'la süren çekişmelerimiz her nedense ben bankadan ayrıldıktan sonra da kısa bir süre devam etti. Bu satırları okurken bazı koltuklarda oturanlara yararlı olacağını düşündüğüm bir önerim var: O koltukta otururken dünyaya hükmettiğinizi sanıyorsanız, arada bir kalkıp gerçekten nereye oturduğunuza ve neye "hükmettiğinize" bir bakın...
Bankadan ayrıldığımda bir başka iş alternatifim yoktu. Yakın arkadaşım, sevgili dostum Mithat'ın Karaköy'deki yazıhanesinde günlerimi geçirmeye başladım. Yepyeni kırmızı bisikletime daha ilk bindiğimde çöp bidonuna çarptığıma öfkelenmiştim. Nerede, hangi hataları yapmıştım, onları değerlendiriyordum.
Bankadan ayrıldığımda bana, genel müdürken tahsis edilen bir telefonu benim ismime çevirmişlerdi. Gelenektenmiş. Aradan beş-altı ay geçmişti ki, bir ihtarname geldi. Söz konusu telefonu "Bankadan ayrıldıktan sonra verdiğim talimatlarla (!) üzerime geçirterek, banka zararına yol açtığımdan, telefon devir işlemiyle ilgili yapılan masrafları ve

faizini, üç iş günü içinde derhal bankaya yatırmam" talep ediliyor, aksi halde "kanuni takip yollarına başvurulacağı" bildiriliyordu!.. Daha bir gün önce Çınar gazetelere demeç vererek, bankanın tüm gecikmiş alacaklarını hızla takip ettiğini ve tahsilatı hızlandırdığını söylüyordu. Bankanın gecikmiş alacaklarını ödemeyenlere karşı acımasız davranacağını ilan ediyordu. Hayretler içindeydim! Doğrusu bu kadar hızlı harekete geçildiğine şaşmıştım. Bu Çınar yaman bir yaratıktı. Ayrıca bu "hızlı tahsilat çıkartmasına" başlangıç noktası da son derece yaratıcı ve ilginçti. Bunca iş dururken, nedense önce benim telefonumdan başlamıştı.

Aslında yaklaşık bir yıl sonra bu kez bir başka bankanın genel müdürlüğünden ayrıldıktan sonra başıma geleceklerin yanında Çınar fazla bir şey yapmış sayılmazdı. Erol Aksoy'a tahammül edemeyip İktisat'ın genel müdürlüğünden ayrılınca, oturduğum evin kira kontratını bankanın üzerinden kendi üzerime geçirmeyi rica etmiştim. Erol kabul etmemiş ve apar topar beni evden attırıvermişti. Evi boşaltmaya o kadar hızlı zorlanmıştık ki, yeni bir kiralık ev bulana kadar bir hafta süreyle eşyalarımızı depolamak, eşim ve ben de bir otelde yaşamak zorunda kalmıştık. Biz evden çıkınca sandık ki bankanın bir başka mensubu eve yerleşecek. Öyle olmadı, banka bizden sonra evin kira kontratını feshetti.

KURUMSAL KÜLTÜR VE
YÖNETİM ANLAYIŞLARI

Yoktur fethedemeyeceğin kale, ha denizde, ha tepede
İnsana inanmaktır önemli olan; marifet yönetmekte

Pamukbank'tan ayrıldıktan sonra görünürde herhangi bir iş alternatifim yoktu. Altı ay süreyle Mithat'ın Karaköy'deki yazıhanesine gidip geldim. O sıralarda yapılan bazı iş teklifleri arasında bana göre en doğru olana karar vermeye çalışıyordum. Artık yanlış bir karar vermekten kaçınmalıydım. Kırk yaşında bir adamdım. Aileme karşı mali sorumluluklarımı da dikkate alarak geleceğimi fazla riske atmaksızın en doğru olanı seçmeliydim. Ama nasıl! Ciddiye alabileceğim üç ayrı iş önerisi vardı. Oturdum, yaşamımın geri kalan bölümünde beklentilerim, birikimlerimi kullanmak, sevdiklerim, çevrem, toplumsal ilgilerim vb. yaklaşık on beş-yirmi ayrı kriter belirledim. Yapılan iş önerilerinin artılarını ve eksilerini, belirlediğim bu kriterlere uyumu açısından bir kâğıdın üzerine yazdım. Kısacası yeni iş önerilerine karar verirken hata payını en aza indirebilmek için oldukça bilimsel bir yöntem geliştirmiştim. Bu yöntemi o kadar çok benimsemiştim ki, daha önce neden uygulamadığımı düşünüp hayıflandım. Dahası yeni işe girecek başkalarına bile önerilebilecek mükemmelliyette evrensel bir değeri olduğuna inanmıştım. Bu yöntemdeki kriterlere en uygun düştüğü için, sonunda İktisat Bankası'nın genel müdürlüğü önerisine karar verdim. Çevremdeki bazı yakınlarımın tersine uyarılarına rağmen, kendime göre yeteri kadar haklı nedenlerim vardı. Bilimsel çalışmam da zaten böyle işaret etmişti. Kendimle ilgili en iyisini ben bilir, en doğru kararı da ben verirdim. Erol Aksoy ile iki yıllık sağlam bir yazılı sözleşme yaptım. İlk olarak yazılı bir sözleşmeyle bir kuruma bağlanacaktım. Her şeyi çok iyi düşünmüştüm! İktisat Bankası'nda ancak altı ay kalabildim. "Altı ayda iş değiştirilir mi, bundan sonra bir yerde iş bulamazsın," falan gibi uyarılara kulak asmadım. Kendime göre haklı nedenlerim vardı. Ayrılmaya karar verdim. Ayrıldım.

Mithat'ın belki de bu kez, Karaköy'deki yazıhanesinde bana verecek boş odası olmadığı için, altı ay beklemedim. Bir süredir Garanti Bankası'ndan ısrarla aldığım öneriyi kabul ettim. İktisat'tan ayrılacağımı Erol'a bildirdiğimde, Erol'un söyledikleri hâlâ kulağımdadır:

"Ben orada senden çok önce çalıştım. O kurumun içini çok iyi bilirim. Personelinin ve müdürlerinin önemli kısmıyla çalışmakta zorlanacaksın... Sen oraya gidip hiçbir halt yiyemezsin, üstelik..." bankanın risklerinin dağılımı vb. diğer konularda birkaç cümle daha. Erol beni ürkütmek, belki de kararımdan caydırmak için çabalıyor olmalıydı.

Garanti Bankası kendine özgü olağanüstü bir yapıya sahiptir. Benim genel müdür olduğum sıralarda 4500 çalışanıyla, birbirine son derece bağlı, dayanışma içinde, muhafazakâr yanı ağır basan, yıllardan beri işlenmemiş bir potansiyelin işlenmemiş olduğuna biraz da kızan ve bundan dolayı da bir şeyler yapmaya hazır bir topluluktu.

Bankada genel müdür olduğumun daha birinci haftası yeni dolmuştu. Yıllardan beri görüşmediğim eski bir arkadaşım telefon ediyordu. "Herhalde yeni görevimi kutlamak içindir," diye düşünerek telefonu aldım. Bir iki hatırlaşmadan sonra, işlerini anlattı ve bir ricası olduğunu söyledi. Aramızda aynen şu konuşma geçti:

"Sizin bankada Harbiye Şube Müdürünüz Ahmet Bey

var. Bilmem tanıyor musun?"
"Sezer'ciğim ben daha bankaya başlayalı bir hafta oldu. Tanımak fırsatı bulamadım. Ama yakında tanıyacağımdan kuşkun olmasın. Hayırdır?"
"Bu Ahmet iyi bir çocuktur. Senden bir randevu istiyor. Lütfen verir misin?"
Hoppala! İyice şaşırmıştım. Benim yıllardır görmediğim bir arkadaşım şimdi genel müdürü olduğum bir bankanın büyük bir şubesinin müdürü için benden randevu almaya aracı oluyordu. Bu ne biçim işti?
"Sezer, galiba tam iyi anlayamadım. Ahmet Bey benden randevu istiyorsa senin bu işle ne ilgin var? Niçin telefonu açıp kendisi istemiyor da seni araya sokuyor?"
"Onu ben bilemem. Ama anladığım kadarıyla bu bankada aşırı bir hiyerarşi varmış. Bir şube müdürü kolay kolay genel müdürle telefonda dahi görüşemezmiş. Bu arkadaşımız da bu nedenle önemli bir konu olmasına rağmen aramaktan çekinmiş, bizim tanıştığımızı da duyunca benden rica etti!"

Ben Sezer'e teşekkür edip telefonu kapadım ve hemen Harbiye Müdürü Ahmet Baskıcılar'ı aradım. Karşımda biraz da şaşırmış bir ses tonu olduğunu hissettim. Hatırını sorup, yakında tanışmayı istediğimi belirttikten sonra niçin kendisinin beni aramadığını sordum. Ahmet kısaca çekindiğini, banka hiyerarşik düzeninde bu tür açık görüşmelere alışık olmadığını belirtti. Konunun ne olduğunu sordum. Konu tamamen bankayla ilgili bir konuydu. Çok parası olan bir kişi bulmuş. Hemen ardından öğrenmiş ki bu kişi benim çok yakından tanıdığım birisi. Bu nedenle Ahmet benimle birlikte bu kişiyle görüşüp hesaplarını Harbiye şubesine getirmesine yardımcı olmamı istiyor.

Daha birinci haftada bankada rastladığım bu olay bana Garanti Bankası'nın o tarihlerde nelere "aç" olduğu konusunda önemli bir ipucu verdi. Yönetimde bulunduğum sürece bu toplulukla biraz yakından diyalog kurabilirsem, birlikte çok şeyler yapabileceğimize olan inancım pekişti.

Yönetimde kaldığım dönem boyunca Garanti Bankası'ndaki bu katı hiyerarşi birikimini zedelemek ve bozmak için elimden geleni yaptım. Şubelere doğrudan telefon ederek hatır sordum, sorunlarını anlamaya çalıştım. Doğrudan ziyarete giderek karşılıklı görüştüm. Yılbaşlarında, bayramlarda şahsen telefon ederek kutladım. Pek çoğu inanmadı. Bir seferinde, bir yılbaşı kutlaması için Kızılay şube müdürümüz Özdemir'e telefon ettim. Özdemir telefonun öbür ucunda benim olduğuma inanmadı. Bir süre "Dalga geçmeyi bırak, kimsin," gibilerden söz ederek diretti. Sonunda ben olduğuma ve yılbaşını kutlamak için aradığıma ikna etmek için yanıma bir yardımcımı çağırdım ve ona teyid ettirdim.

Bir başka yılbaşı günü bir yandan İstanbul şubelerimizde çalışanları ziyaret ediyor, diğer yandan bir şubeden ötekine giderken yolda, arabadan Anadolu'daki şubeleri arıyordum. Uşak şubesini aradım. Müdür ile görüşüp çalışanların ve kendisinin yeni yılını kutladım. Şube müdürü Bayram telefonun öteki ucunda benim genel müdür olarak kendisini aradığına inanmadığından direnmekteydi. Gerçek kimliğimi söylemezsem kutlama mesajını çalışanlara iletmeyeceğini söylüyordu. Çabaladım, ikna edemedim. Sonunda kendisine:

"Ben şimdi Şişli şubesine gidiyorum, istersen beni oradan ara, o zaman gerçekten 'ben' olduğumu anlarsın," deyip telefonu kapattım.

Şişli şubesine gittim ama orada pek kalmadım. Çalışanlarla kısa bir hatırlaştıktan sonra ayrıldım. Bir şubeden sonra nereye gideceğime yolda karar veriyor, düzenli bir sıra izlemiyordum. Üç-dört şube ziyaretinden sonra Harbiye şubemize uğradım. Öğle saatinde içeride güçlü bir arabesk müzikle, müdürleriyle birlikte eğleniyorlar, bir yandan tahinli ekmek yerken diğer yandan viskiyle keyifleniyor ve geleneksel yılbaşı kutlamasını yapıyorlardı. Eskiden günler alan yıl sonu bilanço hesaplamaları, şimdi bilgiişlem sayesinde kısa sürede bittiği için, geri kalan zamanı eğlenceye ayırmak mümkün olabiliyordu. Ben de aralarına katıldım. Bir iki yudum içki ikram ettiler. Hepsiyle tokalaşıp ayrılırken, müdür Zeki bana dönüp:

"Efendim Uşak şubesi müdürü Bayram çok üzgün!" deyince bankanın sosyal iletişim hızını kavrar gibi oldum.

Bir saat önceki olay bir anda tüm bankaya yayılmıştı. Anlaşılan Bayram ben Şişli şubesinden ayrıldıktan sonra aramış. Durumu kavramış ve haber Garanti Bankalılara özgü haberleşme ile tüm çalışanlar arasında yayılmıştı. Böylesine bir dayanışma ve koordinasyon egemendi çalışanlar arasında.

Garanti Bankası camiası kendi içinde büyük bir aile gibiydi... Kaderde, tasada, sevinçte ortak davranırlardı. Aralarına dışardan gelenlere önce biraz çekingen ve kuşkulu bakarlardı. Bankaya genel müdür oluşumun ardından şube müdürleri ile tanışabilmek amacıyla bir toplantı düzenledim. Genel müdür olalı çok kısa bir süre olmuştu. Daha önce Pamukbank, sonra kısa süre İktisat Bankası'nda yöneticilik yapmıştım ama, şimdi ilk olarak gelenekleri daha köklü bir bankaya gelmiştim. Toplantının başında planlarımı, düşüncelerimi anlattım, daha sonra da müdürlere söz verdim. İçlerinden bir müdür ayağa kalktı ve bana,

"Sayın genel müdürüm, Garanti Bankası'nda kaç yıl kalmayı düşünüyorsunuz?" diye bir soru yönlendirdi.

Bu sorunun anlamı çok değişik yorumlanabilirdi...

— Daha önce birkaç banka değiştirdin, burada ne kadar kalacaksın, buradan sonra daha kim bilir nerelere gide-

ceksin (!) gibi yorumlanabilir.
— Veya, bu söylediklerin iyi de sen burada uzun süre kalıp bu söylediklerini gerçekleştirebilecek misin?
— Veya, senin niyetin uzun süre kalmaksa anlayalım da ona göre peşinden gelelim...
Benim Garanti Bankası patronu veya yönetim kurulu ile herhangi bir süreye dayalı sözleşmem yoktu. Tabii ki buraya çalışabildiğim kadar çalışmak niyetiyle gelmiştim. Ama yine de bu soruyu olumsuz yorumlamamaya çalıştım, şöyle bir cevap verdim:
"Herhangi bir kuruma genel müdür olan kişi ne yapacağını biliyorsa, düşündüklerini gerçekleştirmesi için beş yıl yeterlidir. Yapılacak her şey beş yıl içinde yapılabilir. Ondan sonra yeni bir şeyler yapılması için yeni genel müdür gerekir. Bir genel müdür beş yıl içinde bir şey yapamaz ise zaten, o koltukta daha fazla oturmaması gerekir. Bu durumda da beşinci yıl sonunda yeni bir genel müdür gerekir. Garanti Bankası'nda kaç yıl kalabileceğime sen karar ver."

Okurun Garanti Bankası'nın insan dokusunu ve kültürünü iyi anlayabilmesi için çalışanlarla ilgili bazı olayları aktarmam gerekir.

Mevlut Aslanoğlu, bankanın içinden yetişmiş, son derece zeki, çalışkan, dürüst, kendini iyi yetiştirmiş, insan ilişkilerinde sıcak ve dost, her an herkesin yardımına koşmasını seven, karşısındakine ve çevresine güven veren Malatyalı bir arkadaşımızdı. Bankada çeşitli şubelerde müdürlük yaptıktan sonra genel müdür yardımcılığına yükselmişti. Krediler, mali tahlil ve istihbarat birimlerinden sorumluydu. Olağanüstü güçlü bir hafızası vardı. Tüm illerin valilerinin isimlerini ezbere bildiği gibi, hangi valinin daha önce nereden geldiğini de çoğunlukla bilirdi. Pek çok ilin belediye başkanının ismini bilir, birinci ve ikinci küme futbol takımlarının başkanlarını, bazı futbolcularını bilir, pek çok şubemizin telefon numaralarını ezberinde tutardı. Her gece yatmadan ertesi günün gazetelerinden bulabildiklerini alır, ertesi sabah aynı gazetelerin İstanbul baskılarını ve diğerlerini yeniden okurdu. Anadolu iş gezilerinden dönerken de okuduğu gazetenin İstanbul baskısını, İstanbul'a gelince yeniden alırdı. Günlük olaylar ve iş konusunda bilgili ve konusuna çok hâkimdi. Bankanın içinden yetiştiği ve herkesle açık ve dost olduğu için seveni çoktu. Hiyerarşi ve kalıplara pek tahammülü yoktu. Astlarına yardımcı, sevecen ve disiplinli, üstlerine daima saygılıydı.

Günlerden bir gün Adana'nın başarılı müdirelerinden biri bir başka bankadan teklif alır. Bir yandan yüksek transfer ücreti diğer yandan Garanti Bankası'ndan aldığının neredeyse iki katı aylık ücret bu başarılı müdireye cazip gelir ve uzun uzun düşündükten sonra teklifi kabul eder. Uzun yıllar çalıştığı yuvasını zor da olsa terk etmeye karar vermiştir. Gitmeden önce İstanbul'a gelir ve genel müdürlük birimlerindeki arkadaşlarıyla vedalaşmaya başlar. Sıra Mevlut'u ziyarete gelmiştir. Güzin Hanım içeri girer, durumu anlatır, Mevlut'a veda eder. Mevlut yerinden kalkar ve: "Sen ha, bunca yıl ekmek yediğin bu müesseseye para için ihanet etmekle kalmayıp hangi yüzle buraya geliyorsun. Yazıklar olsun. Utanmıyor musun?..." vb. cinsinden birkaç söz daha eder ve "Gözüm seni görmesin," diyerek odasından kovar. Güzin Hanım, yüzü kıpkırmızı, gözlerinden akan yaşları silerek odadan çıkar.

Güzin, o an kararını vermiştir: Bu kurumdan ayrılmasına olanak yoktur! Ayrılmaz. Bankanın uzun yıllar en başarılı yöneticilerinden biri olarak görevini sürdürür.

Mevlut Çemberlitaş şube müdürlüğü yaparken şubede müdür yardımcısı olarak çalışan bir hanım biraz fazla küfürlü konuşarak müşterileri haşlamaktadır. Kadın olduğu için de pek çok müşteri kendisine küfürle cevap verememenin sıkıntısını çekmektedir. Bir gün yine bir müşteri sunturlu bir küfür yedikten sonra, yutkunur ve soluğu Mevlut'un odasında alır. Durumu anlatır. Mevlut daha önce de buna benzer pek çok şikâyet dinlediği için hazırlıklıdır. Kararını verir. Banka dışından yakın bir arkadaşını çağırır ve arkadaşına bu küfürbaz kadından söz ederek bir ricada bulunur. Müşteri gibi gidecek kadından bir iki şey isteyip canını sıkacak ve kendisine küfür ettirecek. Arkasından da kadına basacak daha sunturlu birkaç küfürü... Arkadaşı Mevlut'u dikkatle dinler. Biraz şaşırmıştır. Ama önerileni uygulayacaktır. Ertesi gün Mevlut'un senaryosu sahneye konur. Arkadaşı olay çıkartır ve arkasından küfürü yer. O da bu sefer dönüp daha sunturlusunu edince, kadıncağız ağlayarak Mevlut'un yanına çıkar. Mevlut'a müşteriyi şikâyet eder. Mevlut hiç yüz vermez.

"Sen küfür ederken iyi miydi! Bir daha kimseye küfür etmemeyi anlarsın," gibilerinden birkaç sözle kadını dışarı çıkartır.

O günden sonra küfür şubeden kalkar ve tüm işlemler küfürsüz çözümlenir.

Bankanın İstanbul'daki bir başka şubesinin müdürüne bir müşterisi bankadan kullandığı nakit kredinin teminatı olarak büyük bir kuruluşun kaşe ve imzalarını taklit ettiği sahte senet ve çekler verir. Senet ve çekler vadeleri geldiğinde ödenmeyince şubenin müdürü durumu öğrenir. Rakam büyüktür. Müdürün bu boyutta bir aldatılmaya ve batağa tahammülü yoktur. Normal olarak hukuk işlerini ve krediler müdürlüğünü haberdar etmesi gerekirken böyle yapmaz. Adamın evine dayanır. Adamı korkutup tehdit ederek bir iki gayrimenkulünü sattırmaya ikna eder. Gider çevrede bu gayrimenkulleri alacak ilgili kişileri de bulur. Gayrimenkuller satılır, paraları tahsil edilir. Risk sıfırlanır. Müdür ondan sonra kredilerden sorumlu genel müdür yar-

dımcımıza gelir ve ağlayarak durumu anlatır.
Bu olayı her şey bittikten sonra duydum. Uzun süre davranışımın nasıl olması gerektiğine karar veremedim. Bir batak parayı hızla tahsil ettiği için müdürün ödüllendirilmesinin mi doğru olacağına, yoksa çok yavaş giden ve herkese bıkkınlık getiren hukuk yolu yerine zorbalığı seçmesinden dolayı uyarılması mı gerektiğine karar veremedim. Bir süre düşündüm, sonunda müdüre bir daha böyle bir durum olduğunda izlemesi gereken yolun sadece hukuk yolu olması gerektiğini anlattım. Ciddi bir ihtar verdim. Kuruma bağlılığın, Türkiye'de hukuka olan inanç yerine başka yöntemlerin daha uygun olabileceği gibi görüşlerin, inançlı çalışmanın önemli, inanılmaz ancak üzücü örneklerinden biri olarak yıllarca hatırımdan çıkmadı.

Adana müdürlerinden Mehmet mide ve karaciğer kanseri teşhisi konduğunda otuz beş yaşındaydı. Kendisine doktorlar azami altı ay süre tanıdılar. Mehmet işine bağlı, hepimizin çok sevdiği bir arkadaştı. Elimizden geleni yaptık. Son güne kadar görevinden almadık. O da son güne kadar görevine gitti.

Söylenen odur ki: Mehmet'in bir sıkıntısı varmış. Şubenin yasal yetkisi dahilinde kredi kullandırdığı bir kişi krediyi söz verdiği gün geri ödememiş. Mehmet bir yandan kötü kredi kullandırdığı için durumu bize söyleyemez, diğer yandan parayı batırmaktan korkarmış. Bu sıkıntıyı tam altı ay taşımış. Hastalığının ileri aşamalara geldiği günlerden birinde bir gece borçlunun kapısına dayanmış.

"Benim hastalığımın nedeni sizsiniz, kahrımdan bu hale geldim, bedelini ödeyeceksiniz," diye kükremiş ve o an, kendisi düşüp bayılmış.

Olayı bana bu noktada ilettiler. "Mehmet'in yaşamından önemli değil ya, ona selam söyleyin üzülmesin," diye haber gönderdim.

Ne yazık ki tersi oldu. Parayı kurtardık ama Mehmet'i kaybettik.

Garanti Bankası çalışanlarının omuzları üzerinde, alın teriyle yükselmiş önemli bir kurumdur, ciddi bir kültürdür. Bu örnekleri çalışanların kuruma bağlılık derecelerini anlatabilmek amacıyla aktardım. Zaman zaman ortaya çıkan bu tür örnekler başka kurumlarda da rastlanabilecek istisnai bazı davranışlar olup genellemek mümkün değildir.

BİR SEKRETER

*Herkes için olasıdır yanlış yapmak
Önemli olan: Yapılan hatayı tekrarlamamak*

Bir işim nedeniyle dört günlüğüne Fransa'ya gitmem gerekti. İş toplantıları için çok sık yurtdışına gittiğimden, herhangi bir aksaklığın olmaması için Pınar her türlü önlemi almakta bulunmaz bir organizatördür. Kaybolma ihtimaline karşı, pasaport ve vize fotokopileri, nüfus kâğıdı sureti, gidilen ülkedeki konsolosluk telefon numaraları vb. çantanın ayrı gözlerine özenle yerleştirilir. Benim hiç başıma gelmedi ama, sanırım bu önlemleri daha önceki deneyimlerinden edindiği birikimler sonucu geliştirmiş olmalı.

Pınar'ı ilk İktisat Bankası'ndaki işimde tanıdım. Meslek yaşamına galiba Rahmi Koç'un sekreteri olarak başlamış. Erol Aksoy Garanti Bankası'nda Genel Müdür olunca Rahmi Bey (Erol'un anlatımıyla) "Pınar çok yeteneklidir, sen başka sekreter arama, onunla çalış," deyip, Pınar'ı Erol'a tanıştırmış. Erol Pınar'ı tanımadığı için, bu teklife ilk başta biraz kuşkuyla bakmış, "Rahmi Bey beni kendi sekreteri kanalıyla kontrol altında tutmak istiyor herhalde," diye düşünmüş.

Daha sonra Erol Garanti'den ayrılırken (Garanti'den aldığı kırk kişiye ilaveten) Pınar'ı da Uluslararası Bankası'na davet etmiş. Orada Pınar'a sekreterliğin dışında önemli sorumluluklar vermiş. Sonra hep birlikte (bu kez iki yüz kişiyle birlikte) İktisat'a gitmişler. Sonuç olarak sanırım yaklaşık on yıl birlikte çalışmışlar.

Ben İktisat'a geldiğimde Erol bana "Pınar çok yeteneklidir, sen başka sekreter arama, onunla çalış," diyerek beni Pınar'la tanıştırdı. Ben Pınar'ı tanımadığım için, bu teklife ilk başta biraz kuşkuyla bakmıştım.

"Erol beni kendi sekreteri kanalıyla kontrol altında tutmak istiyor herhalde," diye düşünmüştüm.

Pınar gerçekten olağanüstü bir yardımcıydı. İktisat'ta toplam altı ay gibi kısa süre kaldım. Ayrılacağımı Pınar'a söylediğimde üzüldüğünü ve huzursuz olduğunu anladım. O zaman ben de,

"İstersen sen de gel, birlikte gidelim," dedim.

Pınar bana "Zaten siz geldiğinizde ben buradan ayrılmak üzereydim, Erol Bey bir süre daha kal, İbrahim Bey'e yardımcı olursun dediği için kalmıştım," dedi.

Anlaştık ve dört beş ay sonra Garanti'ye (eski kurumuna) geri döndü.

Sonradan Erol'un bir sohbette "Zamanında Rahmi Koç'un bana yaptığı hatanın aynısını ben yaptım ve Pınar'ı kaybettim," diye üzülerek anlattığını ve bana bu yüzden kızdığını duydum.

Dönelim benim önemli Fransa yolculuğuma. Pınar'la birlikte çalışmaya başladıktan kısa süre sonra, Pınar'a verdiğim pek çok görevin nasıl olsa doğru yapılacağından emin olarak, kontrol etme, izleme alışkanlıklarımı bırakmıştım. Yolculuk sabahı 07:00'de evden çıkarken, ceketimin cebine koymak üzere elime aldığım uçak biletine göz attım. Sorun yoktu. İstanbul-Paris: THY: 09:30 ve OK'lenmişti. Bileti cebime yerleştirdim. Pasaportuma bakmaya başladım. Pasaportun sayfalarında Fransa vizesini aradım. Bir tane buldum. Süresi geçmiş. Biraz daha karıştırdım... İkinci Fransa vizesi. Onun da süresi bitmiş... Sıkılarak üçüncüsünü aradım. Yok! Sayfaları biraz daha fışırdatarak sıraladım... Yok! Genelde bu gibi durumlarda insan gördüğüne inanmak istemez. Ben de gördüklerime inanmak istemedim. Umutla, görmediğimi aramaya başladım. Baktıklarıma birer kez daha baktım. Pasaportun başka sayfası var mı falan, diye iyice fışırdattım. Yok. Yani başka sayfa da yok, geçerli bir vize de yok. Pasaportu salladım, belki içinden bir şeyler çıkar, diye. Uçak iki saat sonra kalkacak. Fransa vizem yok. Telefona sarıldım. Sakin bir sesle Pınar'ı uyandırdım. Uykulu bir, "Efendim," ve benim sorum... Kısa sessizlik... Sorumu tekrarladım... Yine sessizlik... ama bu arada Pınar rüya görmediğini, telefon konuşmasının gerçek olduğunu falan kavradı, tabii. Bir aksaklık var. Olamaz! Ama var... Fakat nasıl düzeltilecek? Biraz süre istedi. Ben de yola çıktım. On beş dakika sonra arabadan yine aradım.

Ne olduysa ve nasıl olduysa, iki hafta önce süresi biten vizem yenilenmemişti. Önemli olan şu anda ne yapacaktık. Bir yandan bir başka uçağa yer ayırtalım derken diğer yandan konsolosluğu arayalım, diye düşündük. Öğleden sonraki Air France'ta yer olsa ve o arada vize işini çözümleyebileceğimizi bilsek, belki gidişimi ertelemek daha mı akılcı olurdu? Ancak sabahın o saatinde hiçbir bilgi almak, hiçbir şey yapmak mümkün değildi ki.

Kararımı verdim. Vizesiz gidecektim. Fransa girişinde derdimi anlatmaya çalışacaktım. Erteleyemeyeceğim bir toplantıydı. Havaalanına geldim. Türk Hava Yolları'nda Fransa vizem olup olmadığına bakmadılar. Uçağa bindim. Üç saat sıkıntılı ve gergin bir yolculuk yaptım. Bir yandan da, ola ki giremeyeceğimi düşünüp, Paris'ten Londra, Cenevre gibi merkezlerin uçak bağlantılarını saptıyordum. En azından toplantı yapacağım kişiye durumu anlatıp oraya davet edecektim.

Paris'e indik. Pasaport girişindeki sıralardan birini seçerken ucundaki kabinde bir kadın polis olan kulübenin sırasına girmeyi tercih ettim. Kulakları çınlasın, psikoloji hocam Gökçe Cansever sorunlu durumlarda karşı cinslerin bir diğerine yaklaşımı, aynı cinslerin bir diğerine davranışına göre daha "yumuşak ve kolay" olur diye öğretmişti. Hukuki ve polisiye önlemlerim eksikti ama psikolojik önlemler açısından hazırlıklı olmaya çalışıyordum. Sıra yavaş ilerliyordu. Sonunda sıra bana geldi. Kabindeki kadın polise pasaportumu güleç bir yüzle uzattım ve sorunumu anlattım. Kadın polis ilgiyle dinledi.

"Lütfen kırk sekiz numaralı kapıya gidin, sorununuzu oraya anlatın," gibisinden standart, duygusallık tınısından uzak ve sert yaklaştı; hiç de kadınsı bir cevap vermedi. Böyle bir cevapla karşılaşınca, konunun psikolojik çözümle pek bir bağlantısı olmadığını kavrar gibi oldum, ama bundan dolayı Gökçe Hocam'a pek kızmadım! Olay psikolojik olmaktan daha çok hukuki ve sosyolojikti. Ve Fransızlar çokça rastladıkları bu durum için özel bir kapı oluşturmuşlardı. Hocam Cansever'in öğretisi şimdilik işe yaramamıştı.

Kırk sekiz numaralı kapı, beklentimin ve galiba Fransızların da beklentilerinin tersine bomboştu! Şansıma burada da bir kadın polis görevliydi. Aynı yumuşak yaklaşımla ona da sorunumu anlattım. Pasaportumdaki vize süresinin bitmiş olduğunu ancak uçakta fark etmiştim. Düpedüz yalan söylüyordum. Ne yapabilirdim ki? Pınar'ın dikkatsizliğini anlatacak ve onu burada küçük düşürecek değildim ya. Çok üzgündüm. Ve çok önemli bir toplantım vardı? Kadın bir yandan dinliyor, diğer yandan önündeki listede bir şeyler arıyordu. Baktım yüz ifadesinde herhangi bir değişiklik olmuyor, sustum. Gökçe Hoca'nın öğretisi yine mi işe yaramayacaktı? Tam bir uzun yılımızı severek verdiğimiz psikoloji öğretileri boşa mı çıkacaktı. Derken içerden orta yaşlı bir adamın kafası uzandı. Aralarında bir şeyler konuştular. Orta birinci sınıfta Biskupski adlı bir Fransızca hocam olmuştu. O yıl içinde öğrendiğim Fransızca kelimeler, ne yazık ki, iki polisin kendi aralarında benimle ilgili konuştuklarını anlamam için yeterli değildi. Biskupski hocama da kızmadım. Anlaşılan bu yolculukta karşılaştıklarımı çözebilmek için okulda öğrendiklerim işe yaramayacaktı. Donuk bir merakla aralarındaki konuşmanın sonucunu beklerken, kadın polis bana döndü ve:

"Sizin vizeniz biraz önce buraya gelmiş. Size yetmiş iki saatlik geçici vize vereceğiz. İstanbul'dan Fransız konsolosluğu telefonla aradı..." demesiyle sabahtan beri süregelen tüm tedirginliğim dağılıverdi.

Pınar'ın ne denli becerikli ve yetenekli bir yardımcı olduğunun en çarpıcı örneklerinden birini burada sizinle paylaşmak istedim.

Hata yapmak insan yaşamının ayrılmaz bir parçası. Yapılan hatayı tekrarlamamak, bilge kişilerde oluyor. Yapılan hatayı sonucu etkilemesine fırsat vermeden, yolda düzeltebilmek ise üstün yetenek gerektiriyor.

Kadın polisten bu cevabı alınca rahatladım. Yüzümdeki gerginlik bitti. Sevgili Gökçe Hoca'mı hatırlayarak bir girişimde daha bulunmaya karar verdim. Karşımdaki kadından Gökçe Hoca'nın teorisini kanıtlayacak bir şey henüz alamamıştım. Çünkü vizeyi o değil İstanbul'daki konsolosluk vermişti.

"Acaba bu vizeyi doksan altı saatlik yapamaz mıyız? Dönüş programımı değiştirmeden bu işi çözemez miyiz?"

Hocam galiba haklıydı. İşte karşı cins teorisi burada yardımcı oldu ve vizeyi oradaki kadının inisiyatifiyle doksan altı saate uzatabildim. Kadının yerinde bir erkek olsa acaba bu sorum yanıtsız kalabilir miydi veya olumsuz cevap alır mıydım?

Havaalanından Pınar'a telefon edip teşekkür ettim.

* Kalama vermek: Balığın yemi kapabilmesi için oltayı boşlamak.

Sesimi duyup sorunun çözümlendiğini öğrenince bana ne dese beğenirsiniz?
"Ben sizin yerinizde olsam, hemen telefon etmezdim. Sekreterime ceza olsun diye en az bir gün daha bekledikten sonra haber verirdim, çünkü ben bunu hak etmiştim!"

SERBEST FAİZ DENEMELERİ

Parlak zokaya, oltanın ucundaki yeme atlama, Bazen geri dur
"Kalama verince"* yaklaşma, dünya yıkılmaz, korkma dik dur

Bankacılık yaşamımda çeşitli dönemlerde serbest faiz denemeleri yapıldı. Hepsinden de öyle veya böyle bir süre sonra vazgeçildi. Bunlar arasında bana en ilginç ve eğlenceli geleni 1988 Ekim ayındaki serbest faiz denemesiydi. Ekimin ortalarına doğru faizlerin tamamen serbest bırakılacağı yolunda bir bilgi geldi. Bankadaki arkadaşlarımı topladım ve böyle bir bilgi aldığımı belirterek, serbest faize geçilmesi halinde uygulamamız gereken oranları tartışmaya başladık. Üçer saat süren iki oturumdan sonra kararı vermiştik. Tasarruflara vereceğimiz faizi bize yıl sonuna kadar ek kazanç sağlamayacak düzeye kadar yükseltecektik. Özellikle de kısa vadeye yüksek faiz verecektik. Bu stratejik kararı, dışarı sızmaması için bankamızın pek çok yetkilisinden bile gizledik. Gelen bilgi doğruydu. İki gün sonra faizlerin serbest bırakılacağı ilan edildi. Merkez Bankası tam serbestiye karşıydı ama Özal hükümeti bu yönde baskı yaparak, Merkez Bankası'na rağmen böyle bir karar aldırmıştı. Tüm bankaların birbirlerinden gizli çalışmalar yaparak faiz tespitine başladığı dönemde, ben de, daha önce yaptığım programı ertelemeyerek, iki günlüğüne tatile çıktım. Gazeteler ve öteki banka genel müdürlerinin telefonlarından da bu şekilde, istemeyerek de olsa, kaçmış oldum.

Pazartesi günü serbestinin ilk günüydü. Herkes faizini ilan etti. Stratejimiz tutmuştu. Gerek bir yıl vadeli, gerekse kısa dönemler için oldukça iyi bir konumdaydık. Ve şubelerimize hızlı bir kaynak akışı başladı. İlk gün önemli miktarda Türk lirası mevduat geldi. Konan kurala göre hiçbir banka ilk ilan ettiği faiz oranlarını on beş gün süreyle değiştiremeyecekti. Ancak daha yarım gün geçmeden, iki büyük özel sektör bankası birden kuralı bozdular. Bu iki bankanın ilan ettikleri faiz düşük kalmış, o bankalardan büyük mevduat çekilişi başlamıştı. Bu bankalar TC Merkez Bankası'na da baskı yapıp o gece yeni bir tebliğ yayımlattılar ve bankaların faiz oranlarının yeniden tespitine olanak sağlatarak, faizlerini yükselttiler. Bu olanak, doğal olarak, bize de sağlanmıştı.

Türk bankacılık sistemi her dönemde büyük ölçüde kamu bankalarının ve üç-beş büyük özel bankanın denetiminde kalmıştır. Bu oligopol düzenin biraz olsun bozulmaya yöneldiği dönem 1980'li yılların getirdiği serbesti ile sağlanabilmiştir. Tamamen bozulması için kamu bankalarının hızla özelleştirilmesi zorunluluğu vardır.

O zamanlar faiz oranlarının sık sık değişeceğini önceden tahmin ettiğimiz için, tüm şubelerdeki afişlerimizi geçmeli yapmıştık. Geçmeli afiş sisteminde afiş aynı kalıyor, faiz oranları değiştikçe geçmeli kısımdaki rakamları değiştiriyorduk. Yeni faiz oranlarımızı Merkez Bankası'na bildirmek için telefon ettim. Başkan yardımcısı hattın öbür ucundaydı. Kendisine bir yıllık oranımızı %81'den %88'e yükseltmeyi düşündüğümüzü söyledim.

"Teleksle bildirin biz size hemen görüş bildireceğiz," dedi.

Biz teleksle oranımızı Merkez Bankası'na bildirirken, aynı oranı da, %88'i, şubelere bildirdik.

Bizden daha büyük bankalar oyunu kendi kuralına göre oynamasını biliyordu; biz de böyle yapalım diye düşünmüştük. Yarım saat içinde tüm şubelerimize %88 rakamı asılmıştı. Üzerinden ikinci bir yarım saat geçmemişti ki, Merkez Bankası başkan yardımcısı beni aradı. Telefonun

öbür ucunda adeta gürlüyor, neredeyse tehditler savuruyordu. Biz nasıl olur da onların onayı olmadan %88 verirmişiz!
"Çabuk indirin onları.. sizi... Yönetim kurulunuzu... hepinizi mahkemeye vereceğim..." vb... bir sürü tehdit ve baskıcı bürokrat konuşması.

Ben sakin sakin dinledim ve sonunda:
"Beyefendi serbest faiz döneminde, dün iki büyük banka dilediği gibi hareket etti, sonunda onların baskısıyla gece yarısı yeni tebliğ çıkarttınız ve yeni oran tespitine olanak tanıdınız. Şimdi bizim bir uygulamamıza itiraz ediyorsunuz. Serbesti ya vardır, ya da yoktur. Şimdi bu serbest faiz döneminde, hangi oranı emrediyorsunuz söyleyin, uygulayalım," dedim.

Önce bir sessizlik oldu. "Alo," dedim. Baktım hâlâ orada, kulağımda bir nefes sesi var. Rahatladım. Başkan yardımcısı da biraz yumuşadı, rica etmeye başladı:
"Hiç olmazsa akşama kadar uygulayın yarın uygulamazsınız..." gibisinden birkaç çaresiz söz etti.

Ben kabul ettim ve kendisine tekrar %81'e ineceğimizi, ancak öteki bankaları da kontrol altına almalarını rica ettim, telefonu kapattım.

Arkadaşlarıma talimat verdim "Afişleri tekrar %81'e getirin."

O sabah Ordu şubemiz müşterilerinden biri tasarruf hesabı açmak için şubeden içeri girdiğinde afişlerde %81'i görür ve parasını yatırır. Beklerken afişteki oranın %88'e değişmesi dikkatini çeker, hemen oradaki şefi uyarır ve hesabı doğal olarak yeni faizle açmasını rica eder. İşlemi biter, hesap %88'le açılır. Giderken müdürün odasında biraz sohbete dalarlar. Birden gözü yine afişe takılır ve %81 olduğunu görünce, iyice şaşırır ve:
"Ya ben çok yaşlandım ya da siz bana şaka yapıyorsu-

nuz," deyip bankadan ayrılır.

Aynı gün Ankara Ulus şubemizde de su parası ödemesi için pek çok vatandaş şube önünde kuyruk oluşturmuş. Görenler de "En iyi faizi Garanti veriyor," deyip para yatırmak için öteki bankalardan çekip onlar da kuyruğa girmişler.

TCMB daha sonra, serbest faizin ilanından sonraki hemen ikinci gün tüm bankaları aynı hizaya getirir ve serbest faiz uygulamasında yeni bir deneyim de böyle noktalanır.

Bankamızın stratejik kararı her şeye rağmen işe yaramış ve o iki günlük dönemde önemli miktarda kaynak artışı sağlamıştık.

Bankanın ismi aniden, yeniden parlayıverdi. Bir büyük günlük gazetemizin ünlü köşe yazarlarından biri, iki gün sonra beni aradı. Serbest faizle ilgili bir pazar sohbeti yapmak istediğini söyledi. Söz konusu yazarı ben çok yakından tanımıyordum. Bununla birlikte zaman zaman pazar sohbetlerini okurdum. Kendisiyle her sohbet yapanı nasıl zor durumda bıraktığını da ibret ve sıkıntıyla izler, üzülürdüm. Ben İktisat Bankası Genel Müdürü'yken Erol Aksoy ile de bir söyleşi yapmak istemişti. Erol kabullenmiş, bense "kesinlikle seni harcar, zor durumda bırakır," diye karşı çıkmış ve Erol'u vazgeçirmiştim.

Bunları anımsayarak duraksadım ve kendisine isteksiz cevap verdim.

"Bugüne kadar kiminle konuştuysanız, ya kendisini ya kurumunu harcadınız. Bizimki bankadır, böyle sıkıntıları kaldırmaz," dedimse de:

"Konu ne sizinle, ne de bankanızla ilgilidir, halkı serbest faiz uygulamaları konusunda aydınlatmama yardımcı olun. Üstelik gazetemizin üst yönetimi de bu konuda ille sizinle görüşmemin yararlı olacağını söylüyor..." falan gibi

sözlerle beni ikna etti.
Ertesi gün geldi. Bir buçuk saat konuştuk. Çift teyple kayıt yapıyordu. Ben gözlerimi teyplere dikince, "Biri kayıt yapmazsa diğeri yanılmaz," diye deneyimli bir gazeteci tavrıyla açıklamada bulundu. Tüm söyleşi boyunca bana göre "önyargılı" sorularıyla beni epey terletti. İstediği hükümetin aleyhinde, yalnız serbest faiz konusunda değil genel ekonomik kararlar hakkında da beni konuşturmaktı. Ben de düşündüğümü söyledim, inanmadığımı söylemedim. Söyleşinin sonunda, giderken bana dönüp, "Olmadı, istediğim gibi olmadı. Başkası olsa neler yapardım. Size yapamadım," diye söylenerek ayrıldı.

Söyleşimiz üç gün sonra gazetenin orta sayfasında yayımlandığında, o zaman yanlış bir iş yaptığımı anladım ve pişman oldum. Söylemediğim şeyleri bana söyletmiş, kendi sorularını sonradan değiştirmiş, benim söylediklerimi kısmen yok etmiş. Kısacası hem sansürlemiş hem de rötuşlayarak iyice anlamsızlaştırmıştı. (Ertesi gün saydırdım, tüm söyleşide ben 243 satır, gazeteci arkadaşımız 234 satır konuşmuştuk. Yani ben, bir buçuk saatlik söyleşi süresince, bir başka hesapla kendisinden 27 kelime daha fazla söyleyebilmişim!) Gazeteci arkadaşımız yazıya başlık olarak da benim ağzımdan:
"Fırtınada tekneyi batırmamaya çabalıyoruz," cümlesini oturtmayı uygun görmüştü.

Son derece soluk, sinirli ve sıkıntılı bir pazar geçirdim. O gün öğle yemeğinde birlikte olduğumuz bir başka gazeteci arkadaşım:
"Bu herifle söyleşi yapmak senin hatan. Nasıl böyle bir şey yaparsın? Niçin bizlere danışmadın," derken, aynı yemekte birlikte olduğumuz bir başka arkadaşım:
"Şanssız bir söyleşi olmuş, sen halkın reaksiyonundan çok patronun reaksiyonu ne olur, onu düşün," cümle-

leriyle bende epey moral çöküntüsü de yapınca, keyfim tamamen kaçtı. Bunların üstüne tanımadığım bir hanım evime telefon edip:

"Ben sizin bugünkü yazınızı okudum. Çok korktum. Yirmi yıldır çalıştığım bankanız batarsa, benim başka gelirim yok. Zaten şeker hastasıyım. Arkadaşlarıma danıştım, onlar da endişeli. Bankanız batarsa ben ne yaparım... " gibisinden yarım saat ağlayınca, gece uykularım iyice kaçtı.

Bütün geceyi ertesi gün bankadan toplam kaç para çekilebileceğini, halkın şubelerimize nasıl hücum edeceğini ve bu çekilişleri nasıl karşılayacağımı hesaplayarak geçirdim. Yıllar önce, 1982 yılında Kastelli olayında Pamukbank'ta yaşadığım kötü salı gününü anımsadım. Kastelli olayı salı sabahı toplumun bilgisine gelmiş ve sabah saat 08'de, Pamukbank - Türbe şubesinin önünde en az elli metre kuyruk oluşmuştu. Sabah 10'da şubenin içi adım atılamaz durumdaydı ve ben bilfiil orada paniğe uğramış, parasına bir an önce kavuşmak isteyen insanları yatıştırmakla uğraşmıştım. Paraları mümkün olduğu kadar küçük banknotlar halinde veriyorduk. Bu şekilde para yığınları büyük gözüküyor ve bekleyen insanları biraz olsun psikolojik olarak rahatlatıyordu. Ayrıca bir milyon isteyene bir sürü on liralık deste verdiğiniz zaman nasıl taşıyacağını düşünüp bir kısmı geri geliyordu. Bir kısmı da parasına kavuşmuş olmanın, elini değdirmiş olmanın huzuruyla aldığı paraları geri veriyor, bankada yeni hesap bile açıyordu. Bütün bunlar beynimin içinden, gözümün önünden hızla, endişeyle akıp gitti. Aynı sıkıntıyı yeniden yaşamaya hazırlanıyordum... Gece bitmeden benimle bu röportajı yapan gazeteciye bir mektup yazdım, baştan aşağı serzeniş dolu. Sonra vazgeçtim, daha fazla bulaşmak iyi olmaz diye. Ertesi gün danıştığım genel müdür yardımcısı arkadaşlarım ve çevremdekiler de doğru olmayacağını söylediler, postalamamı engellediler.

Pazartesi günü öğleye kadar ortalık sakindi. Öğleden sonra da... Değişik illerde yoplam otuz kadar şube müdürüne telefon ettim, hatır sordum. Hayat her yerde normaldi. Hayret!

O gün ve sonraki günler kaynak artışımız daha da hızlandı! Sonraki iki hafta içinde bankaya taze para girişi yüz milyarı buldu (o günkü kurdan:70 milyon dolar)...

Bizim millet acaba gazete okumuyor mu? Yoksa benimle yapılan tarzda bir röportajın içeriğini dikkatle inceleyip sonunda yazılana göre değil de sağduyusuyla mı karar veriyor? Yoksa genelde yazılanlara inanmıyor mu? Bu soruların cevabını burada vermem zor.

Ancak söz gazetecilerden ve basından açılmışken, birkaç cümle de bununla ilgili söylemeliyim. Bankacılık çalışmalarım süresince basının içinden çok değer verdiğim pek çok gazeteci ile tanışma olanağım oldu. Bu arkadaşları tanımaktan onurlandım. Araştırmacı, olaylara tarafsız gözle yaklaşabilen, mesleğini düzgün yapma çabası içinde olan pek çok insanla karşılaşmak bana kıvanç verdi. Ancak her meslekte olduğu gibi, bizim basın sektöründe de pek çok değerli kalem arasında barınmayı sürdürebilen pek az sayıda da olsa bazı kişiler vardır ki, bunlar gazeteyi kalkan, kalemi silah olarak kullanmasını severler. Yazılarını her vesileyle bir şantaj olarak ileri sürebilirler. Bu sınırlı sayıda kişinin bir kısmı doğru dürüst eğitim görmemiş olmakla birlikte toplumu eğitmeye soyunurlar; ahlaktan nasiplerini almamalarına karşın topluma ahlak dersi vermesini severler. İçlerinde düzgün, akıllı, değerli pek çok yazar da genelde ya sessiz kalmayı tercih eder, ya da bu kişilere söz geçirememenin ezikliğini duyarlar. Ne yazık ki basının bazı yöneticileri de içlerindeki bu tür kişilerin olumsuz katkılarıyla gazete çıkarmak zorunda kalırlar. Bu kadrolar bazen yazacak çok fazla şey bulamazlar. Her gün gazete sayfalarını ille de bir şeylerle doldurma zorunluluğundan olsa gerek, kulağa gelen her fısıltı, ele geçen her yazı, bilgi, fotoğraf mutlak değerlendirilir. Araştırma, inceleme, soruşturma zahmetine katlanmadan, bir şekilde değerlendirmek merakıyla, elinde olmayanı ise hayal gücünü kullanarak 'asparagas' ürünlerle, kişiler kısa sürede topluma lanse edilir, yüceltilir veya aynı beceriler kullanılarak kişiler ve kurumlar kolaylıkla harcanabilir. Hukuk devleti diye ortaya atılan Türkiye'de de kimse bu sorumsuzluğa, soysuzluğa karşı gelemez. Basında sık sık yapılan yargısız infazların işte bu az sayıda basın mensubunun "yaratıcılığından" kaynaklandığını düşünmekteyim. O nedenle, kişileri yakından tanıyana kadar basınla ya iyi geçinmek, ya da ilişkileri hiç geliştirmemek gibi seçenekler arasında bocalar durursunuz. Basında okuduklarınızın ne kadarı gerçek, ne kadarı hayal ürünü, ne kadarı şantaj ürünü, ne kadarı başka hesapların sonucu ayırt etmekte de zaman zaman güçlük çekersiniz. Benim kişisel deneyimime gelince. Basınla oldukça yoğun ilişkide olduğum yaklaşık yirmi yıl boyunca, yukarıdaki olumsuz tanıma uyan, gerçeği yansıtmayan, beni üzen, canımı sıkan, beni ve sorumluluğunu taşıdığım kurumları, yurtiçinde ve yurtdışında zor durumda bırakan, az sayıda da olsa, çeşitli olaylar yaşadım. Bir-iki istisna dışında hiçbirinin kötü niyet taşıyarak yapıldığını düşünmek istemiyorum.

KISA... KISA...

Yuvarlaktır, alt tarafı meşin bir toptur, diye sakın küçümseme
Küçüğü büyüğü peşinden koşturur
Toplumun her kesiminde
Futbol, deyince akan sular durur

Niğde şubemizin yeni yerine taşınması dolayısıyla yapılacak açılış törenine katılmak üzere Niğde'ye gitmiştim. Küçük illerde bu tür törenlere hemen herkes katılır. Vali, Belediye Başkanı, Garnizon Komutanı, Milletvekilleri, Kaymakam... davullar, zurnalar... Keyifli bir açılış yaptık. Törenden hemen sonra şubemizde Vali, Belediye Başkanı, Niğde Miletvekili sohbet ediyoruz... Garanti Bankası'nın sahibi Doğuş Grubu. Doğuş Grubu'nun patronu Ayhan Şahenk'in Niğdeli olması nedeniyle, herkes Ayhan Bey'i soruyor, selam söylüyor. Derken Haydar Özalp bir konuşma yaptı. Konuşmasında özetle Ayhan Bey'in Niğdeli olması nedeniyle Niğdespor'a Banka tarafından bir bağış yapılmasını istedi.

Özalp'ın bu ricası hem Vali hem de Belediye Başkanı tarafından hemen ve hararetle desteklendi. İstenen rakam büyüktü. Bense futbol kulüplerine küçük-büyük, herhangi bir bağış yapmayı prensip olarak istemiyordum. Kendilerine bankamızın Niğde'ye kalıcı bir amaca yönelik olmak kaydıyla önemli bir bağış yapabileceğini söyledim. Vali ve Belediye Başkanı'na hitaben konuşmamı sürdürerek, dilerlerse bir okul, dilerlerse bir poliklinik veya sağlık yurdu gibi kamuya hizmet edecek bir amaca yönelik bağış yapmayı teklif ettim.

Hemen ve ağız birliğiyle reddettiler!

Orada bulunan herkes için önemli olan futbol kulübüne bağış yapılmasıydı. Okul, sağlık yurdu istemiyorlardı. Futbol kulübü daha önemliydi. Futbola bağış yaparsak bankamız Niğde'de çok ün kazanacaktı vb... Biraz sonra topluca yemeğe gittik. BİRKO fabrikasında bir masa hazırlanmıştı. Yirmi beş kişilik yemek masasında benim dışımda herkes sanki deklare edilmemiş bir
"Ne okul, ne hastane,
Niğdespor'a bağış, tek çare"
sloganında birleşmişçesine bana baskı yapıyorlardı.

Futbol kulüplerinin toplumdaki önemini ve ağırlığını, Niğde'de gerçekten yaşadım.

Ülkenin, toplumun bunca sorunu içinde belki de kitlelerin stres birikimini boşaltmak, belki de düşünceyi, yaratıcılığı uyuşturmak için yapılması gereken, doğrusu bu olmalıdır, diye düşündüm. Ama bu yalnız bizim toplumun sorunu değildi ki. Brezilya'da daha fazlası vardı. Ya İngiltere'de insanların kitleler halinde futbol için ölmesi. Belçika... İspanya... İtalya... Acaba yanlış düşünen ben miydim? Vali, Belediye Başkanı, Milletvekili, kentin ileri gelenleri...falan... belki de onlar haklıydı. Ben yine de ikna olmadım ve Niğdespor'a bağış yapmadım.

Bu futbol konusu ve Niğdespor olayı pek anlayamadığım bir vaka olarak anılarımın bir köşesine itilmişti. Zamanla Niğde'de gösterdiğim tepki nedeniyle haksız olabileceğim konusunda kendimi ikna etme savaşından vazgeçtim. Üzerinde durmadım.

Aradan birkaç yıl geçti. Bir gün zamanın Milli Eğitim Bakanı beni telefonla aradı. Sayın Bakan'la daha önce hiç tanışmamıştık. Birkaç hatırlaşmadan sonra sıra küçük bir ricasına geldi. Bankamızdan Boluspor'a iki yüz elli milyon lira (o zamanki kurdan yüz yirmi bin Amerikan Doları!) bağış yapılması hususunda daha önce Ayhan Şahenk'ten söz almış. Ancak, Boluspor Başkanı bankamızın Halkla İlişkiler Müdürlüğüyle görüşmüş ve bankaya tahsilata gelmiş ama, Bankanın Halkla İlşkiler Müdürü kendisine, iki yüz elli değil en çok elli-yüz elli milyon lira arası bir rakam için yönetim kuruluna teklif götürüleceğini söylemiş. Ben Sayın Bakan'a bütün bu gelişmelerden haberim olmadığını, prensip olarak futbol kulüplerine bağış yapmadığımızı, formaların göğsünde de bankamızın isminin dolaşmasını istemediğimizi falan söyledim. Sayın Bakan söylediklerimi pek anlamsız bulmuş olacak ki, devamla ve ısrarla, durumdan Başbakan'ın haberi olduğunu, Başbakan'ın da bu 'projeye' olumlu baktığını, gerçekleşmesini arzu ettiğini söyledi. Konuyu Ayhan Bey'le de görüşeceğini sözlerine ekledi. Bakan'la konuşmamı bitirmeden öteki telefondan Ayhan Bey'i tuşlamıştım bile. Ayhan Bey'i Bakan'dan önce yakaladım. Durumu anlattım. Ayhan Bey gülmeye başladı. Boluspor'a bağış konusunda verilmiş bir sözü olmadığını, bu konuda Milli Eğitim Bakanı'ndan talimat alamayacağını söyledi. Bakan kendisini ararsa, böyle bir konu için Başbakan'ın kendisini şahsen araması gerektiğini Bakan'a ileteceğini ayrıca söyledi. Ayhan Bey ustaca bir cevap vermişti. Acaba Başbakan kendisini arasa ne yapardı? Ben de bunu merak ediyordum. Sonunda Başbakan bu konuyla ilgili Ayhan Bey'i aramamış olmalı ki, biz de Boluspor'a bağış yapmadık.

Boluspor'a bağış konusunda Milli Eğitim Bakanı'mızın bunca özen göstermesine şaşırmamıştım. Ne de olsa artık bu konuda deneyimliydim. Tersine bakanımızın talebini doğal karşıladım. Niğdespor için birkaç yıl önce istenen rakam daha küçük olduğundan, talep Vali ve Belediye Başkanı düzeyinde çözümlenebilmişti. Oysa Boluspor'da rakam büyümüş, dolayısıyla Bakan devreye girmek zorunda kalmıştı. Çünkü bakanlar valilere göre daha büyük işlerle uğraşmak, daha büyük projelerle ilgilenmek durumundaydılar. Futbol kulüplerimizin bağış talepleriyle ilgili rakamların büyümesiyle birlikte aracılık görevinin bakan, hatta başbakan düzeyine kadar çıkması toplum ve ülke yönetimimizin ayrılmaz bir gerçeği olarak kim bilir daha kaç yıl gündemde kalacaktı. Acaba günün birinde Avrupa Birliği'ne üye olarak kabul edilirsek ve o zaman bir Fransız, Alman veya İngiliz gibi 'gerçek bir Avrupalı olunca', toplumsal karakterimizin bu tür önemli ve vazgeçilmez unsurları da yok olur muydu? Olursa Niğdespor ve Boluspor adına kim ve nasıl bağış toplardı? Avrupa Topluluğu'na başvururken işin bu yönü düşünülmüş müydü? Bunları düşünüp durdum, pek bir karara varamadım.

Milli Eğitim Bakanı'nın Boluspor'a bağış talebini atlatmış olarak iki keyifli yıl geçirdim. Bu dönemde önemli sayılacak düzeyde kimse futbol kulüplerine bağış konusunda beni veya bankadan herhangi bir yetkiliyi aramadı. Zaten o devrin üst düzey yöneticileri de çağdaşlaştığımızı ve toplum olarak ilerlediğimizi sık sık, her fırsatta söyleyerek bizlere ve geniş halk kitlelerine güvence vermekteydi. Dahası, serbest pazar ekonomilerinde talep ne yöndeyse, o yönde üretim yapılmalı ve fiyat oluşmalıydı. Yani böyle teşviklerle, yardımlarla, ite-kaka yürüyen işler pek uzun ömürlü olamazdı. Kısacası rahat etmiştim.

Bu rahat olduğum ve iyice gevşediğim, hatta artık bu konuların gündem dışında kaldığına iyice inandığım dönemlerden birinde, bir öğle saatinde, Ankara'dan bir telefon geldi. Devlet Bakanı arıyordu. Sekreterim bana:

"Çok önemliymiş, mutlaka görüşmesi gerekiyormuş," diye iletti.

Sekreterime 'çok önemli' demişlerdi. Arayan bir Devlet Bakanı'ydı. O günlerde Saddam Kuveyt'i işgal etmiş, bankalardan paralar çekiliyor, bizler de epey telaşlanıyorduk. 'Önemli' deyince ben gerçekten önemli bir şeyler olduğuna inanmıştım. Kim bilir hangi önemli konuyu bana soracaktı, kim bilir bankacılık ya da ekonomiyle ilgili devletin çözemediği bir soruna benden nasıl bir çözüm, ne tür bir danışmanlık isteyeceklerdi, diye de düşünmeye başlamıştım. Ne bileyim, belki bir yerlerden iki yüz-üç yüz milyon dolar buldular, bunu Türkiye'ye getirmek gibi... Irak bizim güneyimizden saldırırsa o bölgedeki şubelerimizle ilgili bazı stratejik bilgilerin bizlere aktarılması gibi... veya başka 'önemli' bir konu...

Telefonu aldım. Eski meslektaşım bakanla biraz hatırlaştık. Hemen günün 'önemli' konusu savaşla ilgili bir-iki görüşünü sordum. Konuya yaklaşmıştık, diye hissediyordum ki, sözü kaptı ve konuşmaya başladı:

"... Benim seçim bölgem Beykoz. Sen de Beykoz'da oturuyorsun. Şimdi senden Bakan olarak talebim var. Beykoz Spor Kulübüne bir yardım et."

Yaşamınızda 'şaşırmak' sözcüğünün yetersiz kalabileceğini düşündüğünüz herhangi bir an oldu mu acaba? Benim için olduğu an işte bu andı.. Söyleyecek pek fazla bir şey yoktu, ama kendimi hemen toparladım. Devletin ciddiyeti karşısında bocalamak doğru olmazdı...

"Nasıl bir yardım... Sayın Bakanım?"

derken, arkasından ne geleceğini tahmin etmekle birlikte, hem kafamda bir rakam oluşturmak için zaman kazanıyor, hem de, az ihtimal bile olsa, iyimser bir beklentiyle belki bir kredi konusudur, diye düşünmek istiyordum. Bakan çok kestirmeden girdi ve tepeden inme:

"Onların orada bir futbol sahası var. Oraya bir reklam panosu koyuver."

Bu tür bir talebin gelmesini aslında yadırgamadım. Çünkü bizim toplumun zaten iki yıllık bir süre içinde söylendiği kadar çağdaşlaşmasını beklemek biraz fazla hayalcilik olurdu. Biz bizdik. Değişmek için belki birkaç nesil geçmesi gerekecekti. Telefondaki kişi, o bakanlar içinde sözde en dışa açık, Batı'yı sözde en çok koklamış, batı kültürünü tatmış olanıydı. Seçmenin baskısına o bile dayanamadığına göre... demek ki yanlış olan benim ölçülerimdi... Belki de önemli olan başka şeylerdi... Kafam yine karışmıştı... Yadırgadığım bir konu daha vardı. Sekreterime 'çok önemli' demişlerdi. Ona da kızmıştım... Oysa Bakan'ın seçim bölgesine bir şeyler yapmak istemesini de herhalde doğal karşılamak gerekirdi...

"Madem bu denli önemli, o zaman ben de böylesine önemli bir konuda tabii ki bir şeyler yaparım, kulüp başkanı beni arasın," diyerek konuyu en azından kendi inisiyatifime ve menzilimin içine çekmeye çalıştım. Kulüp başkanıyla baş başa kalırsam bu işi daha kolay çözerim diye düşündüm...

"Olmaz," dedi "Kaç para vereceksin bana söyle. Benimle anlaşacaksın!"

Devlet Bakanı olduğu için düpedüz sıkıştırıyordu. Daha yetkiliydi. Milli Eğitim Bakanı daha kolaydı, o bu derece iş bitirici olamamıştı. Onu kolay atlatmıştık. Zavallı Boluspor, ucuza gitmişti!

"İyice bir şeyler veririz merak etme ..." falan diyerek zaman kazanıp düşünüyorum. Aslında en çok on milyon verebilirim ama pazarlık olsun diye "Beş-altı milyon veririm, merak etme, söyle gelsin..." dememe kalmadı Bakan gülmeye başladı.

"Sen benimle dalga mı geçiyorsun. Daha geçen hafta .....banktan tam iki yüz seksen milyon aldım,"

'Eyvah,' dedim, kendi kendime , 'işler zorlaşacak'.

Bakan haklıymış, bu konu gerçekten önemli. Savaş falan bir yana, biraz daha dikkatli olmazsam, esas darbeyi buradan yiyeceğiz...

"Benim yetkim en çok on milyon, bugüne kadar hiçbir futbol kulübüne yardım etmedik... Yönetim kurulumuzun..."

Bakan sözümü sürekli kesiyordu. Resmen çatmıştım. Nasıl kurtulacaktım. Bir başka yol denemeye kalktım:

"Ayhan Bey'e sormama izin ver, ondan izin alayım," diyerek bir kere daha topu taça atmaya çalıştım.

Fena yakalamıştı ve bırakmıyordu. Zaten ana felsefesi oydu. 'Bir kere yakaladın mı bırakmayacaksın, taa ki sonuç alana kadar,' diye düşünürdü.

"Sen zahmet etme," dedi. "Ben şimdi onu kendim ararım, iki yüz elli milyon isterim."

Bu sefer gerçekten daha çok korktum. Çünkü Ayhan Bey bu Bakan'ın isteğini yerine getirebilirdi. Ve ben bankadan böyle bir dönemde bu miktar parayı ödemek zorunda kalırdım. Banka patronun bankası olabilirdi ama genel müdür olduğuma göre bu konuya izin vermem mümkün olamazdı. Patron çok isterse kendi cebinden vermeliydi...

"Sen Ayhan Bey'i arama, ben onu arayayım, bir rakamda anlaşırız, sana haber veririm..." diyerek rakamı aşağı çekmeye çalışıyordum. Sözü fazla uzatmıştım ama onu rahatsız etmediğimi de hissediyordum. Sonunda ya farkına vardı beni kırmak istemedi, veya zaten aklında gelmek istediği noktaya beni getireceğini hissetti ve son sözü söyledi.

"Elli milyon ver tamam." Bence hâlâ çok fazlaydı. İki yüz elliden aşağı geldi, diye de sevinemiyordum. Düşündüğümün tam beş kat fazlasıydı. Ama hiç olmazsa olabilecek bir şeydi. Bu ne rezalettir, diye düşünerek,

"Ben Ayhan Bey'den bunun iznini alacağım" deyip telefonu kapattım. Sonra Ayhan Bey'i arayıp durumu anlattım. Ayhan Bey,

"Ben bugüne kadar ondan ne istediysem bana hiçbir ayrıcalık tanımadı. Şimdi bizden niçin yardım istiyor anlayamıyorum... Ama mecbursun vereceksin," diye beni avuttu.

Yıllarımı vererek direndiğim bir konuda yenilmiş olmanın basıncı ve sıkıntısı içimi sardı. Televizyonda bile olsa her maç izleyişimde bu futbol kulüplerinin nasıl ayakta durduğunu düşünüp, arkasındaki siyasi gücü hesaplamaya çalışırım. Ekonominin siyasetten ayrılıp ayrılmayacağı konusunda pek çok tartışmada görüşlerimi anlatmışımdır. Siyasetin futboldan ayrılıp ayrılmayacağı konusunda tartışmaya gerek olmadığını düşünmekteyim.

Toplumda futbolun işgal ettiği önemli yere paralel olarak, bu anılar içinde de futbolla ilgili olanlara daha fazla yer ayırmak gerektiğini kavramış bulunmaktayım... 1990 yılının hemen başlarında zamanın SHP'li Sarıyer Belediye Başkanı, biraz da eski dostluğuna güvenerek, yönetim kurulu başkanımız ve Doğuş Holding Genel Koordinatörü Yücel Çelik'i telefonla arar.

"Yücel'ciğim başım sıkışık. Bu Sarıyer beni gerçekten epey uğraştırıyor. Ne yapacağımı şaşırdım. İşi gücü bıraktım Sarıyer'le uğraşıyorum. Senden ricam bize biraz para bağışı yap, karşılığında futbolcularımız 'Doğuş' ismini formalarının göğsünde taşısın. İşte maçlarda falan sizin reklamınız olur..."

Yücel bu işin sonunun nereye geleceğini hemen kestirir ve:

"İhsan, ben sana şu anda bir şey söyleyemiyorum. Biz prensip olarak futbol kulüplerine bağış yapmıyoruz. Gele-

cek hafta görüşelim..."
Bu konuşmaya rağmen, o hafta sonu Sarıyer, Galatasaray'la kupa maçına göğsünde 'Doğuş' bandıyla çıkar ve Galatasaray'ı 3-2 yenerek kupadan eler. Başta Doğuş yetkilileri olmak üzere kimse Sarıyer futbolcularının formalarındaki 'Doğuş' bandına anlam veremez.
Hafta başında Yücel, İhsan Yalçın'ı arar ve sorar. İhsan Bey:
"Yücel'ciğim, geçen haftaki telefon konuşmamız sırasında odamda, yanımda bulunan kişi bana sormadan bu işi yapmış. Kusura bakma... Ancak futbolcular bu büyük başarıdan dolayı çok sevinçli ve 'Doğuş'un kendilerine uğur getirdiğine inanıyorlar. O nedenle bu hafta Ankaragücü deplasmanında da 'Doğuş' bandını göğüslerinde taşımak istiyorlar. Biliyorsun bu maç bizim için çok önemli..."
Yücel şaşkın. Ne söyleyeceğini bilmez.
"Yahu o formaların üzerindeki bantta yazan harfler bizim harflere benzemiyor ki..." falan diyecek olur. Hafta sonu Sarıyer, yine formalarının üzerinde 'Doğuş' yazısıyla çıktığı deplasman maçında Ankaragücü'nü 4-3 yener.
Hafta başında Sarıyer Belediye Başkanı, Yücel'i tekrar arar. "Yücel, inanılmaz işler başarıyoruz. Gördün mü olanları. Şimdi bu çocuklara prim vermek lazım. Allah aşkına para gönder..."
Yücel yine şaşkın. Bakar olacak gibi değil. "Peki on milyon gönderiyorum. Yalnız artık formalardan ismimizi çıkartın..."
İhsan Bey gayet pişkin: "Valla Yücel'ciğim bu iş benim elimden kaçtı, şimdi yalnız futbolcular değil, artık taraftarlar da bu işin uğruna inanmaya başladı. Üstelik haftaya lider Beşiktaş'la çok güçlü bir maçımız var. Şimdi moral bozmayalım...bir hafta daha böyle gitmek zorundayız."
O gün Yücel'le beraberdik. Bir yandan Sarıyer-Beşik-

taş maçını hafiften dinliyor, diğer yandan zaman zaman hemen aşağımızda, İnönü stadından gelen coşkulu uğultuya kulak vererek sohbet ediyorduk. Maç bitti. Yücel çok sıkılıyordu. O kadar ki, bir ara Yücel'i fanatik Beşiktaşlı falan sandım. Sarıyer maçı 1-0 kazanmıştı! Yücel sıkıntılı fakat sakin:

"Bunun bana maliyetinin ne olduğunu sen bilemezsin..." deyip yukarıdaki hikâyeyi anlattı. Sarıyer futbol takımı epey bir süre daha sahalara "Doğuş" formasıyla çıkıp, başarılarını sürdürdü...

Benim tüm şaşkınlıklarıma rağmen futbolla ilgili olaylar nedense beni bulmaya devam ediyordu...

Adana-Mersin banka şubeleri ve o yöredeki müşterileri ziyaretlerimin birinden dönüyordum. Adana'dan kalkacak İstanbul uçağı 22:15'te hareket edecekti. Her zaman yaptığımız gibi akşam yemeğini "Mesut"ta yiyip oradan uçağa gitmeyi düşündük ama zamanımız kalmamıştı. Adana havaalanına gidip "Nihat"ta bir şeyler atıştırırız, diye yola koyulduk. Alana geldiğimizde uçağın kalkışına kırk beş dakika vardı, uçak daha havaalanına gelmemişti ama, nedense tüm yolcuları polis kontrolünden geçirip içeri almışlardı. İstanbul yolcularının tümü balık istifi, ayakta uçağa girmeyi bekliyordu. Adana Bölge Müdürümüz bana:

"Uçak daha gelmediğine göre, yukarı çıkıp Nihat Restoran'da bir şeyler atıştıralım," dediyse de ben zamanımız olmadığını söyleyecek oldum.

Israr ettiler, biz de yukarı çıktık. Kapıda bizi karşılayan şef garsona acelemiz olduğunu "acele" bir şeyler atıştıracağımızı söyleyecek olduk ama genç garson:

"Ağabey sen merak etme, otur rahat et. Yemeğin bitmeden biz uçağı kaldırmayız. Burada uçak kalkışlarını biz idare ederiz," sözleriyle bu konuda kendisinin ne derece yetkili olduğunu anlatmaya çalışıyordu.

Anlayamadım. Gözlerimi genç adamın yüzüne dikmişim. Garson uyanık ve bana verdiği şoktan keyifli, devam etti:

"Ağabey, İstanbul uçağı daha gelmedi. Biraz gecikecek. Rötarı var. Birazdan gelir. Geldiğinde pilot ve hostesleri akşam yemeklerini yememiş olacaklar. Her akşam olduğu gibi şu ilerdeki masada (bir eliyle on metre ötede hazırlanmış masayı gösteriyordu) oturup yemeklerini yiyecekler. Siz oturun keyfinize bakın. Ben onlara yapacağım servisi yavaşlatarak sizi rahat ettiririm... Ne içeriz güzel abim? Izgaralardan ne alırız? Yemeğinizi, tatlılarınızı keyifle yiyin, uçağı sonra kaldırırız, abicim..."

Gözüm alt katta polis kontrolünden geçip ellerinde biniş kartlarıyla, her an uçağa binmeye hazır ayakta bekleyen bir sürü yolcuya gitti. Madem burasının tüm trafiği bu garsonun yönetimindeydi, o bilmeliydi. Ona sordum:

"Sen öyle diyorsun ama bak aşağıda herkes polisten bile geçmiş, uçağa binmek üzere..." diyecek oldum.

Garson gerçekten bu konuda çok bilgiliydi ve her şey onun kontrolü altındaydı, güven veriyordu. Diğer yandan da bizim bu konudaki bilgisizliğimize biraz şaşkınlık duyar gibiydi. Güldü:

"Sayın abim, onları içeri erken aldılar. Çünkü bu akşam Galatasaray'ın Avrupa Kupası maçı var, televizyon da veriyor. Polis arkadaşlar maç seyretmeye gideceklerdi, onun için yolcuları polis kontrolüne erken aldılar. Polisler de insan abicim, bu maçı herkes seyretmek ister. Sen üzme tatlı canını, uçağın gelmesine daha zaman var. Ne emrederseniz hazırlatırım..."

Garson yaman adamdı. Dediğini yaptık. Masamızı

'donattı', ızgaralar, rakı servisi vb. Arada bize göz kırpıyordu. Derken uçak geldi. Her şey garsonun dediği gibi oldu. Zaman ve tüm trafik bizim garsonun yönetimindeydi. Yemekten sonra kahvelerimizi de içtik. Pilotlar ve hostesler karşı masada yemeklerini keyifle yediler. Hep birlikte kalktık.

Yıllar sonra Bank Ekspres'i kurduğumda her şeye yeniden başlamanın heyecan ve sevincini yaşıyor, yeni bankada yeni prensipler uygulamaya kararlı gözüküyordum. Dağınık bir sermaye yapısını gerçekleştirebilmiş olmanın gururunu yaşıyordum. Ortaklarımız arasında Ereğli Demir Çelik Fabrikaları Çalışanları Vakfı da vardı. Ereğli, Karadeniz kıyısında yüz bin nüfuslu bir ilçe. Vakfın bankamıza küçük oranda bile olsa ortak olması, neredeyse tüm Ereğlilileri bize bağlamış ve tüm ilçe bankayı sahiplenmişti. Yönetim kurulumuzda Erdemir Vakfı'nın da bir temsilcisi bulunuyordu. Kuruluşumuzun üçüncü ayında Erdemir temsilcisi Fuat Bey yönetim kuruluna bir öneri getirdi:

"Tüm Ereğli topluluğu Ekspres'i içtenlikle benimsemiş durumda. Yakında orada bankamızın bir de şubesi açılacağına göre, Erdemirspor'un bir ricası var... Formalarına bankamızın reklamını koymak ve Ereğli stadına da kocaman bir reklam panomuzu yerleştirmek isterler... Bunun rayici, üçüncü küme takımları için iki yüz, üçyüz milyon lira olmakla birlikte biz yeni banka olduğumuz için yüz milyon verirsek memnun olacaklardır..."

Sonucun nereye geleceğini çok iyi biliyordum... Direnmenin anlamsızlığını da! Konuyu hemen benimsedim. Tartışmaya girmeden "oybirliği" ile bağışı kabul ettik.

Yeni bankada artık gerçekten yeni prensipleri uygulamaya başlamıştık! Ben inadı ve aksiliği bırakmış, toplumun beklentilerine daha uyumlu bir kişiliğe bürünmüştüm.

EN HIZLI BATAN KREDİ

Yeni işten para hızlı kazanılır sanma
Maceraya atıldığında, yavru aslanı kucağına alınca
Önlemini al, yara alma

1988'de Türkiye'de turizm patlaması vardı. Her yerde mantar gibi otel bitiyordu. Büyük endişe: bunca otele turisti getirecek taşıma altyapısı eksikti. Bu yönde yatırım yapan bir kuruluş ortaya çıkıverdi: Talia Havayolları. Özel şirketlerin de havayolu kurmasına yasal olanak tanınınca, Talia bir uçak kiralayarak bu işe girişmişti. Şirket yetkilileri ülkede yaşanmaya başlayan turizm patlamasına cevap verebilmek amacıyla bir havayolu şirketi kurmaya karar vermişler ve kiralamak üzere belirledikleri uçağın ilk iki taksidi ve işin başlaması için gerekli finansmanı kredi olarak bizden istemişlerdi.

Bankacılığa ilk başladığımda deneyimli bir bankacı büyüğüm bana demişti ki:

"Evladım, hayırlı olsun, sen de artık bankacı olmuşsun. Zaman içinde pek çok kimse senden kredi isteyecektir. Kredi verirken altından hava ya da su geçen işlere kredi vermeden dikkat et, iyi incele."

Bankacı büyüğüm gemi finansmanı ve uçak finansmanına dikkat et, demek istemişti. İşte o nasihatı değerlendireceğim gün gelmişti. Havayolu ya da uçak finansmanı özel bilgi ve birikim gerektiren bir işti. Bu nedenle projeyi yakından inceledik, fizibilitesine, nakit akışlarına baktık. Her türlü bilimsel hesabı yaptık. İşi yönetecek olan kişileri araştırdık, tanıdık, yönetimine güvendik. Girişimcilerin bu işi bilen ve gerçekleştirecek bir kuruluş oluşturduklarına kanaat getirdik, krediyi verdik.

İlk seferleri son derece kazançlı olan Talia Havayolları'nda bir "şanssızlık" oldu. Bizim kredimizle kiralanan uçak Kıbrıs'ta dağa çarptı! Şanssızlığın ne olduğunu merak ettik. Öğrendik ki şanssızlık dedikleri Yugoslav pilotun seyir sırasında uyumasıymış. 15 kişilik mürettebatın çoğu ölmüştü. Sezonun tüm bağlantılarını yapmış olan Talia Havayolları hemen yeni bir uçak kiraladı. Bu kez yeni uçağı almaya giden ekibin bindiği helikopter düştü. Mürettebatın kalan kısmı da öldü. Olaylar bir korku filmi gibi, tarihi bir Yunan tragedyası gibi gelişiyordu, ölmeyen kalmamıştı. Şirketin işleri iyice aksamaya başlamıştı. Yaklaşık iki haftalık gecikme şirketi zorlamaya başladı. Şirketin Amerikalı ortağı uçağın kira taksitlerini ödeyememe endişesine kapıldı. Kısa sürelik faaliyetin sonuçları pek umut vermiyordu: İki ay içinde bir uçak dağa çarpmış, bir helikopter düşmüş, ekibin tamamı ölmüş, kalan ise dağılmıştı. Şirket ekipsizlik nedeniyle İngilizlerden kiralamış olduğu ikinci uçağı bir İspanyol şirketine kiralamaya karar verdi. Ancak İspanyol şirketine yapılan bu kiralamanın ana sözleşmeye aykırı olması ve uçağın sahibi durumunda olan İngiliz şirketinden izin alınmadan yapılmış olması nedeniyle, bu kez de uçağın sahibi -kiraya veren- İngiliz şirket uçağa el koydu. Uçağı Talia Havayolları şirketinden geri alıverdi.

Talihsiz Talia Havayolları birden hem ekipsiz hem de uçaksız kalmıştı. Krediyi verirken tüm güvenceleri almakla birlikte bir yanlış yapmıştık: Uçağın düşmesi halinde kaybolacak iş olanakları ve gecikmelerden doğacak ticari kayıpları sigorta ettirmemiştik. Kredinin batacağını anladıktan sonra, iki-üç hafta çevremdekilere bunun batacağını ve çok çabuk hareket etmemiz gerektiğini, çaresizlik içinde açıklamaya çalıştım. Hiçbirimizin yapabileceği bir şey yoktu. Ben yine de bir arkadaşımızı gelişmelerden günlük olarak beni ve öteki yetkilileri haberdar etmesi için görevlendirdim. Her gün kısa da olsa bir rapor alıyordum. Bu raporlardan da batışın nasıl geliştiğini izliyordum. Şirket gözümüzün önünde batıyordu, ama yapacak bir şeyimiz yoktu. Önüme gelen raporların bir tanesinden ilginç bir paragrafı aktarmadan geçemeyeceğim.

Aldığımız önlemler arasında şirketin Amerikalı sahibi ve yöneticisi olan John McDaniel'ın yurtdışına çıkışını önlemek için vergi dairesine ihbarda bulunduk. Vergi dairesi yetkilileri konuyla çok yakından ilgilendiler ve gereken önlemleri aldıklarını söylediler. Aslında McDaniel ülkede kalsa ne olacak, dışarı gitse ne olacak! Ancak içeride kalırsa belki bir şeyler olabilir, diye ek bir önlem almıştık. İki hafta sonra gelen günlük raporu aynen aktarıyorum:

"Firmanın telefonlarına Havaş tarafından el konması nedeniyle... telefonla bağlantı kurulamaması nedeniyle, firma ofisi ziyaret edildi. Hesapları kapatmak ve şu an çalışan birkaç kişiye maaşlarını ödeyebilmek üzere çalışan S. Baran, Kaptan Y. Temel ve Muhasebe Md. Ö. Baç'tan edinilen bilgiye göre: Cuma günü (17.6.88) vergi dairesi ilgilileri Mr. John McDaniel'ı ziyaret ederek yurtdışına çıkmasına yasak konduğunu bildirmesine rağmen, McDaniel'ın iki gün sonra İngiliz Havayolları'nın normal tarifeli uçağı ile, Yeşilköy'den ayrılıp, Londra üzerinden ABD'ye gittiği ve çıkarken hiçbir zorlukla karşılaşmadığı öğrenilmiştir. John McDaniel'ın İngiltere'deki ortağı Mrs. Jane Sellers ile 28 Haziran veya 3 Temmuz'da Türkiye'ye dönmesinin beklendiğini de firma yetkilileri belirtmiştir." Kamu yetkililerinin kendi içindeki bir uyumsuzluk, ya da iletişim eksikliği sonucu John McDaniel'ın yurtdışına çıkışını engellemeyi başaramadık.

Geçen günlerde krediyi kurtaramadık. Beni zamanında uyaran deneyimli bankacı büyüğümün uyarısını değerlendirememiştim. Zaten nasihatlerin keyif kaçıran tarafı da işte budur. Bankacılık yaşamımda en hızlı batırdığımız kredi olarak anılarımda yer aldı: Kredinin verilmesi ile batması arasında geçen süre üç buçuk ay oldu. Her şeye rağmen Talia işinin iyi bir proje olduğuna inandım, hâlâ inanıyorum. Güvencemizi almayı bilememişiz. Şimdi böyle bir krediyi batırmadan verebilecek deneyime sahip olduğumu düşünüyorum. Ama o günden sonra bir daha cesaret edip "uçana da, yüzene de" kredi vermedim.

DAVOS'TA BİR BULUŞMA

Sonuç almayı hedefliyorsan herhangi bir işten
Planını kendin yap, yardım bekleme kimseden

Bankacılık yaşamımda nedense gerçek yararını sorguladığım kurumlardan birisi de Bankalar Yeminli Murakıpları Kurulu olmuştur. Kadrolarında son derece yetenekli ve bilgili arkadaşlar bulunan bu kurum, her nedense, çalıştığım pek çok bankada zaman zaman sorun olmuş, bir türlü yapıcı tutum içine girememiştir. Kişisel olarak kanunun gereğini yapmakla birlikte, belki sistemleri, belki yetkileri banka gözetim fonksiyonunu layıkıyla uygulayabilmelerine engel olmaktadır. Günün ve ekonominin şartlarına pek önem vermeden yaptıkları bazı değerlendirmeler sonucu pek çok bankanın üst düzey yetkilisi zaman zaman mahkemelik olmuş, ya da mahkemelik olmalarına ramak kalmıştır.

Hızlı ve istikrarsız gelişen ekonomik potada, daha üst düzey bürokratların ve teknisyenlerin yaklaşımıyla bazı sıkıntılardan da kolay kurtulduğumuzu hatırlamamak elde değil.

Yöneticiliğini yaptığım bir bankada benden önceki dönemlerde yapılan bazı uygulamalar nedeniyle ve Bankalar Yeminli Murakıpları'nın bazı yorum hataları sonucu sıkıntılı bir durum vardı. Burada teknik konulara girmek istemiyorum. Bununla birlikte konunun okurlar açısından yersiz yorumlara yol açmaması için iki satırla sözünü ettiğim "sıkıntılı durumu" açıklamak isterim.

Bankanın bir şirkete verdiği teminat mektubunu, murakıp arkadaşımız "nakit kredi" olarak yorumlamıştı. Dolayısıyla banka, o şirkete yasal hakkından daha çok kredi kullandırmış gibi gözüküyordu. Benim yorumum farklı olduğu için pek üstünde durmadım. Nasıl olsa savunabilirim, diye düşünüyordum. Ancak, bir yıl önce eleştirilen konu düzeltilmedi, diye yeni bir murakıp değerlendirmesinde eleştiri tekrarlandı ve bizim karşı görüşlerimiz alınmadan, yönetim kurulu ile birlikte, birdenbire kendimizi mahkemeye verilmiş bulduk.

Konu önemliydi. Derhal Ankara'ya gittim. Müsteşarla görüştüm. Durumu açıkladım. Yapılan suçlamaya katılmadığımı bunun yorum farklılığından doğduğunu anlattım. Böyle bir durum için bizi mahkemeye veremeyeceklerini, aksi halde doğacak sonuçların sorumluluğunu nasıl yükleneceklerini sordum.

"En üst makam sizsiniz, konuyu sizler daha iyi bilirsiniz. Mahkeme böylesine teknik bir durumda bilirkişi kullanmadan neyi nasıl anlayıp takdir edecek. Bir suç varsa gereken önlemi siz alın..." gibisinden bir sürü söz ettim.

Müsteşar biraz da beni şaşırtan, ama yine de anlayışlı bir tavırla, dosyayı mahkemeye sevk etmeden önce konuyu kendisinin ayrıntılarıyla incelemeden imzaladığını, bu açıklamaları dinledikten sonra yeniden inceleyeceğini söyledi.

Oysa bizim dosya mahkemedeydi ve savcı ifade almak için tebligat çıkarmıştı. Biz savcıya da ricada bulunmuş, bir süre beklemesini istemiştik. Savcının da bekleyeceği süre pek tabii sonsuz olamazdı.

Müsteşar incelemelerini yaptı. Bizi haklı bulmuş olacak ki, konuyu ilgili bakana iletti. Dosya bakan imzasıyla mahkemeye sevk edildiği için, ancak bakan imzasıyla geri alınabilirdi.

Bakandan randevu almak çok zordu. Hele binlerce konu arasından böyle bir dosyayı açıklayıp imzasını geri almasını istemek daha da olmayacak bir işti. Kısacası bir murakibin "yorumu" ve müsteşarın "yakından incelemeyerek attığı imza" ve bakanın "işlerinin çokluğu nedeniyle" bizim dosya savcıya kadar gelmişti. Ve biz, yani bankanın tüm yönetim kurulu üyeleri kötü bir yolda hızla ilerliyorduk! Başımız iyice derde girebilirdi.

Tam o sırada başbakan, ilgili bakan ve müsteşarın topluca Davos'ta olacağına yönelik bir haber geldi. O güne kadar Davos'a hiç gitmemiştim. Davos toplantılarına yer ayırtma işlemleri neredeyse bir yıl önceden yapıldığından otellerde yer bulmak zor oluyordu. Şansım rast gitti, otelde yer bulundu ve ben bir gün sonra Davos'a hareket ettim.

Uçakta düşünüyordum, önemli sıkıntıları çözmek için hep İsviçre'ye gitmek bir rastlantı mıydı?

Davos'a geldiğimde pek çok tanıdığa rastladım. Herkes geleli neredeyse üç dört gün olmuş ve çevreye ısınmışlardı. Köye yeni gelen yabancı veya yarışı en arkadan bitiren koşucu gibiydim! Tuhaf bakışlarla yolumu bulmaya çalışıyordum. Birden oradaki pek çok gazeteciden biri bana takıldı

"Hayrola, sen ne arıyorsun burada? Yoksa senin de mi bir sorunun var?"

Bak işte bu ilginçti. Dünyanın sayılı forumlarından biri olan ve hemen her konunun tartışıldığı Davos toplantısına, her ülkeden yüzlerce kişi katılıyordu. Ve bizim gazeteci bana:

"Senin de mi bir sorunun var?" diye yekten bir soru yöneltiyordu. Son yıllarda "Başbakan nerede, sorunu olan iş adamı orada" felsefesi egemen olduğundan bu gazeteci haklıydı, tabii. Ama yine de ağırıma gitti. Sırf bu yüzden bir sonraki yıl hiçbir sorunum olmasa da yine Davos'a gitmeye o anda karar verdim. Umarım aynı gazeteciyle yine karşılaşırdım. O bana yine aynı soruyu sorar, bu kez ben de ona farklı bir cevap verebilirdim.

Evet, benim de sorunum vardı. Tabii gazeteci arkadaşımı ilgilendirmediği için ona bir şey söylemedim. Gerçi gazetecileri her konu ilgilendirirdi, ama benim söylememe nedenim farklıydı tabii. Düpedüz korkuyordum, başkaları da öğrenir de rezil oluruz, diye. Önemli olan iki gün içinde önce müsteşarı bulup konuşmam, sonra bakanla görüşmem, ondan sonra da bu işi çözümleyeceğine her nedense kesinlikle inandığım başbakanla görüşebilmem gerekiyordu. Programı izlemeye başladım. Kimin ne zaman, nerede olacağını yakalamaya çalıştım.

Aslında zaman zaman kendime gülüyor, diğer yandan da çok sıkılıyordum. Özal o günlerin en flaş konusu olan Papandreu buluşması için Davos'a gelmişti. Bense neyin peşindeydim. Müsteşar ile görüşmem kolay oldu. Sağ olsun, çok yakınlık gösterdi . Herhalde işlerin bu noktaya kadar gelmesini tetiklediği için biraz pişmanlık duyuyor ve vicdanı onu sürekli rahatsız ediyordu. Konuyu bakana anlatacağını söyledi. Yarım gün kadar bekledim. Bakandan bir türlü randevu alamadım. Saatler geçiyordu ve benim tüm çabalarım karşılıksız kalıyordu.

Gittim başbakanın özel kalemi ile arkadaşlık kurmaya çalıştım. Rica ettim. Daha önceden kaydım olmadığı için toplantılara giremiyordum. O nedenle bakan ve başbakanla karşılaşma olasılığım azalıyordu.

Papandreu'nun katılması beklenen bir resepsiyon vardı. Özal'la Papandreu'nun uzun zamandır tüm dünya siyasilerince beklenen önemli bir buluşması olacaktı. Ve hemen herkes orada olacaktı. Beni arka kapıdan, başbakanın özel kalemi ve doktoruyla birlikte içeri soktular. Onlara bakış ve duruşumla güven vermiş olmam gerekir ki, tüm güvenlik güçlerini ve kontrolleri atlatmıştım. Bir eksiğim vardı: Yakamda kimlik ve güvenlik kartım yoktu. Oysa kart takmak zorunluydu ve etrafta herkes yakasında kartla dolaşıyordu. Sağ elimle sol omuzumu "kaşır gibi" yaparak, yaka kartımın bulunması gereken sol yakamı kapattım ve yürümeye başladım. Bu şekilde birkaç kontrol noktasını aştım. İçeride önce Devlet Bakanı Yusuf Özal'ı buldum. Çevresinde birçok kişi değişik konuları konuşuyordu. Hem yalnızken yakalamalıydım, hem de en az beş dakika konuşabilmeliydim. Yakaladım ve başladım konuşmaya. Konuyu bildiğini ve inceleyeceğini söyledi. O arada ben savcının bizim ricamızla dosyayı beklettiğini söyler söylemez, "O savcı görevini ihmal etmiş. Adalet Bakanı'nı uyarmam gerekir," deyince, kafamdan aşağı kaynar suların döküldüğünü hissettim.

Ter bastı. Birkaç kelime daha söyleyip yanından uzaklaştım. Anlaşıldı, bu iş bakanda bitmeyecekti. Mutlaka başbakanla görüşmeliydim. Ama bu resepsiyonda olamazdı. Başbakana yaklaştım. Biraz yakınında dolandım. Daha önce birkaç kez konuştuğumuz için tanışıyorduk. Yine selamlaştık. Hatırımı sordu. Kendisiyle görüşmek istediğimi söyledim. Olur dedi. Üstelemedim. Birazdan Papandreu geldi. Onunla da görüştüm. Tabii bu konuyu değil! Aslında bu konuyu Papandreu ile de görüşebilirdim ama bir çözüm sağlamazdı!

Ertesi gün son gündü ve herkes ayrılacaktı. Üç gün olmuş daha işi sonuçlandıramamıştım.

Sabah Başbakan Özal ile Papandreu kahvaltısına bizler de davetliydik. Kahvaltıda Yunanlı işadamlarıyla sohbet ettik, birbirimizi ülkelerimize davet ettik. Ama benim aklım ne aşta, ne de işteydi. Gözüm Özal'ın üzerindeydi. Kahvaltı bittiğinde çıkışta müsteşar beni kolumdan tuttu ve:

"Gel şimdi Başbakan'la görüşmenin tam zamanı. Birlikte gidelim. Bu durumlarda kim bastırırsa onun elinde kalır," "dedi. Hemen odasına çıktık.

Müsteşarın bana o yardımını yaşam boyu unutmayacağım. Tam Nasreddin Hoca hikâyesi gibiydi. Müsteşar raporu doğru dürüst okumadan imzayı basmış, bizi önce mahkemelik etmişti. Şimdi de kurtarmak için yardımcı oluyor, diye aynı müsteşara sempati besliyordum. Kulakları çınlasın. Birlikte odaya girdik. Odada doktoru vardı. Bir de o zamanlar Özal'ın danışmanlığını yapan saygın, genç ve yakışıklı büyükelçi Cem Duna. Ben başladım, bir nefeste olayı anlattım. Her an kapı açılıp içeri birisi girecek, diye korku içindeydim. Bu yüzden hikâyemi büyük bir hızla anlattım.

Başbakan anlattıklarımı sakin sakin dinledi. Birkaç soru sordu. Benim bu konuda ne kadar kararlı olduğumu, ne denli inandığımı anlamaya çalıştı. Bana güvendiği için yasadaki boşluğu bizim lehimize kullanmaya karar verdi. Yanındakilere talimatını verdi.

"Halledin işini," dedi.

Yaşamımda bu kadar hızlı, anlamlı ve öz konuştuğum zamanlar sayılıdır. İlki yirmi iki yaşımda Sedef'e evlenme teklif ederkendi. İkincisi de herhalde buydu. Başbakan konuyu hemen kavramış, olumlu tepki vermişti. Sedef de hemen kavramış, o da olumlu tepki vermişti!

Son iki ayın, özellikle son kırk sekiz saatin stresi, sıkıntısı bir anda erimişti. Koltuktan kalkacak gücü kendimde bulamıyordum. Ondan sonra başka konulara geçtik. Özal, piyasadan birisini yakaladı mı pek çok konuyu sorar, konuşmasını severdi. Çeşitli sorular sordu. Biraz sohbet ettik. Ben ayrıldım. Keyiften uçuyordum. Davos'tan Zürih'e koşarak inebilirdim. İki hafta sonra bir yerlerden bir yerlere bir talimat gitmiş olmalı ki, dosya geri alındı.

Bir yorum hatasını düzeltmek için çok sıkılmış ve uğraşmıştım. Konu çözümlenmişti. Mutluydum. Benim kadar yönetim kurulu üyeleri de, tabii!

BİR BAŞKA DAVOS ANISI....

*Yıllarca eğitilmem de işe yaramadı saflığımı gidermeye
Boşboğazlık etme, arkadaşın diye, dertleştiğin kişiye*

Aradan tam bir yıl geçmişti. Ben bir yıl önceki stresli Davos toplantısını bu kez keyifli bir şekilde geçirmeyi bir yıl önceden aklıma koyduğum için gereken düzenlemeleri yapmıştım. Davos'a gidecektim ve yaklaşık bine yakın seçkin bilim ve işadamının katıldığı bu toplantılarda, hemen her konuda uzmanların seminerlerine katılarak ufkumu ve bilgi dağarcığımı genişletecektim. Toplantılar perşembe başlıyordu, ancak ben cumartesi katılacaktım.

O hafta başında, salı akşamı, bir telefon geldi. Başbakanlıktan arıyorlardı. Başbakan cuma günü benimle görüşmek istemişti. İstanbul'a gelecekmiş. Oysa ben aynı cuma akşam üstü Davos toplantıları için İsviçre'ye uçacaktım.

Uçağı yakalamayı umarak, cuma günü öğleyin Başbakan'la görüşmeye gitmem gerektiğini anladım. Telefonu eden kişiden konunun ne olduğunu öğrendim. Başbakan benim Hazine Müsteşarı olmamı istemekteymiş, bunu teklif edecekmiş.

Perşembe gecesi Can Paker'le birlikte yemeye çıktık. Aramıza Can'ın yakın arkadaşı Ahmet Yücekök de katıldı. Ahmet daha önceleri Başbakan Ecevit'in danışmanlığını yapmış. O sıralarda da muhalefetteki SHP'nin Genel Sekreteri Deniz Baykal'ın çok yakını ve herhalde danışmanı olmalıydı. Siyasal çalışmaları, üniversite öğretim üyeliği yanı sıra Milliyet gazetesine de zaman zaman diziler hazırlayan, uzaktan bir arkadaştı.

Ertesi günkü buluşmanın ve yapılacak teklifin ağırlığı altında ve biraz da konuyu tartışmak ihtiyacıyla, gizli tutulmasını rica ederek konuyu Can ve Ahmet'e açtım. Düşüncelerini sordum. Yaklaşık bir saati aşkın görüş alışverişinden sonra, Ahmet bana dönerek:

"İzin verirsen bu bilgiyi Deniz'e (Baykal) verebilir miyim," şeklinde nazik bir soru yöneltti. Ben de "Bana yapılmış resmi bir teklif yok. Dolayısıyla konuyu şimdiden dillendirirsek doğru olmaz. Yalnız Deniz bilecekse ve onda kalacaksa, olur ama beni zor durumda bırakmayın," dedim.

Ertesi öğlen Başbakan Özal'la görüşmek üzere Harbiye Orduevi'ndeki randevuya gittim. Görüşmemiz saat 13:30'da olacaktı. On dakika önce gittim. En üst katta bir salona aldılar. Bir ara yanıma gelen genç danışmana, biraz da kendi uçağımı kaçırmamak endişesiyle, Başbakan'ın nerede olduğunu sordum.

"Cumada," dedi. Duraksadım.

"Hep gider mi," diye tekrar sordum. (O anda sorduğuma utandım, sanki üstüme vazifeymiş gibi.)

"Çok önemli bir işi olmadıkça mutlaka cumaları camide kılmayı tercih eder," dedi.

"Peki anladık da, benim burada, bu saatte ne işim var," diye soramadım, yalnız içimden geçirdim, biraz da uçağı kaçırabilirim endişesiyle telaşlanıp, kendime hırslanarak.

Saat ikiye doğru Başbakan geldi. Biraz konuştuk. Eski müsteşarın emekli olmasıyla boşalan Hazine Dış Ticaret Müsteşarlığı'nı bana önerdi. Pardon, önermedi beni bu "göreve" çağırdı. Üç yıl önce buna benzer bir öneriyi geri çevirmiştim. Bu kez öneriden çok bir ihtiyacı belirten çağrı vardı. Benim için çok şerefli bir görev olacaktı. Ancak maddi ve manevi büyük özveri bekleniyordu. Çok sevdiğim ve uzun yıllar ayrılmayı düşünmediğim kurumumdan bu nedenle ayrılmayı bile göze aldım.

Başbakan'la toplantımız yaklaşık kırk beş dakika sürdü. Ben Başbakan'a bir sürü soru sordum, bir-iki de eleştiride bulundum. Çok yadırgamadı. Saygılı davranışımı bozmadığım için ve kendisi de bana hoşgörülü biri gibi gözüktüğü için, işin başında, açıkça her konuda görüş bildirmeyi kendimce uygun görmüştüm. Madem beni böyle önemli bir göreve çağrıyordu, kişiliğim hakkında şimdiden bilgi edinse iyi olurdu! Konuşmalarımız sürüp giderken kafamın arkasında da uçak saatimle ilgili endişe giderek büyüyor ve beni uyarıyor, gereksiz (belki de gerekli) sıkıntılara giriyordum. Hem önemli bir kişiyle önemli bir konuyu konuşup sürdürmek istiyordum, hem de, sanki çok önemliymiş gibi, uçağı kaçıracağım endişesiyle savaşıyordum. Yaşamımın değişik anlarında, çok önemli konuların içindeyken bile, hep bu tür ayrıntıları kafamdan savmak için çaba harcamışımdır.

Toplantının sonuna geldiğimizi pek hissetmediğim bir anda, kapı açıldı, içeriye bir gürültüyle, koşuşmacayla küçük bir çocuk girdi. Arkasında da, dağ giysileri içinde, annesi... Küçük çocuk, "Dede.. Dede," diye bağırış çağrış, benim koltuğumun yanından hızla geçerek, Başbakan'ın kucağına atladı. Dedesi çocuğu büyük bir sevgiyle kucakladı. Dede-torun sohbete başladılar. Ben ne yapacağımı şaşırdım. Biraz gülümsedim. Biraz yumuşak baktım. Zor durumdaydım. Zeynep Özal bana selam falan da vermeden, toplantımızı bozduğu için herhangi bir özür ihtiyacı duymadan ve, daha ilginci, bir yabancı olan ben, orada yokmuşçasına, son derece rahat 'Baba'sıyla konuşmaya başladı. Kendimi birden Özal ailesinin evinde, oturma odalarındaymışım gibi hissettim. Beni gerçekten yok sayarcasına rahattılar. Etkilendim.

Biraz imrendim bu rahatlıklarına. Aslında pek yadırgamadım. Çünkü yaklaşık üç yıl önce de bir sabah Özal'ı ziyarete gitmiştim. O zaman da kendisi eşofmanla, eşi de sabahlıkla kahvaltı masasındaydı. Ve odanın içinde kravatı ve koyu renk giysileriyle belediye başkanından tutun resmi, gayri resmi pek çok kişi vardı. Ve hepsinin ortasında onlar kahvaltılarını sürdürüyorlardı.

Kısacası bizim konumuz iyice dağıldı ve önemini kaybetti. O anda kafamın arkasındaki 'uçak saati' endişesi yeniden gündeme geldi. Bu kez o endişeyi savmak için çaba göstermemeye niyetlendim. Çünkü artık, galiba uçağı yakalamak daha önemli bir konuma gelmiş olmalıydı. Yaramaz torun, "Dede"sinin kucağından atladı. O önden, annesi peşinden, geldikleri gibi gürültüyle, toplantı odasından ayrıldılar.

Tekrar konuya döndük. Özal konunun şimdilik gizli kalmasını rica etti ve kardeşi, o zamanın Devlet Bakanı Yusuf Özal'ı kastederek,

"Onunla da görüşmem gerekir. Davos'ta onu görürsen bir şey söyleme, daha konuyu bilmiyor," diyerek beni uğurladı.

Kapıdan çıkarken arkamdan "Senin devlette çalışmışlık süren ne kadar," diye de bir soru yöneltti.

"İki yıl askerlik dışında yok." dedim.

"Bak işte bu problem olabilir, biz seni yine ararız," deyip beni gönderdi.

Uçağa yetiştim. Gece Zürih'te kaldım. Sabah erkenden Davos'a çıkıp, biraz karışan kafamı değişik yönlerden rahatlatmaya çalışacaktım.

Kafam karışmıştı, çünkü ilk olarak devlet görevi yapacaktım. Bu derece üst bir makama getirilecek olmamdan hem gururlanmıştım, hem de düşünceliydim. İyi bir işim vardı. Ayrılacaktım. Evim, ailem, kurulu düzenim altüst olacaktı. Ben bankacıydım. Hazineden, müsteşarlıktan ne anlardım? Gerçi bankacı olduğum zamanların ilk başında da bankacılıktan anlamıyordum, hatta bu endişemi dile bile getirmiştim... Nasıl yapacaktım? Bir sürü bürokrasi ve kurallar içinde, belki de politikanın göbeğinde ezilecek miydim? Bir yıl önce Davos'ta yardım aradığım müsteşarın yerine şimdi, bir yıl sonra ben mi geliyordum. Bu ne biçim tuhaf ve sürpriz dolu bir dünyaydı... Kısacası karışık düşüncelerle doluydum.

Zürih'te cumartesi sabahı giyinmiş, odamdan çıkmak üzereydim ki, telefon çaldı. İstanbul'dan arıyorlardı. Milliyet gazetesinde benim konumla ilgili ayrıntılı bir haber vardı. Ahmet Yücekök imzasıyla... Eski başbakan danışmanı, yeni muhalefet partisi baş danışmanı ve sosyal demokratların teorisyenlerinden, Profesör Ahmet Yücekök. İki gece önce kendisine konuşmalarımızın gizli kalmasını rica ettiğim ve yalnız Deniz'e söylemek için benden büyük bir incelikle izin isteyen Ahmet Yücekök, tüm sohbetimizi gazete haberi yapmıştı...

Yatağa oturdum. Gözlerimi kapadım... dalmışım... Bu insan bunu niçin yapmıştı? Bulutlar arasında görmeye çalışıyordum... İşe yeni başlayan bir gazete muhabirinin bile belki yapmayacağı bu güven sarsıcı tavrın temelinde ne olabilirdi? Sisler arasında dolanıyordum... Cevap bulamadım. Kendisini arayıp sormayı düşledim... Birden kafamda bazı olasılıklar aydınlandı: İki nedeni olabilirdi. Birincisi, Deniz'e o gece haberi telefonla iletmek istemiş, ulaşamamış. Nerede olduğu bilinmiyormuş. Düşünmüş. Bu haberi Deniz'e sabah mutlaka ulaştıracak bir yol bulmuş. Deniz her sabah ilk iş Milliyet okuduğu için bu haberi gazete yoluyla iletmenin en seri yol olacağına karar vermiş ve gazeteye yazmış, olabilirdi. İkinci nedeni ise daha da güzel: Deniz iyi bir sosyal demokrat olarak geniş halk kesimlerini temsil ediyormuş. O nedenle "Deniz" demek "halk" demekmiş. Bundan dolayıdır ki Deniz'e söylenecek her söz halka söylenmekle eşdeğer, halka verilecek her bilgi, Deniz'e verilenle eşdeğer olurmuş! Ahmet bana "Deniz'e söyleyebilir miyim?" dediği zaman meğer tüm halkımızı kastedermiş! Bu değerli bilimsel açıklamalardan dolayı Profesör Ahmet Yücekök'e saygılarımı ilettim... ve o anda uyandım. Düşünürken daldığımda ancak bunları kurabilmiştim! Cumartesi sabah bu telefonu aldıktan sonra, uzun süre düşündüm. Davos'ta Yusuf Özal ve Hazine'den pek çok kişi bir yana, bir dolu da gazeteci olmalı. Başbakan "Konuşma!" demiş, ertesi gün gazetede uzun uzun çıkmış.

"Bu ne rezalettir, demez mi adam," diye bir sonraki gece uykumun arasında da sayıklarken, Sedef yatakta doğruldu ve "Demez," dedi. "Başbakan gazetecileri senden daha iyi tanıyor. Yazdıklarının bir kısmının da uydurma olduğuna kanaat getirmiştir. Sana bu kadar güvenmişken böyle bir haberden dolayı vazgeçmez," diye de ekledi.

Yine de Davos'a çıkmayı gözüm yemedi. Orada karşılaşacağım kişilere hangi yüzle bakacaktım. Mümkün değil. Ve ben ikinci Davos seferinden, belki kendi boşboğazlığımdan, belki de iyi bir sosyal demokrat, teorisyen Profesör Ahmet Yücekök'ü yanlış değerlendirmemden ötürü, Davos'a çıkmadan, dönmek zorunda kaldım.. Dinlemeyi arzu ettiğim o iddialı seminerleri bu yıl da dinleyememiştim. Tepedeki otele telefon ettim, randevularımı iptal ettim. Yusuf Bey ve öteki Hazine yetkililerine, gazetecilere görünmeden bir an önce İstanbul'a dönmeye karar verdim.

Bir sonraki yıl Davos'u yeniden deneyecektim. Oraya gidecektim ve huzur içinde tüm toplantılara katılacaktım. Evrensel değeri olan bilimsel bildirileri falan sakin sakin dinleyecektim!

Havaalanına geldim. Pasaport kontrolünden geçerken dört beş metre önümde Türkçe konuşanlar dikkatimi çekti. Kim dersiniz? Yusuf Özal ve Hazine yetkilileri! Onlar

da Davos'tan erken dönmeye karar vermiş olmalılardı.
Kendimi hızla sağ taraftaki ilk dükkâna atıverdim. Çok hoş kokular içinde çevreme baktığımda büyük bir parfümeri dükkânındaydım. Başladım parfümlerle ilgilenmeye. Hoş, genç hanımlar yanıma gelip binlerce koku arasından benim hangisini daha çok beğenebileceğimi bulmaya çalıştılar. Bir yandan şişelerden ellerime püskürtülen parfüm çeşitlerini koklarken, diğer yandan gözüm dışarıdaydı. Kendimi dükkânın dış cephesinden gizleyebilmek için elime koluma parfüm sıkan genç kızı sürekli dükkânın dış cephesiyle kendi aramda tutup beni perdelemesini sağlamak istiyordum. Bu yüzden de kız bir şişeden başka şişeye geçerken her hareket ettiğinde ben de onunla birlikte ve ona son derece uyumla yürüyordum. Dükkânın içindekilerin bir kısmı bunu bir hoşluk olarak değerlendirerek gülüyorlar, ötekiler ise benim kim bilir ne biçim bir manyak olduğumu endişeyle algılamaya çalışıyorlardı.

Artık benim ve kızların ellerinde, kollarında parfüm sıkacak yer neredeyse kalmamış, kokular iyice bir diğerine karışmıştı ki, ben bir- iki kutu parfüm, tıraş losyonu falan satın aldım. Yaşamımda bir parfümeri mağazasında geçirdiğim en uzun süre bu dükkânda oldu. Ve itiraf etmeliyim ki memnun kaldım. Bizimkilerin uzaklaştığına kanaat getirince ben de çıktım.

Ertesi gün aldığım armağanları sekreterlerime verirken Pınar yavaş bir sesle,

"Bunca sıkıntı ve koşuşturma arasında bunlara nasıl zaman ayırabiliyorsunuz, çok şaşırıyorum," derken, ben hafifçe gülümseyip geçtim.

Bir hafta sonra gelişen olaylar gösterdi ki benim kamudaki deneyimimin yetersizliği, müsteşarlığa doğrudan atanmamı engelliyor. Bunun için Kanun Hükmünde Kararname çıkması gerekirmiş. Oysa iki ay sonra yerel seçimler olduğundan, Başbakan'ın çevresi ve Başbakan bunu göze alamazmış. Belki seçimden sonra, dediler. Ben de seçim sonrasını beklemenin doğru olmadığını, çünkü bankanın içinde belirsizlikten kaynaklanan önemli bir huzursuzluk başladığını, bu nedenle dedikoduları önleyici kesin bir tavır almam gerektiğini belirttim. Bir başka yoruma göre ise Başbakan konunun gazetelerde beklediğinden daha "erken" çıkmasına kızmış ve bana teklifinden vazgeçmiş. Bir üçüncü yorum ise bazı rakip bankalardaki "meslektaşlarım" benim Hazine'ye gelmemden endişelenmişler ve içlerinden Başbakan'a yakın olan bir tanesi baskı yaparak engellemeye çalışmış. Nedeni tam açıklığa kavuşmadı ama ben bankadakilere:

"Bugünkü koşullarda böyle bir göreve gitmem mümkün olmayacak. Görevime devam ediyorum," diye kesin haberi verdim.

Müsteşarlık olayı kısa sürede parladığı gibi sönecek sandım. Oysa gerek yurtiçinde gerekse yurtdışında bu olayın önemli yansımaları olmuştu. Biz de banka olarak bunu kullanabildiğimiz kadar kullandık. Müsteşarlık olmadı ama, benim böyle bir göreve düşünülmemin yankıları çok geniş oldu. Sonuçta banka da, ben de bu işten memnun kaldık. Bu memnuniyetimize Ahmet Yücekök'ün katkısı büyüktü, doğrusu!

AMERİKALILAR ... SOVYETLER ...

> *Yaşamda her şey karşılıklı!*
> *Değer ve dengeyle oluşur*
> *Yardımı beleş alırım sanma*
> *Faturası bir gün mutlak seni bulur*

İngilizcede "Intelligence" hem akıl hem de istihbarat demektir. Bu iki anlam arasındaki bağlantıyı hep merak etmişimdir. Acaba akıllı olmak için mutlaka bilgi sahibi olmak, ya da güçlü bir istihbarata sahip olmak şart mıdır? Yoksa Amerikalılar mı bunu böyle görmektedirler? Ya da bilgi sahibi olmak veya istihbarat kanallarına erişebilmek için akıllı olmak mı gerekir? Kısacası, bu iki kelimenin özellikle Amerikan toplumunda mutlaka birbiriyle bir bağlantısı olmalı ki, kelimeler bir diğerine bu kadar benzesin!

Bankalarda üst yönetim sorumluluğu taşıdığım sürece yabancılar, özellikle ABD konsolosluğundan çeşitli düzeyde yetkili kişi, değişik vesilelerle sık sık, özellikle ekonomi olmak üzere pek çok konuda fikrimi sormak, durum değerlendirmesi yapmak için ziyaretime gelmişlerdir. Bu ziyaretlerde doğan dostluk, arkadaşlık bazılarıyla devam etmiş, bazılarıyla da görev değişikliği veya tayinleriyle birlikte sona ermiştir.

1987 yılında Türkiye ile Sovyetler Birliği arasında doğal gaz boru hattı döşenmesi sonucu, Türkiye'nin enerji ihtiyacının bir kısmının bu yolla karşılanmasına karar verilmişti. Türkiye Sovyetler'den alacağı doğal gazın bedelini de Sovyetler Birliği'ne yapacağı ihracatla ödeyecekti. Bu anlaşma iki ülke arasındaki ticaret hacmini kısa sürede dört beş katına çıkarmaya yetecekti. Ayrıca Sovyetler Birliği'ne yeni Başkan seçilen Gorbaçov'un başlattığı dışa açılma, şeffaflık ve yeniden yapılanma düşünce ve uygulamaları da, Türkiye ile Sovyetler arasındaki ekonomik işbirliğini daha da ileri götürebilirdi. Gorbaçov o sıralarda o kadar gözdeydi ki, bir ara ABD'ye gitmiş ve ayrıldıktan sonra ABD'de yapılan kamuoyu yoklamalarında Gorbaçov'un ABD Başkanı'ndan bile daha popüler olduğu ortaya çıkmıştı.

Türkiye-SSCB arasında ticaretin gelişmesi bankacılık faaliyetinin de artması anlamında olacağından, bu ilişkilerin gelişmesinden bankalara da doğal olarak epey iş potansiyeli açılacaktı. Hızla seferber olduk ve bankamızın Moskova'da bir temsilcilik açması için çalışmalara başladık. Resmen başvurduk. İzin alabilmek için Sovyet makamları nezdinde her türlü girişimi yaptık. Amacımız, bir yerde, bizden iki yıl önce böyle bir başvuru yapan Yapı Kredi Bankası'ndan önce orada büromuzu açabilmekti.

Bu çalışmalarımızı büyük bir titizlik ve özenle sürdürürken bir gün ABD İstanbul konsolosundan bir telefon geldi. Konsolos her zaman olduğu gibi ekonomiyle ilgili gelişmeler hakkında düşünce ve yorumlarımı sordu. Ancak bu kez özellikle bir randevu talep etmiyordu ve bilgileri telefonda rica etmekteydi. Çünkü acele olarak gönderilmesi gereken bir raporu bitirmek üzereydi ve göndermeden benimle konuşması gerekiyordu. Genelde "gazete manşeti" benzeri birkaç klasik cümle söyledikten sonra anladım ki, asıl niyeti bunları dinlemek değil. Ben de dinlenmek istemediğim bir konuda nefesimi daha fazla harcamadan konuyu toparladım. Teşekkür etti ve sonra birden bizim bankamızın Moskova'da temsilcilik açacağı yolundaki haberlerin doğru olup olmadığını merak ettiğini söyledi. Doğrulayınca, amacımızın ne olduğunu, Türkiye'nin bu ilişkiden neler beklediğini vb. pek çok soruyu da peş peşe gündeme getirdi. Anlayabildiğim kadar Amerikalılara doğduklarından beri işlenen "Rus düşmanlığı" çerçevesinde, Türkiye'nin Sovyetler'le girmek üzere olduğu böyle bir ilişki Washington'daki ABD yönetimini bilemem ama, İstanbul'daki konsolosu biraz meraklandırmıştı.

Amerikan konsolosunun tedirginliği ve endişeleri bana 1962 yılında ABD'de lise son sınıfta okurken başımdan geçen bir olayı anımsatmıştı. Bir gün okul koridorundaki çelik dolabımı açıp içinden bir sonraki dersin kitaplarını alırken yere renkli bir kâğıt düştüğünü gördüm. Eğilip aldığımda bunun kâğıttan bir SSCB bayrağı olduğunu anladım. Birisi benim dolabımdan içeri bu bayrağı atmış olmalıydı. Nedense... Okulda bir yıl için burslu öğrenciydim. Kendimce Türkiye'yi de temsil ettiğimi düşünüyordum. O nedenle bir yanlışlık yapmamalıydım. Bayrağı eve getirdim ve yanında kaldığım ailenin babasına durumu anlatıp teslim ettim. Üç gün sonra Amerikan Federal Soruşturma Bürosu'ndan (FBI) iki kişi eve geldi ve benimle konuştular. Olayı ayrıntılarıyla anlatmamı istediler. Amerikalılar Sovyetler'den gerçekten çok çekindikleri için bu onlar için oldukça önemli bir olay olmuştu. Üzerinden yirmi beş yıl geçtikten sonra ABD İstanbul Konsolosu'nun davranışıyla geçen süre içinde Amerikalı vatandaşlarda bu konuda değişen pek bir şey olmadığını bu vesileyle anladım.

Sonunda yedi ay gibi kısa bir süre içinde Garanti Bankası Moskova Ofisi için resmen kuruluş iznimizi aldık, ofisin açılışını yaptık ve bunu da gazeteler kanalıyla kamuya ve iş çevrelerine duyurduk. Tuhaftır ki en az iki-üç ayda bir beni arayan ABD konsolosluk yetkilileri o günden sonra artık beni aramaktan da vazgeçtiler. Kim bilir, Rusya'da temsilcilik açan bir bankanın genel müdürü olduğum için belki artık benim de komünist olduğuma karar vermişlerdir, diye düşündüm.

Moskova'da ofisimizi bir an önce açabilmek için SSCB'de başvurduğumuz kişilerin sayısı o kadar fazlaydı ki, bu kişilerin bazılarıyla dostluklar da oluştu. Moskova ofisimizin resmi iznini alabilmek için zaman zaman konuştuğumuz, yemeklerde falan birlikte olduğumuz bazı Rus yetkililere bizim de kendilerine yapabileceğimiz bir yardım olursa yapmaya hazır olduğumuzu belirtmekteydik. Her konuya "hemen çözüm bulabileceğimiz" şeklinde dostça ve biraz da şaka yollu söyleşilerimiz oluyordu. Nasıl olsa bizden kim ne isteyebilir ki, diye düşünüyorduk!

Türkiye ile SSCB arasında gelişen bu alışveriş karşısında Sovyetler de Dış Ticaret Bankası'nın İstanbul'da bir temsilciliğini açmak istediler. İzin alındı. Ancak bir ara öğrendik ki Sovyetler'in İstanbul'a atamak istedikleri temsilci için bir türlü vize alınamıyor. Bir gün Sovyet Dış Ticaret Bankası yönetim kurulu başkan yardımcısından bir teleks geldi. Teleks bana hitaben yazılmıştı. Kısaca şöyle diyordu. "İstanbul'a atadığımız temsilcimize hâlâ vize verilmedi, en kısa sürede halledin!" Şaşırmıştım.

Gülmeye başladım. Adam bizi ne sanmıştı? Biz bankacıydık. En azından kendimizi öyle sanıyorduk. Oysa adam bizden ne istiyordu. Doğrusu sinirlenmiştim de. Aramızda bir-iki konuştuk. İçimizden biri

"Benim Ankara'da bir tanıdığım var, en azından niçin verilmiyor, belki öğrenebilirim," dedi.

Konuyu sonradan pek izlemedim. Ankara'da tanıdığı olan arkadaşım ertesi gün bana gelip "Efendim benim tanıdığım kişi vize dairesi şefliğine tayin olmuş, sordum. Sovyetler tarafından atanan banka temsilcisi Türkçe bildiği için takılmışlar. Tanıdığımızı söyledim. Halloldu. Vize verildi," diye özetleyiverdi... Doğrusu bu ya, sorunu "çözmüştük".

Sovyet Dış Ticaret Bankası yönetim kurulu başkan yardımcısı bize güvenmekte haklı çıkmıştı!

ULUSLARARASI BANKACILAR KULÜBÜ

Kişi bildiğimiz gibi hep:
İngilizi, Japonuyla
Dünyanın her yanında
Yediyi, yetmişi bilmem ama
Yirmisinde de, ellisinde de eğlenceden yana

Londra'da kurulu uluslararası Bankacılar Kulübü'nün yıllardan beri şubat ayı başlarında büyük bir toplantısı olur. Toplantı nedeniyle dünyanın pek çok ülkesinden bu kulübe üye olan üst düzey bankacılar Londra'ya gelir. Londra'da geçirilen iki günlük sürede hem İngiliz bankalarıyla temas olanağı bulunur, hem de çeşitli ülkelerin bankacıları birbirleriyle görüşürler. Aslında her yıl sonbaharda Washington'da yapılan IMF-Dünya Bankası toplantılarının daha "resmi-olmayan" bir şekli gibidir. Ancak aralarında belirgin farklar vardır. Londra'daki toplantı boyunca etrafta hiçbir hükümet temsilcisi, Merkez Bankası Başkanı veya Hazine yetkilisi görülmez. Dünya Bankası toplantılarına, IMF denetimine ve Dünya Bankası'na en fazla borçlu oldukları için, ağırlıklı olarak kalabalık heyetlerle gelen pek çok Afrikalı delege de Londra'daki Bankacılar Kulübü toplantıları sırasında göze çarpmaz. Washington toplantılarında ülkelerin katıldıkları heyetlerin büyüklüğü, ülkenin dış dünyaya borç toplamı ile veya dış dünyadan alacak toplamı ile doğru orantılıdır. Herhangi bir yabancı dil bilmemekle birlikte, belki de bir ödül olarak dış geziyle görevlendirilerek, IMF toplantılarına gönderilen ve birbirlerinden başka hiçbir yabancıyla ilişki kurmaya özen göstermeyen bazı Türk bankalarının mensupları da Londra'da yoktur. Amacı bankacılarla ilişki kurmaktan çok Hazine ve Merkez Bankası ileri gelenleriyle sohbet olduğu için IMF toplantılarına katılmayı yeğleyen kişileri de Londra toplantısında bulamazsınız. Kısacası, Londra'daki Bankacılar Kulübü toplantısı yalnızca bankacı kimliği ile gelen ve gereğini de sonuna kadar bu kimlikle sürdürmeye niyetli kişilerin katıldığı türden bir toplantıdır.

Uluslararası Bankacılar Kulübü 1948 yılında 74 bankayı temsil eden 261 kurucu üye tarafından kurulmuş. Halen 600 dolayında bankayı temsil eden 2000'i aşkın üyenin yaklaşık 550'si İngiltere dışında çeşitli ülkelerde çalışmakta.

Kulübün yıllık toplantısı sırasında pek çok yabancı bankacıyla kurulan veya tazelenen ilişkilerde yeni iş olanakları sağlamak da mümkün oluyor. Pek çok İngiliz bankası bu kısa sürede peş peşe yemekler, resepsiyonlar, kokteyl davetleri, bira partileri vb. düzenlediği için, bankacılar siyah, gri takımları veya smokin giysileriyle Londra sokaklarında, her bir davete katılmak, hiçbirini kaçırmamak çabasıyla koşuşturup dururlar. Zaten bir "bankacılar şehri" olan Londra bu iki günlük süre içinde bankacı şehri olma özelliğini daha da çok vurgular.

Kulübün yıllık toplantısının en önemli olayı ise yemekli büyük resepsiyondur. Sekiz yüz yıllık Londra şehrinin en önemli binalarından biri olan Guildhall'da yaklaşık sekiz yüz kişinin katıldığı bu toplantıya, protokolde İngiliz Kraliçesi'nden hemen sonra gelen Londra Belediye Başkanı, İngiliz Merkez Bankası Guvernörü vb. kişiler de katılır.

Londra Belediye Başkanı Londra'nın protokolde en yetkilisiymiş. Söylenti odur ki: 800 yıl önce Londra şehri kurulurken, İngiltere kralı ve saray muhafızları zaman zaman Londra şehrine "ziyarete" gelirler ve esnafın, halkın onayı olmadan bir sürü şeyi alıp (çalıp!) götürürlermiş. Esnaf sonunda bu haydutluğa isyan etmiş!

"Kralımız bizi soyuyor, bunu engelleyelim!" (Hayret, eskiden ne tuhaf Krallar varmış!)

Kararı almışlar. Londra şehrine, esnafın oylarıyla seçtikleri Belediye Başkanı'na çıkıp dertlerini anlatmışlar. Belediye Başkanı zamanın kralı ile anlaşma imzalamış. Kral o günden bugüne Londra Belediye Başkanı'nın izni olmadan Londra şehrine girememiş. Yıllar boyunca bu izin törensel ve simgesel niteliğini de korumuş. Bugün bile Kraliçe Londra Belediye Başkanı'nın resmi izni olmadan Londra içine "resmi" kimliği ile ziyarete gelemezmiş. Önceden Belediye Başkanı'na haber verilir, Başkan tören giysileriyle Londra Kapısı'nda Kraliçe'yi karşılar, Londra yönetimini simgeleyen kılıcını tepsi içinde Kraliçe'ye sunarmış. Kraliçe de bu resmi izni almasıyla şehre girermiş. Belediye Başkanı halen çeşitli meslek gruplarını temsil eden on-on beş bin kişinin oylarıyla seçilir ve protokolde de Kraliçe'nin hemen ardından gelirmiş.

Bankacılar Kulübü'nün bu büyük yemeğine herkes mutlaka siyah smokin ve siyah papyonla katılmak zorundadır. (Kadınlar ne giyer diye merak edilmesin, çünkü bu kulübe kadınlar üye olamaz. İngilizler tabii ki Müslüman değil ama bazı erkeksi toplumların ve erkeksi mesleklerin törelerinde böyle "maçoluklar" olabiliyor demek). Londra Belediye Başkanı, kulübün başkanı ve yaklaşık otuz kişilik öteki protokol mensubu tarihi tören giysileri içinde, yine tören giysili kılavuzlar rehberliğinde ve hazır bulunan sekiz yüz davetlinin adım atışlarına tempolu alkışlarıyla salonu bir baştan öteki başa yürüyerek geçerler ve protokol masasında yerlerini alırlar.

Toplantıyla ilgili düzenleme aylar önce yapıldığından, yemeğe kimin katılacağının yanı sıra, kimin hangi masada ve hangi iskemlede oturacağı bile önceden belirlenmiş, broşürlere basılmıştır. Kısacası amacını tam anlamıyla değerlendiremeyeceğiniz bir anlamsız protokol ve ciddiyet içinde yapılan bir sürü hazırlık...

Yemek öncesi kokteyl çok uzun sürmez. Büyük yemek salonunda herkes çok önceden belirlenen yerini alır. On beş dakika sonra yine çağdışı törensel bir duyuruyla yukarıda anlatılan şekilde protokol de kendi masasına yerleşir.

Bu önemli sayılan yemeğe ilk olarak katılan bankacılara yapılan geleneksel bir açıklama yemek öncesi özel sohbetlerde yerini alır.

"Yemekte muhtemelen kimsenin dinlemediği konuşmaları dinlemek, muhtemelen istemediğin bir kişiyle yan yana oturmak, muhtemelen sevmeyeceğin bir yemeği yemek zorunda kalacaksın ama hoş zaman geçirecek ve muhtemelen bu geceyi uzun yıllar unutamayacaksın."

Yemek servisi sekiz yüz kişiye birden aynı anda başlar. Servis yaklaşık yetmiş garson tarafından yapılarak herkesin aynı anda yemeye başlaması sağlanır. Boşalan tabaklar aynı anda kaldırılır, ikinci servis aynı anda başlar. Yemek sonunda yine törensel anonslarla geleneksel konuşmaların başlayacağı açıklandığı anda tüm masalarda da bir hareket başlar. Bir boş çanak, bir boş kâğıt elden ele dolaşır. Herkes kağıda ismini ve karşısına tüm konuşmaların kaç dakika süreceğine dair kendi tahminini yazar, çanağın içine bir sterlin atar. Çanak tüm masada oturanlar arasında dolaşır, herkes tahminini yazar. Konuşmaların kaç dakikada sonuçlandığını doğru bilen paraları alır. Dolayısıyla herkes konuşmaları dinleyeceği yerde, kendi tahmininin sonucunu izlemekle uğraşır. Konuşmacılar ise, kuşkunuz olmasın, herkesin o an neyle uğraştığının ve konuşulanları dinlemediğinin kesinlikle bilincinde olmalarına rağmen, konuşmalarını ciddiyetle sürdürürler.

Londra'da yılda bir yapılan bu törensel yemekte

olanları değerlendirebilmek için sanırım İngilizleri biraz yakından tanımak gerekir. Bu denli ciddi bir olayda bu yönde bir hafifliği yaratmak ve kendileriyle alay edebilmek de ancak İngiliz bankacılara özgü bir olay olsa gerek.

Bankacılar Kulübü'nün bu geleneksel yemeğine ilk katıldığımda nedense etkilenmiştim. Ancak konuşmalarla ilgili "müşterek bahis" çanağı ortada dolaşmaya başlayınca birden 1965 yılında üniversitedeki muhasebe hocam Prof. Arman Manukyan'ın derslerini hatırladım. Manukyan Hocamız dersi İngilizce verir ve anlatırken sık sık "whereby" bağlacını kullanırdı. Biz de ders başlamadan hocanın o günkü ders anlatımında, kırk beş dakika içinde kaç kez "whereby" diyeceği üzerine "müşterek bahis" düzenler ve herkesten yirmi beşer kuruş toplardık. Bu işi organize etmeyi, çanak içine yirmi beş kuruşları toplamayı, hocanın "whereby" bağlacını kaç kere kullandığını saymayı en çok ben severdim.

Okul yıllarımda yaptıklarımız, yıllar sonra geriye baktığımda, bana zaman zaman çok "çocukça" gelmişti. Ta ki Londra'da smokinler içinde dünyanın pek çok ileri gelen bankacısıyla birlikte kendimin neler yaptığını görene kadar!

BİR MÜŞTERİ

Kişi belki tacir, bankacı, çiftçi, ya da sanayici olabilir
Ve bunca telaş arasında ana amacı unutabilir
Amacın unutulmadığına, arada sırada rastlayınca
Çok utanır, az sıkılır ve gerçekten sevinir

Bankacılık yaşamımda pek çok kişiyle tanışma olanağını buldum. Bir süre sonra iş ilişkilerinin dışında, projeler kadar insanları da değerlendirmeye, kendim dahil pek çoğumuzun yaptığı işleri niçin ve hangi amaçlara yönelik yapmaya çalıştığımızı sorgulamaya başladım. Bu sorularıma bugüne kadar bulduğum anlamlı cevaplardan birini burada sizlerle paylaşmaya çalışacağım.

Sanırım 1950'li yılların başlarında, İzmirli varlıklı bir ailenin çocuğu olan Alpaslan öğreniminin son yıllarını İstanbul'da Robert Kolej'de tamamlamaktaydı. Alpaslan'ın dedesi İzmir'de kuru üzüm işini yıllar önce başlatmış, daha o zamanlardan ihracata yönelmiş, ileriyi gören başarılı ve saygın bir işadamıydı. Geçen yıllardan sonra Alpaslan'ın babası dededen gelen işi devralmış, o da hem mevcudu büyütmüş, hem de yanına kuru incir işini eklemişti. Baba, aile işini iyi götürüyor ve kendinden sonra işi devralması beklenen, ailenin tek erkek çocuğu Alpaslan'ı iyi bir eğitimle bu işe hazırlıyordu. Robert Kolej'de sağlanacak yabancı dil bilgisi gelecek yıllarda dış piyasalarla iş yapmanın ön şartlarından biri olarak değerlendiriliyordu.

Babası Alpaslan'ın çok iyi yetişmesini istiyor ve kendisine her olanağı sağlıyordu. Hiçbir fedakârlıktan kaçınmıyor; oğlunun aileden uzak İstanbul'da yatılı okulda ihtiyaçlarını karşılamakta herhangi bir sıkıntısı olmaması için her ay elli lira harçlık gönderiyordu.

Alpaslan yetenekli bir gençti. Robert Kolej'deki eğitiminin yanı sıra konservatuvara da gidiyor ve müzik dersleri alıyordu. Özellikle trompet çalmaya meraklıydı. Okulda müzik seven diğer birkaç arkadaşıyla birlikte küçük bir grup kurmuşlardı. Alpaslan bu grupta trompet çalıyordu.

Bir yandan okul diğer yandan müzik faaliyetleri derken mezuniyet yılı gelir. Gençler o yıl okulun bir çay davetini şehirde bir lokalde yapmayı tasarlarlar. Kızlı erkekli bu davette çeşitli sürprizler arasında, Alpaslan ve arkadaşları da müzikten sorumlu olur ve çeşitli parçalar çalarlar.

Çay çok başarılı geçer, bitiminde müzik aletlerini toplayan gençlerin yanına lokalin sahibi yaklaşır. Gençlerin müziğini ve heyecanını çok beğenmiştir. Teklifte bulunur: "Haftada iki gece, ikişer saat burada çalın, her gece için adam başı ellişer lira vereceğim," der.

Teklif cazip, para ise olağanüstüdür. Gençler hemen kabul ederler. Ailelerinden gizli epey para kazanırlar. Alpaslan varlıklı babasından bir ayda aldığı o "muazzam" harçlığın kaç mislini artık haftada dört saat çalışarak kazanabilmektedir. Bu "işin" iyi olduğuna karar verirler, mezuniyete kadar sürdürürler.

Mezuniyetin hemen ardından Kore savaşı ve gençlerin askerlik zorunlulukları, Alpaslan'ın ve babasının, biri diğerinden habersiz farklı planlarının gerçekleşmesini engeller.

Alpaslan orduya katılır ve Kore'ye savaşmaya gider. Trompetini yanına almayı unutmaz. Müzik en büyük tutkusu olmuştur. Kore'de değişik ülkelerden savaşmaya gelen askerlerle tanışır. Amerikalılardan birkaç tanesi de müziğe tutkundur. Kısa zamanda değişik ülkelerden oluşan bir grubu oracıkta kuruverirler. Bir yandan savaş, bir yandan müzikle geçer Kore günleri. Giderek ünleri artar ve bir karar verirler: Bu işi savaştan sonra da sürdüreceklerdir. İçlerinden biri Güney Amerika'ya gidip orada müzikle para kazanmanın çok kolay olabileceğini öne sürer. Brezilya'da, Rio'da buluşmak üzere sözleşirler ve grup fertleri sırayla terhis olmaya başlar.

Alpaslan çok mutludur. Tek düşüncesi ve en büyük endişesi bu kararı babasına nasıl açacağıdır. Terhisine altı ay kalmıştır. Oturur ve düşünür. Planlar yapar. Senaryolar kurar. Babasına ne diyeceğini, karşılığında babasının vereceği cevapların veya soracağı soruların neler olabileceğini, tek tek yazar. Altı ay çalışır. Tüm ihtimalleri düşünür. Babasının karşı çıkmasına, annesinin gözyaşlarına vb. kesinlikle kızmayacaktır. Hep yumuşak yollardan onların onayını arayacaktır. Baktı olmuyor öteki senaryoyu veya bir başkasını öne sürecektir.

Terhis gelir. Kore'de geride kalan bir-iki arkadaşıyla bir kere daha randevu yerini kesinleştirir. Alpaslan kararlıdır. İzmir'e döner.

Ailesi onu büyük bir sevinç ve özlemle karşılar. Ertesi sabah babasının yazıhanesine gider. Tam planladığı saatte odadan içeri girer. Ve Alpaslan babasına dönerek yılların birikimini ve son altı ayın planını ezberinden uygulamaya başlar. Babasına yakında Brezilya'ya gitmeyi düşündüğünü, orada neler yapacağını, kurdukları orkestrayı vb. hepsini anlatır. Babası Alpaslan'ı ilgisiz görünümle ama dikkatle dinler ve hiç beklenmedik, hesapta ve senaryolarda olmayan bir cevap verir.

"Pekiyi," der."Ben pasaportunu ve biletini hazırlatayım." Ve Alpaslan'ın toparlanmasına fırsat vermeden devam eder: "Ancak bunlar hazır olana kadar 'kadınlar gibi' evde mi oturacaksın, yoksa bana yardım etmeyi düşünür müsün?"

Geçen yılların ardından, Alpaslan, babasının bu cevabını; "Hiç tahmin etmediğim ancak babamın psikoloji bilgisini bütün ustalığıyla ortaya koyan bir cevaptı," diye anımsar.

Alpaslan şaşkın fakat mutludur. Tabii ki hazırlıklar yapılana kadar, evde kadınlarla oturup dedikodu yapmayacaktır, birkaç hafta babasına yardım etmeyi düşündüğünü belirtir. Babası bir yandan bilet ve pasaportlarla ilgili talimatı verirken, diğer yandan tütün alımı için Alpaslan'ın Muğla'ya (belki Manisa'ya) gitmesini rica eder. Alpaslan gitmeden İzmir'in önde gelen bankacıları ve tütüncüleriyle tanıştırılır. Birlikte yemek yerler ve ertesi gün uğurlanır. Alpaslan Muğla'da (belki Manisa'da) saygın işadamları tarafından karşılanır, itibar görür. İstenen kalitede tütünü toplamak, pazarlıklarını yapmak üç dört hafta sürer. Alpaslan bu süre boyunca babası ve ailesinin ne derece saygın olduğunu kendisine gösterilen ilgiden anlar. Önemli alışverişler yapar, kendince pazarlık eder, siparişleri toparlar, paraları öder. Alışveriş bitmiştir ve Alpaslan kendine verilen işi başarıyla tamamlamış olmanın gururunu duyar. Alpaslan yıllar sonra bu ilk ticari deneyimini "Babam herhalde o yıl benim sayemde tütün alımından en az altı aylık kazancını kaybetmiştir," diye anımsamaktadır.

Verilen siparişi yerine getirmek, babasının ismine gösterilen saygı, iş hayatının özellikleri, bu üç dört haftalık dönemde Alpaslan'ı etkilemiştir. Geriye geldiğinde pasaportu ve bileti masasının üzerindedir. Ancak Alpaslan fikrini değiştirmiş, babasıyla kalmaya karar vermiştir.

Hızla geçen birkaç yıldan sonra Alpaslan bütün işlere hâkim olur. Bilgili ve beceriklidir. Alpaslan'ın babası bir gün tamamen işten ayrılır ve her şeyin yönetimini "Bundan sonra senin 'yanlış' kararlarından ben sorumlu olamam, o nedenle kefalet imzamı da çekiyorum," diyerek Alpaslan'a bırakır.

Alpaslan aileden gelen üzüm, incir işine patates ve besiciliği ekler. O zamanlar Türkiye'ye yeni gelen McDonald's patateslerinin tohumları Amerika'dan gelmekte ve özel bir patates çeşidinin üretimi gerekmekteydi. Alpaslan patates tohumlarını getirir, yetiştirilmesini organize eder. Bir fabrika kurar ve bu patateslerin McDonald's standartlarına uygun soyulup temizlenmesi ve paketlenmesini üstlenir. Tonlarca patatesin kabuklarının yok edilmesi sorun olur. Oysa patates kabuğunda çok zengin besi maddeleri vardır. Yoncayla karıştırıldığında besi değeri yüksek hayvan yemi olur. Patatesin yıkandığı suyla sulanan yonca tarlalarında verim normale göre sekiz kat fazladır. Bu yüzden Alpaslan, patates fabrikasının hemen yanında büyük bir besi çiftliği kurar ve hayvan besiciliğine de başlar. Hollanda'dan yüzlerce damızlık, büyükbaş ithal eder.

    Alpaslan ailenin işine şimdi iki yeni unsur daha eklemiştir. Yüzlerce insana iş olanağı sağlar. İhracat rekortmeni olur, vergi rekortmeni olur. Kısacası iş yaşamında başarılı olur.

    Hikâyemizin buraya kadarki kısmı sıkça rastlanabilecek, bir müteşebbisin doğuşu ve başarısını konu alan sıradan bir olaylar dizisi olarak değerlendirilebilir.

    Alpaslan Beşikçioğlu'nun fabrikalarına yaptığım yıllık ziyaretlerden birinde Beşikçioğlu ısrarla bana yeni yatırımlarını göstermek istedi. Arabasına bindik ve İzmir'in dışındaki patates fabrikasına gittik. Sonra besi çiftliğini vb. Dönüşte bana İzmir-Aydın yolu üzerindeki dinlenme tesislerinde ve misafirhanesinde çay ikram etmek istediğini söyledi. Zaman uygundu o tarafa yöneldik. Eski bir 'station wagon' siyah Chevrolet marka arabayı kendi kullanıyor, arada sırada arabanın telefonuyla çeşitli yerlerle konuşuyordu.

    Tesislerin girişinde fideleri California'dan ve Fran-

sa'dan getirilmiş göz alabildiğine üzüm bağlarının içinden geçtik. Bir tabela dikkatimi çekti:
"İsraf etmeyin. Çünkü Allah müsrifleri sevmez." (Kuranıkerim / En'am)
Binlerce dönüm bu araziyi yeni aldığını ve burada değişik üzüm çeşitleri üretmeyi tasarladığını anlatırken, bir tabela daha dikkatimi çekti:
"Servet ve onun tabii neticesi olan refah yalnız ve ancak çalışkanların hakkıdır." (K. Atatürk)
Beşikçioğlu bu bağları Amerikalı ve Fransız uzmanların nezaretinde geliştirmekteydi. Çiftliğin girişinden yaklaşık iki yüz metre yol almıştık ki yol kenarında büyükçe bir tabela daha gördüm:
"İnsan zengin olmayabilir, ancak, zengin mutlaka insan olmalıdır." (Benazus)
Beşikçioğlu bir yandan bağların bakımını anlatıyordu. "Burada ilaçlama yapmamaya dikkat ediyoruz. Sineklere karşı Amerika'da özel bir biyolojik mücadele yöntemi geliştirilmiş, biz aynı yöntemi burada da uyguluyoruz," derken bir başka tabela:
"Kötülük yapmamak yetişmez. İyilik de yapacaksınız." (Konfüçyüs)
"Bu yöntemle şu gördüğünüz kutuların içine dişi sinek kokusu yayan bir madde yerleştiriliyor. Tüm sinekler bu kokuya gelip kutunun içine girince yakalanıyor. Bu şekilde..."
"Başarılı olduğunu düşünüyorsan, gayretini iki misline, dikkatini de üç misline çıkarmanın zamanıdır." (Fason)
Yaklaşık iki kilometre yol almıştık. Neredeyse her elli-yüz metrede bir tabela görüyordum. Bir yandan tabelalarda yazılanları okumaya, diğer yandan Beşikçioğlu'nun anlattıklarını yakalamaya çalışıyordum.
"Bir mevkiye gelince bazı haklarınızın doğduğunu de-

ğil, bazı görevlerinizin başladığını düşünün." (Benazus)
Kısa bir süre sonra bağlar bitti. Göz alabildiğine meyve ağaçları arasından gidiyorduk...
"Bunlar bir gün beylerdi
Kapıcılar korlardı
Gel şimdi gör bilmeyesin
Bey hangidir, ya kulları..." (Yunus Emre)
Hemen her çeşit meyve ağacı vardı. Bazıları olmuş, dalları eğilmişti. Yol kenarında birkaç küçük çocuk gördük, yüzleri gülümseyen...
"Vakit varken birbirinizi sevin." (Konfüçyüs)
"Yukarıda misafirhanede kalan işçi ailelerimizin çocukları.." diye açıkladı Beşikçioğlu.
"Biz dünyadan gider olduk
Kalanlara selam olsun
Bilmeyen ne bilsin bizi
Bilenlere selam olsun." (Yunus Emre)
Yaklaşık üç-dört dakika sürdü arabayla meyve ağaçlarından oluşan bu 'ormanın' içinden geçmemiz. Sonra yukarı, tepeye doğru tırmanmaya başladık, dar, hafif taşlı bir yoldan...
"Geçmişten çok geleceği düşünmeliyiz. Çünkü bundan sonra orada yaşayacağız." (Brown)
Geçtiğimiz pek çok tabeladan okuyabildiğim bu sonuncusundan sonra Beşikçioğlu'nun o anda anlattıklarını dinlemez olmuştum. Dayanamadım sordum. Açıkladı:
"Bu dinlenme tesislerinde bizde çalışan tüm işçilerin, aile ve çocuklarıyla her yıl on beş gün parasız tatil yapma hakkı vardır. Çocuklar bağlarda dolaşır, oynarken bir yandan eğitimlerine yardımcı olmak amacıyla bu tabelaları yazdırdım. Eğitim yalnız okulda olmaz, böylesinin de yararlı ve kalıcı olduğuna inanıyorum."
"Kadın, erkek inanmış olarak kim iyi iş işlerse, ona hoş

bir hayat yaşatacağız." (Kuranıkerim / Nahl Suresi)

Yukarıya doğru devam ettik. Tepede tüm bağları ve ovayı ayağımın altında hissettiğim bir noktaya geldiğimizde, etrafta tenis kortları, basketbol ve oyun alanları gördüm.

"Bu tesiste dinlenmeye gelenlerin yararlanması için yaptırdım. Bazı hocalarımız da var, çocuklara spor dersi verirler..."

Tepede büyük bir yüzme havuzu, yanında 20-30 odalı bir misafirhane. Her odasında televizyon, buzdolabı, sıcak su vb. var.

"Bize gelen yabancıları İzmir'de otelde barındırmak yerine burada ağırlarız. Öteki odalarda da çalışanlar aileleriyle tatillerini yaparlar. Bu tesisi bizde çalışan işçiler yaptı. Bu vadide kaldıkları sürece hiçbir şeye para ödemezler. Zaten arkada kümesimiz var, yumurtalar oradan... koyunlarımız var, etler bedava... süt de biraz ileriden, çiftliğimizden gelir... çevrede ekili meyve ağaçlarımız var... sebzeyi de kendileri yetiştirirler. Dışarıdan yalnız ekmek ve gazete gelir. O kadar.,"'

Sonradan öğrendiğime göre Beşikçioğlu İzmir'in bir başka yakasında da işçilerine oturmaları için iki ayrı blok üzerine bir sürü konut yaptırmış.

Birden, karşı bayırdan aşağıya hızla, yuvarlanırcasına inen, toprak üzerindeki engebeyi, taşları umursamadan kolayca aşabilen, üç tekerlekli, motosiklet benzeri bir araç geldi. Üzerinde çiftliğin 'kâhyası' tipli biri. O güne kadar böylesi bir motosiklet görmemiştim. Lastikleri kocaman, belki elli santim eninde.

"Bunu yurtdışında bir çiftlik fuarında gördüm. Japonlar akıl etmiş. Çiftlikte at yerine kullanılıyor. Bir atın tırmanacağı ve gidebileceği her türlü arazide ilerleyebilir. Hem daha hızlı, hem de bakımı ata göre daha kolay... Bunlardan dört-beş tane var. Bunlarla çiftlikte çok kısa sürede her köşeye ulaşabiliriz."

Çayımızı içtik, biraz sohbet ettik. Beşikçioğlu ortada koşuşan küçük, işçi çocuklarıyla şakalaştı. Birkaç ailenin hatırını sordu. Tekrar yola koyulduk.

Yolda faizlerin yüksekliğinden, kredi kullanmanın giderek zorlaştığından söz etti. Bir yandan dinliyor diğer yandan düşünüyordum. Tüm gördüklerim ve belki da daha görmediklerim beni etkilemişti.

"Küçük bir indirim yaparsanız sizden biraz kredi kullanabilirim..." Beşikçioğlu çok pazarlıkçıydı. Gerçekten hesabını çok iyi tutuyordu. Ancak onun istediği faizlerle kredi kullandırmam olanaksızdı. Birden aklıma bir fikir geldi ve kendisine açtım.

"O kadar güzel şeyler yapmışsınız ki, size küçük bir miktar krediyi istediğinizden de aşağı faizle vereceğim. Bu miktar kredi sizin işinize yarayacak kadar fazla değil ama en azından bir başka bankaya bizden bu faizle kredi kullandığınızı söyleyip belki onlardan kullandığınız kredinin faizini ucuzlatabilirsiniz," dedim. Her zamanki nezaketiyle teşekkür etti.

Bir hafta sonra Beşikçioğlu'nun kredilerine baktım. Yolda sözünü ettiğimiz o küçük miktar, ucuz faizli kredi kullanılmıştı. Umarım işine yaramıştır.

Yıllar sonra Alpaslan Beşikçioğlu'nun işleri bozuldu. Üst üste üç dört yıl İzmir "vergi rekortmeni" olan, "ihracat kralı" olan Beşikçioğlu sıkıntıya düşmüştü. Aynı dönemde kızı da Cumhurbaşkanı Turgut Özal'ın küçük oğlu ile evlendi. Sanırım biraz da bu dünürlük ilişkisi dolayısıyla olsa gerek, basın Beşikçioğlu'na o dönemde, kanımca, haksız davrandı.

BÜROKRASİYLE BAŞ BAŞA KALINCA...

At çiftesiyle eşek tepmesi
Zorlukla dolar devlet kesesi
Arada ezilen mutlak sen olursun
İnatlaşırsa patronunla bürokrasi

Zamanın hızlı, atak ve başarılı Hazine Dış Ticaret Müsteşarı bir ara bürokrasiden ayrıldı. Daha sonra milletvekili seçildi. Ve nihayet bazı kesimleri sevindiren, bazı kesimleri de oldukça tedirgin eden bir göreve atandı, Maliye Bakanı oldu. Bilgili olduğu kadar sert ve katı bir kişi olarak tanınırdı. İş bitiriciydi. Çok kırıcı olabilir ve kendinden başkasının doğruyu bilmediğine inanır, kimsenin düşüncesini dinlemeye pek zaman ayırmazdı. En azından iş çevrelerinde bıraktığı izlenim böyleydi. Maliye Bakanı olduğunda önüne gelen dosyalardan biri de yıllar boyu sürüncemede kalmış bir konuydu. Dış ticaret şirketlerinin hemen hepsi hayali ihracata karışmakla suçlanmış, bu nedenle yine hemen hepsine vergi cezaları gelmişti. Bir kısmının konuları hâlâ mahkemelerde incelemedeydi.

Garanti Bankası, Doğuş Grubu'nun bir kuruluşuydu. Yine Doğuş Grubu'nun bir başka kuruluşu olan İMEKS Dış Ticaret şirketi de adı hayali ihracata karışıp vergi cezası yiyen şirketlerden biriydi. Ancak konu hâlâ mahkemedeydi.

Bir gün bir haber geldi ki sormayın! Maliye Bakanlığı talimat vermişti: Bundan böyle Garanti Bankası teminat mektuplarını vergi daireleri kabul etmeyecekti. (Bu mantığın tercümesi: İmeks şirketi ile Garanti Bankası aynı grupta olduğu için, İmeks'in hataları dolayısıyla Maliye Bakanlığı Garanti Bankası'nı sıkıştırmaya karar vermiş olmalıydı.) Bu uygulamaya göre vatandaş veya bir şirket Garanti Bankası'ndan vergi dairesine hitaben bir işi için teminat mektubu alıp götürdüğünde, vergi dairesi.

"Olmaz hemşerim, git başka bankanın mektubunu getir," diyecekti.

Ben o bankanın genel müdürüyüm. Birdenbire çıkan bu karar neredeyse bana kişisel hakaret gibi geldi. Haberi alır almaz bakanı aradım. Tabii bulamadım. Genelde bakanlar arandıkları zaman hemen telefona çıkmazlar. Ya toplantıdadırlar, ya da her arayanın telefonuna çıksa işleri aksar. Daha sonraki günlerde de birkaç kez arayıp görüşmeye çalıştım. Tabii görüşemedim. Sayın Bakan özel bir bankanın genel müdürünün telefonuna çıkmıyordu veya çok meşguldü, önemli devlet işleriyle uğraşıyordu. Rahatsız edilmemesi gerekirdi. Görüşemedim.

Gelirler Genel Müdürü ile görüştüm. Kendisine banka olarak bizim ayrı bir tüzel kişilik olduğumuzu, bu uygulamanın bankanın itibarını sarsacağını, bizce onarılması çok zor hasarlara yol açacağını falan söyledim. Yaptıklarının bir "rehin alma" operasyonu olduğunu, başkasının borcundan dolayı bizi rehin almanın, amcamın borcu nedeniyle benden hesap istemenin devlet ciddiyetiyle bağdaşmayacağını falan söyledim. Genel Müdür sözde sorumlu görevde bir üst düzey bürokrattı. Deneyimliydi. Açık vermedi!

"Biz," dedi "kimseye bu yönde yazılı bir talimat vermedik ki. Böyle bir uygulama resmen yoktur. Ancak olmayacak anlamına da gelmez..."

Tabii yazılı talimat vermeyecekti. Çünkü yaptığı düpedüz yasadışı bir işlemdi. İz bırakmak ister miydi!

Adam düpedüz tehdit ve şantaj edasıyla konuşuyordu. Vergi dairelerine telefon edip sözlü talimatı veren sanki kendileri değildi.

"Aman," dedim. "Sayın Genel Müdür'üm...bu konu

daha resmen sonuçlanmadı. Anladığım kadarıyla İMEKS konusu halen mahkemedeymiş!"
"Biz, " dedi "biliriz o mahkemelerin nasıl işlediğini!..." Yani devletin mahkemelerini kastediyordu.
"Beyefendi," dedim. "İMEKS başka, banka başka. Bizim ne alakamız var ki?"
Adam gayet soğukkanlı, sanki bütün yapılanlar son derece doğal bir sürecin sonucuymuşçasına; benim gösterdiğim bu tepkiyi yadırgamışçasına; dahası böylesine bir tepki göstermek sanki kendisine biraz da saygısızlıkmışçasına bir tavır içindeydi. Biraz da alay eder gibi bir tavır içinde konuşmasını sürdürmekte sakınca görmüyordu.
"O sizin sorununuz. İMEKS vergi borcunu ödemezse Sayın Bakan çok kızabilir...Size bir hafta süre daha..."
Kendi düşüncesi miydi? Maliye Bakanı'nı öne mi sürüyordu? Bakan'ın dahiyane bir buluşu muydu? Çözemedim.
Bankanın ismiyle oynamanın iç ve dış kamuoyunda ne gibi sıkıntılar yaratabileceğini boşuna anlatmaya çalıştım. Anlamadı, ya da umursamadı.
Gelişmeler tahmin ettiğim gibi oldu. Patron dahil herkes devreye girdi. Bakan Nuh diyordu ama peygamber dememeye kararlıydı... İMEKS çaresiz, borcu mahkeme sonucunu falan beklemeden kabullendi. Bir ödeme planı verdi. Bakanlık bunu da beğenmedi, daha farklı bir plan için ısrar etti. Bunun üzerine konuyu mecburen başbakana ilettik. Başbakan durumu hemen kavradı. Bir bankanın itibarına gelecek sıkıntının ne denli büyük yaralar açabileceğini hemen gördü, gerekli talimatları verdi ve bakanın anlamsız ısrarıyla birlikte, prensip savunmaları vb. gibi "koltuk teorisinden" etkilenen uygulamaları da bitiverdi.
Ancak bizim sorunumuz tabii ki bitmedi, tersine dalga dalga büyüdü... Söylenti önceleri,

"Bankanın durumu iyi değilmiş," şekline dönüştü. Sonra, "Banka zordaymış, Maliye Bakanlığı el koymuş," oldu. Bu kadarla da kalmadı, yurtdışından telefonlar gelmeye başladı. Herkes bir şeyler duymuştu, tedirginlik vardı. Sıkıntı dolu üç-dört hafta geçirdim. O dönemde en büyük dileğim bürokrat genel müdür ve bakanın bu yaptıklarının bedelini bir gün, bir şekilde ödeyebilmeleri için bürokratlıktan kurtulup özel sektöre geçmelerini istemek oldu... Çünkü artık inanmıştım ki bizim toplumda kişilerin düşüncelerinin oluşmasında "koltuk teorisi" mutlaka etkili olmaktadır. Yani insanların düşünceleri ve eylemleri çoğu zaman birikimleri ya da beyinsel faaliyetleri sonucu değil, işgal ettikleri makama, koltuğa göre oluşmaktadır; koltuk değiştikçe düşünceler de hızla değişmektedir. Bunun yakın çevremde gördüğüm herkes açısından, belirli dozlarda geçerli olduğuna inanıyorum. Kendimle ilgili olarak bunun bir saplantı haline dönüşmemesi için çok çaba gösterdiğimi itiraf etmeliyim!

Yukarıdaki olayda koltuk teorisinin kahramanlarında, makamın oluşturduğu etkinin yüksek dozlu bir saplantı haline dönüşmüş olması toplum için tehlike oluşturabilecek düzeylere varabilirdi.

Düşündüm... Devlet gerçekten güçsüz kalmıştı. Vergi borcunu artık eşkıya yöntemleriyle tahsil etme çabaları ön plana çıkmıştı. Şantaj, tehdit, rehin alma devletin ciddiyeti ve güvenilirliğiyle ne denli bağdaşabilirdi ki? Ve ne kadar süreyle? Acaba tüm bu yöntemler peşine takılmaya çalıştığımız Avrupa Birliği'ne özgü yöntemler midir, diye de düşündüğüm olmuştur. Yoksa bunlar bizim kültürümüzde üretilen ve toplumun önemli kısmının benimsediği ancak entellerin dışladığı arabesk yöntemler midir?

İNSANLAR HEP AYNI

İnsanın siyahı, beyazı, sarısı
Dilediğin kadar ölç biç göreceksin.
Göreceksin!
Üç aşağı-beş yukarı
Tıpkı elmanın iki yarısı.

Kuveyt'e yaptığım bir iş yolculuğu sırasında bir akşam, lokantaya yemeğe gittik. Bize servis yapan garson Arap ülkelerinin pek çoğunda rastlandığı üzere Güney Asya ülkelerinden birinden olmalıydı. Çekik gözleriyle sarı ırkın tipik temsilcilerinden biri. Koreli mi, Çinli mi, Filipinli mi ayırmak pek mümkün değil. Aslında Japonlar hariç, sarı ırkın hemen hepsini dünyanın çeşitli yörelerinde her türlü hizmet işinin içinde görmek mümkündü. Tıpkı Almanya'daki Türkler gibi!... Havaalanlarını süpürenler de, otobüs şoförlüğü yapanlar da hepsi sarı ırktan.. Hatta bir ara Kuveyt nüfusunun önemli kısmının Filipinlilerden oluştuğu bile iddia edilmişti..

Lokantada oturduğumuz yer iyiydi. Filipinli veya Endonezyalı veya o yörelerden olduğunu düşündüğümüz garson çok sempatikti ve iyi hizmete kesin kararlı görünüyordu. Garsonun bize gösterdiği sıcak yaklaşıma biz de olumlu tepki gösterdik. Ancak genç garson sohbeti başlatmak niyetiyle bizim kendisine sorabileceğimiz soruya fırsat vermeden, aynı soruyu kendisi bize sordu. Hangi ülkeden olduğumuzu merak etmişti. Biz de biraz oyalanmak, biraz da işi hoşlaştırmak amacıyla:

"Tahmin et bakalım," dedik.

Garson hiç çekinmeden cevap verdi:
"Avrupalı olduğunuzu tahmin ediyorum. Ondan ötesi-

ni söylemek çok zor çünkü siz beyaz ırktan olanlar hepiniz birbirinize o kadar çok benziyorsunuz ki!"
Genç garsonun verdiği cevap önce bizi çok güldürdü. Sonra her şeyin ne denli göreceli olduğunu düşünmeden edemedim. Aslında dünyanın her yerinde insanlar hep aynıydı, aynı şeyleri düşünüyorlar, benzer değerlendirmeler yapıyorlardı. Filipinli mi, yoksa Malezyalı mı olduğunu öğrenemediğim Kuveyt'teki çekik gözlü garson da, tıpkı bizler gibi düşünüyordu.

Garanti Bankası'nın Moskova'daki temsilcilik bürosunu açıyorduk. Aslında küçücük bir temsilcilik açılıyor diye, gazetelere boy boy duyurular ve reklam vermek, Moskova'da açılış resepsiyonu falan düzenlemek gibi girişimlerle "dünyayı yerinden oynatmak" gerekmezdi ama, bizden kısa bir süre önce böyle bir temsilcilik açan Yapı Kredi, Türkiye'den bir uçak dolusu davetliyi Moskova'ya götürerek orada büyük bir olay yaratmıştı. Biz de alaturkalığın şanından olduğu için, en az onlar kadar, hatta mümkünse daha da fazla bir şeyler yapmalıyız, diye düşünmüştük. Moskova yıllar sonra kendini dış dünyaya açma çabaları içindeydi. Bu da tüm dünyanın gözlerini o tarafa yöneltmişti. Daha da önemlisi temsilciliğimiz fiilen altı aydanberi faaliyette olmakla birlikte, Sovyet yetkilileri resmen açılış yapmadığımız için, bizi "resmen açıldık saymayacaklarını" söylüyorlar ve mutlaka bir davet vermemiz gerektiğini ısrarla tekrarlıyorlardı. Sonunda "gerekeni" yapmaya karar verdik.

Moskova'da bir Türkiye haftası ve Türk giyim fuarı düzenlenecekti. O hafta içinde bir akşam biz de bir resepsiyon vererek zaten orada bulunan Maliye Bakanı'mızı ve pek çok Türk firması yetkilisini de çağıracak, bu işi sonuçlandıracaktık. Altı yüz kişilik Türkiye ve Sovyet misafir listesi yapıldı, davetiyeler basıldı. Biz de, banka üst yönetimi olarak davette hazır bulunmak üzere Moskova'ya gittik.

Altı yüz kişilik böyle "muhteşem" bir davetin çıkışında davetlilere verilmek üzere bankamız adına küçük hediyeler hazırlattık. Çakmak, çay bardağı vb. gibi.. Bu hediyeleri ayrılırken davetlilere vermek üzere de Moskova temsilcimizden iki güzel Rus kızı bulmasını istedim. Moskova'daki resmi manken ve sekreterlik büroları bu tür hizmetleri hemen çözümlüyorlardı. Ancak mankenlik ve sekreterlik bürosundan gelen kızlar pek güzel değildi! Özellikle Türk davetlilerin bu konuda duyarlı olabileceklerini bildiğim için, kimse davetin iyiliğine, katılanların çokluğuna, niteliğine bakmaz, sonunda, çıkışta küçük hediyeyi veren iki Rus kızını çirkin bulursa herkes yıllar boyu bunu anımsar, bunun söylentisini yayar, diye düşündüm.

Moskova temsilcimiz Nuri Bey'i çağırdım. Resmi sekreterlik bürosunun bulduğu Rus kızlarını geri göndermesini rica ettim. Nuri de bizimle aynı görüşte olmalı ki, "Ben de böyle düşündüm ve sizin beğeneceğinizi sandığım iki Rus manken buldum," diye bana biraz ileride duran iki kızı gösterdi.

Nuri gerçekten iyi seçim yapmıştı... Teşekkür ettim. Kızlar birazdan yanıma geldiler. Giydikleri bluzlar dikkatimi çekti. Bluzlar çok seyrek delikli, dantel gibiydi. Kızların içinde iç çamaşırı, sutyen falan da yoktu. İçimden "Bu kadarı da fazla!" diye geçirdim. Ancak resepsiyonun başlamasına çok kısa süre kalmıştı. Artık fazla bir değişiklik istesem de yapılamazdı.

Davetimize çok geniş bir katılım oldu. Sovyet vatandaşları bu tür davetlerde, belki de o günlerin zor ekonomik koşullarından, hemen masaların başına gidiyorlar ve önce karınlarını doyuruyorlardı. Hatta bazıları çok beğendiği meyve, yumurta gibi yiyecekleri beraberinde eve götürmek için gereken "önlemi" de alıyordu. Davetlilerin bu tür davetlerdeki davranışları hakkında daha önceden uyarıldığımız için özellikle domates, limon, zeytin vb. miktarını davetli sayısının normal tüketimine göre üç-dört kat fazla düzeyde bulundurmuştuk.

Çok kalabalıktı. Ben de buna seviniyor, mümkün olduğu kadar çok kişiyle konuşmaya çalışıyordum. Herhangi bir şeyin aksamaması için sık sık çevremi kontrol etmekteydim. Bir ara çıkış kapısına yöneldim. Bu kadar çok katılana yetecek kadar armağan var mı, diye bakmak istemiştim. Armağanlar orada, fakat armağanları vermekle görevli manken kızlar ortada yoktu. Nuri'yi buldum, kızların nerede olduklarını, sordum. Nuri biraz arandı. Sonuç alamadı. Gerçi davetin bitimine daha çok vardı ama tek tük çıkanlar da oluyordu. Biraz daha arandı. Manken kızlar yoktu. Nuri'ye paralarını verip vermediğini sordum. Vermemişti.

Davet bitti, herkes çıkıp gitti. Bankadan resepsiyona katılan arkadaşlarımız çıkışta durup armağanları dağıtmış, bir kısım davetli alamamış, bir kısım davetli de fazlasını almıştı. Ancak nedense kızların ortadan kaybolmaları aklıma takılmıştı. Hâlâ Rus kızların para kazanacakları böyle bir işi önce kabul edip sonra niçin terk ettiklerini keşfetmeye çalışıyordum. Birden arkadaşlarımdan biri beni uyardı. Kızlar davetin bitiminden önce bizim davet ettiğimiz Türk müşterilerimizden birkaçıyla birlikte ayrılmışlar... Kim olduklarını, hangi müşterimiz olduğunu çok merak ettim.

Bulabilsem kendilerine "Bankamızın olağan olmayan böyle bir hizmeti karşılığında," yüklü bir fatura çıkartacaktım. Bulamadım.

Ama insanların genelde birbirine çok benzediği ortadaydı. Dünyanın neresinde olursa olsun benzer şeyler düşünüyorlar ve benzer şeyler yapıyorlardı.

Vehbi Koç hemen herkesin tanıdığı büyük ve başarılı bir işadamıdır. Vehbi Bey'in toplum yararına en önemli girişimlerinden biri de kuruculuğunu ve yıllar boyu yöneticiliğini yaptığı Türkiye Nüfus Planlaması ve Aile Sağlığı Vakfıdır. Vehbi Bey aile, daha doğrusu toplum sağlığının nüfus planlamasından geçtiğine inanır ve bu doğrultuda çaba sarf ederdi. Kurduğu vakfın da en önemli uğraşısı toplumda nüfus artışının kontrol altına alınmasını sağlamaktı.

1990 Eylül ayında Türkiye Bankalar Birliği'nin yönetim kurulu toplantısını yapıyoruz. TC Merkez Bankası Başkanı'nın yönetim kurulu başkanlığını yaptığı ve ülkenin önde gelen bankalarının genel müdürlerinin katıldığı toplantıda, Birlik Genel Sekreteri Üstün Sanver Doğu Avrupa'ya yaptığı gezi ve kurduğu ilişkiler hakkında bilgi veriyordu. Toplantıda bulunan on beş kişi dikkatle genel sekreteri dinlemekteydi. Konu o günün şartları içinde önemliydi. Bir ara içeriye, toplantı salonuna, sekreter hanım geldi ve elindeki küçük notu Üstün'ün önüne koydu. Üstün konuşmasını yarıda kesti, o an toplantıyı yönetmekte olan İş Bankası Genel Müdürü Ünal Korukçuya hitaben,

"Vehbi Koç'un kurmuş olduğu Türkiye Aile Sağlığı Vakfı'nın üst düzey yetkilisi bir beyefendi dışarıda. İstanbul'dan özel olarak gelmiş. Vakfın bu yılbaşı için hazırlattığı tebrik kartları var. Onların örneklerini burada bizlere göstermek istiyor. İçeri alalım mı," şeklinde bir soru yöneltti.

Önemli olduğunu düşündüğümüz toplantı gündemimizin daha yarısına gelmemişken, yılbaşı tebrik kartı örneklerini göstermek için böyle bir toplantının arasına birisinin girecek olmasını hepimiz yadırgamıştık. Konuyu da tam anlayamamıştım aslında. Yılbaşı tebrik kartı örneğini göstermek için, Vakıf üst düzey yetkilisinin İstanbul'dan özel olarak gelmesi ve böyle bir toplantının arasına girmek istemesi, kafamı karıştırmıştı.

"Toplantı sonunu beklesin, dinleyelim," dedik. Üstün dışarı çıktı. Tekrar içeri girdi. Vakfın üst düzey yetkilisi özel olarak gelmiş. İstersek bekleyebilirmiş ama İstanbul'a dönecekmiş ve fazla gecikirse uçağını kaçırabilirmiş... Ünal Bey mesajı almıştı. Adamı o an içeri almazsa işin tadı kaçacaktı. Vakfın üst düzey yetkilisi, içinde çeşitli tebrik kartlarının örneklerini taşıdığını anladığımız çantasıyla toplantı salonuna geldi.

İçinizde İstanbul'da Ada vapurlarının 1960'lı hatta 1970'li yıllarını anımsayanlar olabilir mi? O yıllarda Karaköy'den, Sirkeci'den, hatta daha sonraları Kabataş'tan Adalara gidip gelmek ayrı bir keyif, ayrı bir olaydı. Kimi dörtlü ekibini kurup önceden "rüzgâr altı" bir yer kapar, briç masasına oturur, kimi iki kişidir, salatalık beyaz peynirini hazırlar, bir kadeh rakıyla günün yorgunluğunu atardı. Bu arada tombalacı tüm vapuru dolaşarak o günkü büyük armağanı tanıtırdı: Belki bir televizyon, belki bir ıstakoz ve yanında bir şişe viski, belki birkaç kilo taze barbunya balığı vb... Sonra her sayısı bin veya o günkü büyük armağanın değerine göre belki iki bin lirasına, bir yandan tahminleri yazmaya diğer yandan paraları toplamaya başlardı... Vapurun genelde üst güvertesi ve üst katında gelişen bu olayların yanında, alt katlarda da vapur satıcıları vardı. Tıpkı 1950'li yıllarda Kadıköy-Karaköy vapurlarında olduğu gibi. Alt kat salonlarında "Sigara İçmek, Çalgı Çalmak Yasaktır," falan gibi yazılar vardı ama, herkes fosur fosur sigara içerdi, hava iyice dumanlanırdı. Satıcılar çok güzel ve sürekli konuşurlardı. Sıkılan-sıkılmayan, beğenen-beğenmeyen herkes bu satıcıları dinlerdi. Dikiş iğneleri, tarak falan satmak için uzun uzun konuşur, satacağı malın en ince özelliklerini teker teker, herkesin anlayabileceği biçimde açıklardı. Malın tanıtımını yaptıktan sonra sıra sıra dolaşır, satış yapardı. Bu arada kamarot veya vapur çaycısı gelir de satıcıyı görürse durum bazı satıcılar için kötü olabilirdi. Bazıları için ise kötü olmazdı, çünkü onlar herhalde hem çaycıyı, hem kamarotu, belki her ikisini de, önceden veya sonradan, "görmeyi" ihmal etmezlerdi. Yolcular bir havuç soyma aleti, ya da düdüklü balon hakkında bu kadar laf edebilme becerisi gösteren, bunca törensel davranışı sergileyen satıcıya hayranlık duyar, belki de acır, sonunda o mala ihtiyacı olmasa bile bir tanesini alırdı. Almaya istekli olmayan birkaç kişi de ya gazetesini okuyor gibi gözükür, ya da uyur taklidi yapardı. Sadece bazı burnu büyükler başlarını çevirip denizden tarafa bakarak satılan her ne olursa olsun almak istemediklerini belli ederlerdi. Ben de çocukken satıcının bütün mallarını satmasını ister, en çok burnunu büküp denizden yana bakanlara kızardım.

Türkiye Bankalar Birliği Yönetim Kurulu toplantısının ortasına gelen Aile Sağlığı Vakfı üst düzey yetkilisi yılbaşı tebrik kartları hakkında konuşmaya başlayıp, kart örneklerini masanın üzerine çıkartınca birden kendimi 18:15 Büyükada vapurunun alt salonunda sandım. Salon zaten yeteri kadar sigara dumanıyla doluydu, çünkü başkanın arkasındaki soğutucuyu ben yerimden kalkıp açtıkça, başkanın hemen yanında oturan Vakıflar Bankası Genel Müdürü İsmet Alver kalkıp kapatıyordu. O dumanlı havada Vakfın üst düzey yetkilisi, bir ada vapuru satıcısı becerisiyle Aile Planması Vakfı'nın tebrik kartlarını pazarlıyordu. İçimizden birisi çıkıp vakfın nüfus planlaması için büyük hizmet gördüğünü ancak en büyük ve en etkili reklam aracı olan televizyonun bu vakıf tarafından yeteri kadar kullanılmadığını söyledi... Bir başkası ise üzerinde "kuş" deseni bulunan tebrik kartlarının Yapı Kredi tarafından alınmasının doğru olacağını önerdi... Bir başkası bu vakfın kart dağıtacağı yerde "doğum kontrol aracı" dağıtmasının daha doğru olacağını ileri sürdü. Vakfın üst düzey yetkilisi sunumunu bitirdi, teşekkür etti, ayrıldı.

Türkiye bankalarının Batı'ya açılan Doğu Bloku ülkeleriyle nasıl işbirliği yapabileceğine dair görüşmeler bu şekilde Aile Sağlığı Vakfı'nın yeni yıl tebrik kartları satışı dolayısıyla, bir güzel sulanmış oldu. Gündemin öteki maddelerine geçtik. Toplantımız iki saat daha sürdü ve bitti. Akşam uçakta İstanbul'a dönerken, uçağını kaçırabileceği endişesiyle bizim toplantının ortasına dalan vakfın üst düzey yetkilisi önümdeki koltukta oturuyordu!

İnsanlar yıllar boyu hiç değişmiyorlar, yalnız değişik ortamlarda değişik sunum yapıyorlar, o kadar.

İstanbul Menkul Kıymetler Borsası'na yönelik anılarım, borsayla taa Türkiye Sınai Kalkınma Bankası'nda çalışırken ilgilendiğim için, çok eskilere dayanır. O zamanlar küçük bir portföyle alım-satım yapıp, biraz heyecan, biraz da para kazanmak için uğraşıp dururduk. O sıralarda en başarılı yatırımım bir cumartesi günü – o zamanlar bankalar da, banker adı verilen borsa komisyoncuları da cumartesi öğleye kadar açıktı – Mithat'a Sifaş hisse senedi almasını salık verip, hemen ertesi salı günü sattırarak Mithat'ın bu alım satımdan yaptığı kazançla yepyeni bir Renault araba almasını sağlamak olmuştu. Mithat o zamandan beri, ne zaman yeni bir araba almaya niyetlense benim borsayla ilgili görüşlerimi sorar, söylediklerimi yapmaz, sonra yapmadığına hayıflanıp dururdu. Bu yüzden de uzun yıllar aynı arabayı kullanıp durdu! Günün birinde Mithat yine düşüncelerimi sordu, kendisine yine birkaç hisse senedinin prim yapabileceğini söyledim. Arabası iyice eskimiş olmalı ki, bu kez hemen uygulamaya geçti. Söylediğim hisse senetlerini aldı. Ancak beklenenin tersine, fiyatlardaki gelişme benim düşündüğüm gibi olmadı ve Mithat bu kez epey para kaybetti... belki de yıllar önce bedavadan kazandığı Renault'un bedelini bu şekilde ödemiş oldu.

İstanbul Menkul Kıymetler Borsası bir yandan şirket sahipleri, diğer yandan "tasarruf sahibi" veya "yatırımcılar" açısından giderek ilgi çekici bir ortam oluşmasına yol açtı. Özellikle 1989-1990 yıllarında hemen herkes Borsa'yla çok, ama pek çok yakından ilgilenmeye başladı. Bunca ilgi karşısında biz de bankamızın büyük ortağı Ayhan Şahenk'i Garanti Bankası hisselerinin bir kısmını halka sunması konusunda ikna ettik. Ayhan Bey ilk başlarda pek umutlu değildi. Bizim borsada bu kadar büyük miktarda hisse senedi satılmaz, rezil oluruz vb... gibi gerekçelerle direndi. Hatta, bir ara bizlere, hisselerin dışarı satılması halinde, sahip olduğu bankayı sanki birileriyle paylaşacakmış gibi düşündüğünü bile hissettirdi. Sonunda ikna oldu. Biz de kolları sıvadık.

Başında bulunduğum bankanın hisse senetlerinin piyasaya çıkacak olması beni de heyecanlandırmıştı. Hisse senetlerimizin satılmasını, bu satış işleminin başarılı olmasını, kısa zamanda, hem kendime hem bankanın sahibi Ayhan Bey'e karşı nedense bir prestij meselesi olarak görmeye başladım. Hazırlıkları yaptık. Reklamlar ve duyurulara ek olarak gazetelere beyanat veriyor, bazı dergilere yazılar yazarak satış işlemini desteklemeye çalışıyordum. Bankanın potansiyelini biliyordum, yeni atılımlarımızın başarılı olacağına inanıyordum. Kısacası, bankanın hisse senedine yatırım yapmanın, tasarruf sahibine gerçekten önemli kazanç sağlayacağından kuşkum yoktu. Diğer yandan ileride gereksiz sorularla karşı karşıya kalmamak için kimseye doğrudan: "Bu hisse senedini mutlaka alın," diyemiyordum. Ama bu cümleyi söylemeden herkesin de almasını istiyordum. Senetlerimiz piyasaya çıktı. Üç dört gün içinde önemli miktarda satış yapıldı. Büyük başarıydı. O güne kadar bu kadar kısa sürede böylesine başarılı satış çok az olmuştu. Hepimiz sevinçle birbirimizi kutluyorduk.

Satış tamamlandıktan sonra iki aylık gerilim, stratejik planlamalar, sıkıntılar, kendimle ve çevreme karşı prestij savaşı vb. bitecek sanmıştım. Bitmedi. Tam tersi oldu. Bu kez içimde çevreme karşı tuhaf bir sorumluluk duygusu gelişmeye başladı. Kimseye kesin bir taahhütte bulunmamış olmakla birlikte, bana danışmış olsun-olmasın, rastladığım her Garanti hisse senedi sahibi her ortamda, her an bana sorular sormaya, bankayla ilgili bilgi istemeye, hisse senetlerimizin değeri hakkında yorum yapmamı talep etmeye başlamıştı... Sanki herkes Banka'nın en büyük ortağı olmuştu... Sanki ben hepsinin emrinde çalışan bir yönetici olmuştum... Sanki ben herkese hesap vermeye zorlanıyordum. Giderek tırmanan bir kâbus gece gündüz beni sarıp sarmalamaya başlamıştı.

Satışa başlamamızın üstünden daha bir hafta geçmiş olmasına rağmen bana telefon edip,

"Hâlâ hisselerin değeri yükselmedi, hepsini satarım haaa!" diyen Mustafa Süzer...

Öğlende misafirlerimi lokantada yemeğe götürdüğümde beni karşılayarak,

"İlk olarak Borsa'da bir hisse senedine para yatırdım. O da size güvendiğimden Garanti hissesi aldım," diyen Bebek Restoran'nın kasiyeri...

Günün yorgunluğundan kurtulup arabama bindikten

sonra yolda giderken,
"Efendim evde kırık altın küpeleri, bilezikleri sattık, biz de Garanti hissesi aldık, size güvendik, " diyen şoförüm Bilal...
Eve geldikten sonra bahçede dinlenmek niyetiyle oturduğumda, çiçekleri sularken yanıma yaklaşıp,
"Birikmiş paramın bir kısmını Garanti hisselerine yatırdım, siz varsınız diye güvendim, biraz kazanıp ev almayı düşünüyorum," diyen bahçıvan Birol...
Akşamüstü bir bardak çay yudumlarken "Bize bugün ne kadar kazandırdın..." diyen komşularım...
"İbrahim Bey'in sağlığı iyi mi?" diye merak eden Banka görevlileri...
Gece, ertesi günkü muhtemel gelişmelerin ürkekliğiyle, kaçabileceğim tek nokta olarak gördüğüm yatağıma girdiğimde yanımda kulağıma fısıldayarak
"Bana Garanti hisse senedi alabileceğimi söylemiştin, aldım," diyen karım...
Sabah kahvaltıda "Arkadaşımın babası da Garanti hisse senedi almış..." diyen kızım... giderek üzerimde dayanılmaz bir baskı oluşturmaya başladılar.
Artık herkesi karşımda benden bir şeyler yapmamı, bir an önce kendilerini zengin etmemi bekleyen, hatta bunu talep eden kişiler olarak görüyordum. Benden herkesin yalnız bunu beklediğini sanmaya başlamıştım. Bazı günler acaba çıldırıyor muyum, diye düşündüğüm dahi oldu. Korkunç bir baskı altındaydım. İçim bir türlü patlayamayan bir volkan gibiydi. Hisse senetlerimiz piyasaya çıkalı bir ay olmuş, ancak fiyatta herhangi bir yükselme olmamıştı.
"Bütün bu sıkıntıları duyması gereken yalnız ben miyim? Patron olarak Ayhan Bey'in de en az benim kadar sıkılması gerekmez mi?" diye düşündüğüm bir gün, 15 Haziran 1990 Cuma günü, Dünya gazetesinde Ayhan Şahenk ile

bir söyleşi çıktı. Söyleşide Ayhan Bey aynen şöyle diyordu: "Spekülatör Garanti Bankası hisse senedini sevmeyecek... fiyatların artmaması için her türlü önlemi aldık...fiyatlar dokuz ay sonra artar..."

Bunu okuyan yatırımcı elindeki hisseleri fiyatı artmayacaksa niçin tutsun! Bu beyanat üzerine, o güne kadar Borsa'dan bu hisseleri alanlar da geri satmaya başlamasın mı... Fiyatın düşmesini engellemek için her gün yeni çareler düşünmeye başladık. Sattıklarımızın neredeyse %25'ini Ayhan Bey'e geri aldırmıştık. Bu tempoda gidersek Ayhan Bey'in "Ben size dememiş miydim?" sözlerini duyar gibi oluyordum. Daha da önemlisi banka çalışanlarının %20'si büyüklü-küçüklü miktarda bankamız hisselerine yatırım yapmıştı. Onlara karşı da kendimi sıkıntılı hissediyordum.

Kısacası tatsızdım o günlerde ve keyfim çok kaçıktı.

O sıralarda bana çok yakınlık gösteren ve yardımcı olan Hüsnü Özyeğin bir gün telefon edip,

"Beni dinle, bu böyle giderse sen artık kışları Büyükada'daki evinde oturacaksın, yazları da herkesten uzak bir noktaya taşınsan iyi edersin... Millet sana güvendi bunca hisseyi aldı, aynı fiyatta çakılıp kaldınız!" diyerek beni ciddi olarak uyarmıştı.

Neleri varsa satıp-savıp Garanti hisselerine yatıran Türk-Henkel çalışanlarının bankaya artık "ortak" olduklarının bilincine vardıktan sonra, bankamızın tasarruf önlemlerine yardımcı olacaklarını, bu nedenle ilk aşamada faks giderlerini kısmak için gerekirse şirketleriyle ilgili bazı yazışmaları kendi adamlarıyla şubemizden elden aldırtabileceklerini bildirmeleri bile beni o günlerde yeteri kadar neşelendirememişti.

Hiç sevemediğim hatta anlamakta güçlük çektiğim "trigonometri" veya "felsefenin tarihi" gibi bazı dersler vardı okul sıralarımda. O derslerin sınavı olduğu sabahlar, hatta o haftalar okula gitmek istemezdim. Karşılaşacağım muhtemel sıkıntıyı dışlamak istercesine sabahları yataktan çıkmak istemez, kalkınca da oyalanıp dururdum. Karşılaştığım sınıf arkadaşlarım sınava çalışıp çalışmadığımı soracak, yanımda benim bilmediğim deyimleri tartışacaklar, diye onlardan da uzak durmaya çalışır, hemen başka konulara değinirdim. Tatsız olurdum kısacası. O zamanlar o kadar çok sıkılınca alerjilerim başlar ve bedenim yer yer şişer, kızarırdı. Yıllar sonra bu otuz günlük dönemde benzer sıkıntılı günler yaşadım. Bedenimde yine yer yer kızarıklıklar oldu. Sıkılıyordum.

Ta ki bir gün bir borsacı arkadaşım telefon edip bana:

"Bu sizin hisseler aynı fiyatta çakıldı kaldı, bir şeyler yapmazsanız hep böyle gider, sattıklarınızın tümünü yavaş yavaş geri alırsınız. Oysa bu bankanın hisse senedinin gerçek değeri çok daha yukarıda olmalı. Tüm rakamlar ortada. Sorununuz yeni olmanızda. Alışverişlerin hareketsiz kalmasında," diyene kadar.

Bence kâbuslu günlerin dönüm noktası o telefon konuşması olmuştur. Sonra bana ziyarete geldi. Dünyada borsaların nasıl çalıştığını, borsalara ihracı yapılan senetlerin ilk aylarında oluşan fiyat trendlerini, hisse senedini ihraç edenin sorumluluklarını, alıcıların psikolojisini anlattı.

Adam elinde sihirli değnek varmış gibi, sanki bütün borsa alışverişlerini kendisi yönetiyormuş gibi, kendinden çok emin konuşuyordu. Açık ve dostça konuşuyordu. İnandım, söylediği birkaç bilimsel yöntemi uygulamaya koyduk. Bir hafta içinde pek çok şey değişti. Karabulutlar dağılmıştı. Artık benden keyiflisi yoktu. Herkese karşı başım dikti. Ne de olsa Garanti hisse senedi alanlar bir buçuk ay içinde fazlasıyla memnun olunacak düzeyde kazanç sağlamışlardı! Bundan sonra isteyen dilediğini yapabilirdi. Kaya bana büyük dostluk etmiş, hiç karşılık beklemeksizin, deneyimlerinden beni yararlandırmıştı.

Benim iş yaşamımda hep buna benzer olaylar olmuştur. En sıkıldığım, umutsuz olduğum, dünyanın sonunun geldiğini düşündüğüm karamsar, çıkmaz ortamlarda hep bir şeyler olmuş, "bir mucize" yaratılmış ve durum tersine dönebilmiştir. Galiba bu gibi durumlarda tek önemli olan zamanı kullanıp, sabırla beklemek, beklemek.

En karanlık gecelerin ardından bile güneş mutlaka doğuyor.

Borsanın bu denli kazanç sağladığını görenlerin sayısı her geçen gün hızla artıyordu. Bir koy, beş al hesabı bazılarına Veliefendi hipodromundaki at yarışlarını dahi anımsatıyor olmalıydı ki herkes kısa zamanda zengin olmanın yolunu deniyordu. İstanbul Borsası'nın bu durumu yalnız İstanbul'da değil Türkiye çapında, hatta ülke sınırları dışında da olağanüstü ilgi uyandırmıştı. O sıralarda bir iş için Londra'ya gitmiştim. Londra'da İlhan'la birlikte bir Çin lokantasına gittik. Yemeğin ortasında Çinli başgarson yanımıza sokuldu. Türk olduğumuzu nereden anlamışsa bir-iki sohbet ettik. Daha üçüncü cümleden sonra sözü İstanbul Borsası'na getirip

"Bu kadar ilginç bir kazanç imkânı olduğuna göre benim de bir miktar paramı acaba İstanbul Borsası'na yatırmama yardımcı olur musunuz?" diye sorunca şaşkınlıktan verecek cevap bulamamıştım.

Borsanın alabildiğine heyecanlı bu döneminde Türk-Sovyet İş Konseyi'nin bir toplantısı oldu. Sovyetler Birliği Başbakan İkinci Yardımcısı Voronin, Konsey davetlisi olarak İstanbul'a geldi. Ankara'ya geçmeden önce iş çevrelerinin Türk-Sovyet ilişkileri hakkında görüşlerini almak istemiş, bu yüzden sabah 10:30'da Beyti lokantasında bir toplantı düzenlenmişti. Sovyetler'in serbest pazar ekonomisine geçmek için çaba harcadıkları, daha doğrusu bu işi nasıl "planlayabileceklerini" anlamaya çalıştıkları bir dönemdi.

Toplantı kalabalıktı. Her sektörden bir temsilci çıkıp iki-üç dakikalık bir konuşma yaparak güncel sorunları anlatıyordu. Benden de bankacılıkla ilgili birkaç konuya değinmemi istediler. Kalktım konuştum. Yerime oturduğumda yanıma Sovyet Dış Ticaret Bankası Türkiye Temsilcisi Kuznetsov geldi. Selamlaştık. Baktım adam bir şeyler söylemek istiyor. Kuznetsov'la eskiden tanışırız. Türkiye'ye geldiğinden beri kendisine yardımcı olduk. Bankalarımız karşılıklı epey iş yaptı. Kuznetsov sabırsız. Kulağıma eğildi.

"Çok önemli bir şey konuşacağım," dedi.

Oysa toplantı sürüyor, daha önemlisi Başbakan Yardımcısı Voronin konuşulanlara cevaben bir şeyler söylüyordu. Ben Kuznetsov'a:

"Sizin başbakan yardımcınızı dinliyorum, galiba önemli bir şeyler söylüyor," dedim.

Önemli değildi aslında söyledikleri, ama ben gene de yanlış yorumlanmasın, diye dinlemek istiyordum. Voronin bir ara Sovyetlerin serbest pazar ekonomisine tam anlamıyla beş yıl içinde geçmeyi "planladıklarını" falan söyledi. Galiba kendisi de pek inanmıyordu ama, konuşuyordu. O an Kuznetsov daha fazla dayanamadı. O da söylenenlerin pek önemli olmadığına kanaat getirmiş olmalıydı. Kulağıma iyice yaklaşarak

"İbrahim Bey, beni dinle. Benim söyleyeceklerim daha önemli... Bizim Sovyet Elçiliği'nin yüzbin dolar parası var. Bu paraları İstanbul Borsası'nda hisse senedine yatıralım. Bankanızın hisselerini de alalım. Bize yardım edin. Kazancı paylaşırız. Ama paramız batmasın, bize belli bir getiriyi de garanti edin!" diye bir teklifte bulundu.

Voronin yanılmıştı! Sovyetlerin serbest pazar ekonomisine tam anlamıyla geçmeleri beş yıl sürmezdi!..

İstanbul Menkul Kıymet Borsası'nın heyecan esintileri her yöne savruluyordu. Kuznetsov'daki cesarete bakın. Ama gözünü tam karartmamış, kazancı görmüş, işi garantiye alarak kazançtan nasıl pay alırım hesabını birikimli bir tüccar edasıyla yapıyor ve kendine ortak arıyordu. Hem de elçiliğin parasıyla.

İnsanlar ne kadar aynı... Yakın zamanın komünisti fırsat verilince serbest pazara uyum sağlamakta hiç güçlük çekmemişti.

Garanti Bankası hisselerinin değeri aradan dört yıl geçtikten sonra dolar bazında karşılaştırıldığında tam beş kat yükseldi. 1993 yılı sonlarında bankanın hisse senetlerine yurtdışı yatırımcıların büyük paralar ödediğini öğrendim... Sevindim.

KISA... KISA...

> Kim "Cim karnında nokta var" demiş?
> Kim " Yıldızlarla aydınlanan kar"ı görmemiş?
> Dön, dön ve düşün!..
> Hayatı kim, niye, nasıl,
> Düşünmemiş, sevmemiş!
> Nazar Büyüm

Bankacılıkta rekabetin sınırı yoktu. Hemen her alanda rakip bankadan daha iyi, daha farklı olabilmek için hepimiz çaba verirdik. 1986 yılında İstanbul'dan Edirne'ye giderken yolda dikkatimi çeken ve beni oldukça rahatsız eden manzaralardan biri de yurtdışında çalışan Türk işçilerine yönelik reklam tabelalarıydı. Bu tabelalar hemen her on kilometrede bir yolun sağına soluna çeşitli bankalar tarafından serpiştirilmişti. Hemen hepsi

"İşçi kardeşim, yurtdışında alın teriyle kazandığın dövizi 'bizim bankada' bozdur," veya

"Paranı 'bizim bankaya' yatır," ya da

"Almanya'dan havaleni 'bizim bankadan' yaparsan daha iyi olur," türünden mesajlar vermekteydi.

Amaç dövizin ülke ekonomisi açısından çok önemli olduğu dönemlerde yurtdışında çalışan işçi dövizlerini alabilmekti. Hemen tüm bankalar sırf bu havaleleri çekebilmek için özellikle Almanya'da iki üç kişilik bürolar kurmuş, işçi dövizini toplama rekabetine girmişti. Bütün bu girişimler işin doğal sonucuydu. Beni rahatsız eden manzara ise İstanbul Kapıkule arasında hemen her bankanın tabela curcunası içinde Garanti Bankası'nın bir tek tabelasının dahi olmamasıydı. Daha kötüsü o curcuna içine bir veya birkaç tabela da Garanti adına yerleştirmek pek fazla dikkat çekici olmayacaktı. Oysa Garanti Bankası'nın yeni hedefleri arasında dış işlemlere önem vermek vardı. Bunun için de döviz toplamak gerekiyordu.

Yol boyunca düşündüm... İşçi dövizlerini Banka'mıza çekebilmek için bir değişiklik yapabilmeliydik. Sonunda galiba buldum umuduyla, İstanbul'a döner dönmez bir yetkili arkadaşıma konuyu açtım ve kendisinden Bulgaristan'a, karayolundan bir iş gezisi yapmasını rica ettim. Amacım Kapıkule'ye gelmeden 150-200 kilometre öncesinden başlayarak, Bulgaristan yollarına, bizim Türk işçilerine hitaben Türkçe reklam tabelaları koymaktı. Komünist Bulgaristan'da yol kenarlarında herhangi bir tabela olmayacağı için, reklam panolarımız hemen dikkat çekecekti. Almanya'dan yurda gelirken Türk işçilerinin Bulgaristan yollarında Garanti Bankası tarafından karşılanması da ayrıca hoş ve etkileyici bir girişim olacaktı. Seyhan Beşkök hemen Bulgaristan makamlarıyla yazıştı ve cevap alınca derdimizi anlatmak üzere Bulgar Devlet Reklam Dairesi'ni ziyarete gitti. Bulgarlar kendisini uzun uzun dinlemişler. Böyle bir işe neden giriştiğimize pek anlam verememişler. Serbest pazar, döviz, dış ticaret gibi kavramlar o zamanlar Bulgar yetkilileri açısından herhalde önemli bir sorun olarak gözükmüyordu ki bizim bu işe niçin kalkıştığımızı pek algılayamamışlar.

"Biz durumu inceleyelim, size cevap veririz," deyip Seyhan Bey'i gerisin geriye yollamışlar.

Aradan bir yıl geçti. Bir ara Seyhan Bey'in aklına gelmiş, bir teleks daha gönderip bizim panoların izin işi ne oldu, diye sormuş. Adamlar:

"Panolara yazacaklarınız Bulgarca olursa kabul ederiz," demişler.

Bizim Türk işçisi yıllar boyu Almancaya karşı diren-

miş, Bulgarcayı mı bilecek! Seyhan Bey:
"Türkçe yazmalıyız," demiş.
Aradan bir yıl daha geçti. Türkiye ile Bulgaristan'ın arası göçmen sorunundan dolayı iyice açıldı. Yollara Türkçe reklam panosu koymak bir yana, adamlar Türkçe konuşulmasını yasaklayıp, Türkçe isimleri değiştirmeye zorlayacak kadar ileri gitmişlerdi. Ama biz konuyu ısrarlı şekilde izledik. Derken dünyada farklı bir şeyler olmaya başladı. Doğu Bloku serbest pazarı, dış ticareti ve daha önemlisi dövizin önemini anlar gibi oldu. Önce Doğu Almanya, arkadan diğerleri ve nihayet Bulgarlar da kendilerinin bir döviz sorunu olabileceğini kavramış olmalılar ki, ilk başvurumuzdan tam üç yıl geçtikten sonra bize bir cevap geldi. Kısaca, "Falanca tarihli başvurunuza biraz gecikerek cevap verdiğimiz için özür dileriz. Türkiye sınırına 200 kilometreden başlayarak yol kenarlarına panolarınızı koyma isteğinizi kabul ediyoruz. Pano başına beş bin dolar yıllık kira isteriz. Beş pano olursa fiyatımız on yedi bin beş yüz dolar olur," gibisinden bir teleks.

Bu haberi aldığımda ne denli sevindiğimi anlatmam güç. Sanki tüm Bulgaristan birdenbire benim malım olmuştu. Seyhan Bey'e hemen aynı yoldan tekrar giderek en az on panoluk yer tespit etmesini ve adamlarla ciddi pazarlığa oturmasını rica ettim. Seyhan Bey tekrar yola koyuldu. Bulgar yetkililerin üç yıl öncesine göre ayakları iyice yere basmaya başlamıştı. Biraz da pazarlıktan sonra Yugoslav sınırından bizim sınıra kadar istediğimiz noktalara, her biri 2 x 5 metre boyutlarında on adet reklam panosu konulmasında anlaşma sağlandı. Üç yıllık bir kira sözleşmesi yaptık. Bu arada başka bankanın reklamlarının yol kenarlarına konmayacağında mutabık kaldık. Bulgaristan karayollarında reklam panolarında tekel ortamı yaratmaya kalkıştık. Tek endişemiz tabelaların zaman içinde devrilmesi, bakımı vb gibi konulardı. Ancak Bulgaristan'da yaşayan Türk azınlık, daha bir yıl öncesinde on binlerle Türkiye'ye göçe zorlanırken, şimdi Bulgar topraklarında bir Türk bankasının reklam tabelasından öylesine gurur duymuştu ki, oradaki Türklerin lideri bu işin bakım ve kontrolünün kendilerince üstlenileceğini belirtti.

Bulgaristan karayollarına reklam panosu konulması uygulaması Garanti Bankası reklam panolarıyla başlamıştır. 1991 Nisan ayında başlayarak Bulgaristan'ı Yugoslavya sınırından Türkiye sınırına kadar tam ortasından kesen ana karayolu üzerine tam on adet Garanti Bankası reklam panosunu, hem de Türkçe yazılarla dizmeyi başardık. Bu da herhalde Türkiye-Bulgar ilişkilerine yazılmasa da Bulgar serbest pazar ekonomisi tarihinde bir yerlere yazılır, diye umut etmekteyim.

Ne yazık ki bu başarılı girişimimiz çok uzun süre "tekel" kimliğinde yaşayamadı. Doğu Bloku ve komünizm çöktü, Bulgarlar da serbest pazar ekonomisine geçtiler ve Bulgaristan yolları nice reklam panolarıyla dolmaya başladı. Bizim panoların "tek" olma özelliği uzun sürmedi.

Sekiz yıl süren İran-Irak savaşı nihayet 1989'un hemen başında bitmişti. İran'la ilişkiler gelişebilirdi. Bu nedenle İran bankalarına kısa bir ziyarete gittim. Ziyaretine gittiğimiz bankalardan bir tanesi dünya klasmanında ilk 150 banka arasına giren İran'ın en büyük ikinci bankası, Bank Mellat idi. Yönetim kurulu başkanı ve üst düzeyde bir iki yetkili ile randevu alınmıştı.

O sıralarda Humeyni daha ölmemişti ve İran'da kurulu İslam Cumhuriyeti sekiz yıllık geçmişiyle toplumda kendine göre yerleşik bir düzen oluşturmuştu. Tüm genç kızlar ve kadınlar mutlak başlarını örtmeliydi. Erkekler kesinlikle kravat takmıyorlardı. Kravat Batı medeniyetinin simgelerinden biri olduğu için dışlanmıştı. Erkeklerin çoğu sekiz on günlük sakallıydı. Sakalın daha fazla uzaması engelleniyor ve nedense, çoğunlukla hep o kısalıkta tutuluyordu. Bu, erkeklere bakımsız ve özensiz bir görünüm veriyordu. Kravatsız, "bakımsız" sakallı görünümleriyle erkeklerin alıştığımız yönetici ya da bankacı görünümünün dışında olduğu kesindi. İslam devriminin gereği olarak pek çok yetkili göreve ve makama hemen her yaşta kişiler getirilebiliyordu.

Bank Mellat yönetim kurulu başkanını tanımıyordum. Kendisiyle yapacağım toplantıya, bankamızdan bir dışişlemler sorumlusuyla birlikte ve randevu saatinden on dakika kadar önce gittik. Kapıdaki bekçi bizi yukarı kata kadar götürdü, iç içe iki odanın girişinde bizi bıraktı. İlk odaya girdik. Kimse yoktu. İçerdeki ana makam odasına bir göz attık. Ayakta birisi duruyor. Yarı sakallı, kravatsız. Kıyafeti biraz bakımsızdı ama öğrendik ki, bu toplumda görünüm önemli değil. Kişiye selam verdik, yanına yaklaştık, elini sıktık. Adama bir iki İngilizce laf söyledik. Yüzümüze baktı. İngilizce anlamıyordu. Ya da bildiği halde anlamaz gözüküyordu, diye düşündük. Pek çok İranlı Türkçe bildiği ya da anladığı için, Türkçe konuştuk. Dışarıdaki odada iki koltuk gösterip, kötü bir Azeri Türkçe ile yönetim kurulu başkanının yemekte olduğunu, oturup beklememizi söyledi. O an anladık ki, konuştuğumuz bu adam odacının yardımcısıymış!.

Birazdan kapı açıldı. Daha yaşlıca, hafif sakallı, kravatsız bir başkası geldi. Başıyla bize doğru hafif selam verince hemen ayağa kalktık. El sıkıştık. Adam daha fazla yüz vermedi. İçerdeki odaya gitti, masanın üzerinden içi meyve dolu bir tepsi alıp tekrar dışarı çıktı. Anladık ki bu da odacının kendisiymiş. Hafifçe bozulmuştuk. Bize kimse sahip çıkmıyordu. Ve her içeri gireni yönetici sanıp sonradan mahcup oluyorduk.

Derken yine kapı açıldı. Daha şıkça giyimli gençten biri geldi. Bu sefer budur, deyip yine kalktık. Adam gülümsedi, elimizi sıktı. Bizi içeri alacak, diye beklerken, kendisi geçti, bizim bekleme odasındaki masaya oturdu. Anladık ki başkanın sekreteriymiş. Durum kötüydü ve biz başkanı bulana kadar epey şaşıracaktık. Kişi önyargılarından, alıştığı düzenden ne kadar zor kurtuluyormuş.

Derken kapı yine açıldı. Kim olduğunu bilmediğimiz üç kişi birden geldiler, ellerimizi sıkıp bizi içeri aldılar. Bu kez acaba hangisi başkan, diye düşünürken kapıda başkan olduğunu diğerlerinin hareketlerinden anladığımız gerçek başkan geldi. Arkadan üç kişi daha. Meğer adamcağız tüm yönetim kurulu üyelerini toplayıp getirmiş. Biz geliyoruz diye onları da çağırmış. İki saate yakın oturduk. Türkiye ve bizim çalışmalarımız hakkında bilgi aldılar. Adam her soru sorduğunda içimden "Bu adamı neden buraya başkan yapmışlar acaba," diye geçiriyordum. Bir türlü iş konusuna giremiyorduk. Zamanımız geçmiş, bir sonraki randevu saatimizi çoktan aşmıştık. Sıkılmaya başladım.

Sonunda kendimi toparladım ve iş konusuna girdim. Bu kez adam sustu. Sanki iş konuşmak istemez gibi. Grubun gençlerinden biri cevap verdi. Bankalarımız arasında karşılıklı hesap ilişkilerini geliştirerek iki ülkenin ticaretinin artmasında ve kredilendirilmesinde daha etkili olmamız gerektiğini önerdim. Kendilerinin bizimle yapacakları işlerden alacakları masrafları düşük tutmalarını istedim, vb. Konularımızı kısa sürede bu genç bankacıyla hallettik.

Başkan tekrar sözü aldı ve aynen:
"Sizin Türkiye'ye çok turist gelirmiş. İngiliz, Alman turistler. Bunlar Müslümanlar arasında kendi alıştıkları gi-

bi davranırlarmış. Siz bir İslam toplumu olduğunuza göre bundan rahatsız olmaz mısınız? Hükümetiniz bu turist işini yasaklamayı düşünmez mi?"

Son iki saattir çözemediğim konuyu o an anlamıştım. Başkanın niçin bu bankaya başkan olduğu meydana çıktı. Tercüman sorduğunu İngilizceye çevirirken ben ne cevap vereceğimi düşünüyordum. Adamı fazla terslemedim ama bizim halimizden şikâyetçi olmadığımızı ve turizmin gelecek yıllarda da gelişmesini beklediğimizi, gelen turistlerden toplumun rahatsız olmadığını, tersine pek çok yörede halkın epey memnun olduğunu falan anlattım. Ayrıca ülkemize pek çok İslam ülkesinden de turistin geldiğini, onların da bu ortamdan fazlasıyla memnun olduklarını ekledim. Kavga etmeden anlaştık.

Turgut Özal'ı başbakan yardımcısı olduğu sırada tanıdım. Başbakan ve Cumhurbaşkanlığı sıralarında da zaman zaman görüşme olanağımız oldu. Kendisinin en büyük meraklarından birinin elektronikle ilgili olduğunu çeşitli vesilelerle gözleme fırsatı buldum. Televizyon, müzik seti, bilgiişlem makinesi, hesap makinesi... elektronikle bağlantılı aklınıza ne gelirse mutlaka Turgut Bey'i yakından ilgilendireceğinden kuşkunuz olmazdı.

1991 yılı başlarında, komşumuzun evinde, Cumhurbaşkanı Özal ve eşiyle birlikte olduk. Körfez Savaşı'nın yoğun geriliminin yaşandığı gecelerden biriydi. Bir yandan CNN televizyonundan haberler izleniyor, diğer yandan muhtemel gelişmeler hakkında hepimiz Cumhurbaşkanı'nın yorumlarını dinliyorduk. O sıralarda görüş ve yorumlarıyla Turgut Özal gerçekten Batı dünyasında, özellikle Amerika'da güçlü izler bırakıyordu. ABD Başkanı'nın zaman zaman kendisini arayıp bilgi alışverişinde bulunduğu biliniyordu. O akşam, öteki konuklarla birlikte Mehmet Barlas'ın doğum gününü kutlarken Metin Akpınar'ın keyfi yerindeydi. Olağanüstü yaratıcılığı ile özellikle Cumhurbaşkanı ile ilgili şakaları bizleri kahkahalara boğarken, birden evin içinde bir hareket, koşuşturma başladı. Biraz sonra da Turgut Bey üst kata çıktı ve on beş dakika kadar gelmedi. İndiğinde anladık ki, ABD Başkanı George Bush, Özal'ı aramış ve Saddam'la ilgili bazı bilgiler vermiş, bazı görüşler almış. Özal aşağı inince konu tekrar Körfez Savaşı, dünya ekonomisi vb... konulara döndü.

O tarihteki gelişmeler dünya para piyasalarını da oldukça yakından ilgilendirdiği için özellikle dolar ve Türk lirasının değeri çok hareketli bir seyir gösteriyordu. Ben de bunları anında izleyebilmek için dünyanın en büyük haber ajansı olan Reuter haber ajansının Japon teknolojisiyle birlikte geliştirdiği küçük bir elektronik haber cihazını cebimde taşıyordum. Zaman zaman çıkartıp üzerindeki dar ekrandan dünyadaki gelişmeleri öğreniyordum. "Çağrı Cihazı" türündeki bu elektronik haberciye üç dört dakikada bir haber geliyor, ya para piyasalarındaki değişiklik, ya da başka önemli haber niteliğindeki dünya olaylarını anında bildiriyordu. Cihaza her haber geldiğinde ışıklı, ya da "bip...bip...bip" sesli bir uyarı, cihaz sahibine yeni bir haberin geldiğini bildiriyordu. Cihazın yanındaki düğmeyle uyarı tercihinizi, ses ya da ışık düzenine göre ayarlamak mümkündü. Elektronik haber cihazımla oynarken, gelen birkaç haberi Özal'ın yanına giderek kendisine göstermek istedim. Özal, teknolojik ürün ve yeniliklere meraklı olmasına rağmen, o güne kadar bu cihazı görmemişti. Çok ilgilendi. Gelen haberler arasında biraz önce Bush'la telefon konuşması yaptığını da okuyunca daha da çok keyiflendi. Bu denli ilgisini görünce cihazı kendisine armağan etmek istedim. Sevindi, aldı ve bütün gece Reuter'den gelen haberlere bakarak oyalandı.

Aradan iki hafta kadar geçmişti. Ben kendime yeni bir elektronik haberci edindim. Diğer yandan da, armağan ettiğim cihazı Özal'ın kullanıp kullanmadığını merak ediyordum. Körfez Savaşı aynı yoğunlukta devam ediyordu. Özal dünya haberlerinin gündemindeydi. Dünya TV istasyonları kendisiyle sık sık görüşmeler, söyleşiler yapıyor ve yayımlıyordu.

Bir iş gezisindeydim. Londra'da otelde gece geç saatlerde TV kanallarını karıştırırken, CNN televizyonundan yine Özal'la yapılan "canlı" bir yayına rastladım ve izlemeye başladım. Özal'a Irak, Saddam, bölgedeki gelişmeler vb. hakkında sorular soruluyor ve görüşleri alınıyordu. Özal konuşurken birden, inceden "bip... bip... bip" sesleri duydum. Önce televizyondan gelen, yayınla ilgili elektronik bir ses sandım. Değildi, çünkü yüz ifadesiyle ve aniden bir başka yana bakmasıyla Özal da sesi duyduğunu belli etmişti. Demek ses Özal'ın konuştuğu bir yerden geliyordu. Hatta bir kaç "bip...bip" sinyalinden sonra Özal hafifçe irkildi ve elini ceketinin sağ cebine bastırdı. Ses kesildi. Konuşmanın seyri içinde Özal'ı dinlememi sürdürdüm. Dört beş dakika sonra aynı "bip...bip" li sinyal tekrar başladı. Özal yine çevresine bakındı, yine elini cebine bastırınca bu sefer anladım. Özal CNN televizyonunda konuşurken, benim kendisine iki hafta önce armağan ettiğim Reuter elektronik habercisini cebinden çıkarmayı unutmuştu! Cihazın uyarı düğmesi de "sesli uyarı" konumundaydı. Her haber geldiğinde "bip...bip" seslerini yalnız Özal değil, o anda dünyada CNN izleyen yüz milyonlarca insan da duyuyordu. Ancak "bip... bip" seslerini duyan yüz milyonlarca izleyici içinde, benim dışımda hiçbirinin o sinyallerin anlamını ve Özal konuşurken sinyal sesleriyle dört dakikada bir irkilmesinin nedenini çözebildiğini sanmam!

Aynı tarihlerde, Türkiye'nin de savaşa karışabileceği endişesi ve halkın paniği nedeniyle, bankalardan birkaç gün peş peşe oldukça önemli miktarda para çekildi. O tarihlerde televizyonun yeni kanalı Star'da Kırmızı Koltuk adlı bir program vardı. İki gazeteci, Neşe Düzel ve Ahmet Altan, herhangi bir konuyla ilgili bir uzmanı seçip haftanın konuğu olarak, 'ateşten koltuğa' oturtup bir saat boyunca sorguya çekiyorlardı. Savaş endişesi dolayısıyla ekonominin kötüye gidişi, bankalardan para çekilmesi vb. gibi konularda fikir alıp "sıkıştıracakları" kişi olarak beni bulmuşlar, rica ve ısrar ettiler. Ben de kabul ettim. Programdan önce biraz heyecanlıydım. Bu nedenle beni sakinleştirmek için başka konulardan konuştuk. Onlara rahat olduğumu, ilk bir-iki dakikadan sonra heyecanımın geçeceğini, o sırada bocalarsam durumu toparlamak için yardımcı olmalarını rica ettim. Anlaştık. Stüdyoya girdik. Endişe etmeme gerek olmadığını, beni rahatlatmak için gerekeni yapacaklarını söylediler. Çekim başlarken Neşe Düzel tanıtıma geçti. Olağan cümleleriyle önce kendini tanıttı. Sonra Ahmet'in kendini tanıtması için bekledi. Ahmet unutmuştu... Bir sessizlik... Gülüştük ve çekim durdu. Yeniden başladık. Neşe kendini tanıttı. Ahmet bu sefer unutmadı, o da kendini tanıttı. Beni tanıtması için sıra tekrar Neşe'ye geldi. Neşe söze başladı ve benim ismimi yanlış söyledi... yine gülüştük. Çekim durdu. Yeniden başladık. Üçüncü denemede Neşe benim ismimi doğru ancak bu kez de bankanın ismini yanlış söyleyince, bana olağanüstü bir rahatlama geldi. Anlaşılan onlar benden daha çok heyecanlanıyordu. Ya da gerçekten beni rahatlatmak için, planlayarak yapmışlardı! Bir sa-

atlik program sorunsuz ve iyi geçti.
Program gerçekten başarılı olmuştu. Ardından aldığım değerlendirmeler de iyiydi. Hemen birkaç hafta sonra, yine Star televizyonu bu kez Türkiye Güzeli'ni seçecekti. Benden üçüncülüğü alan güzele taç giydirmemi rica ettiler. Dört saatlik yarışma sonucu, gece yarısını bir hayli geçe, güzeller belli olunca sahneye çıktım ve üçüncü güzelin kurdelesini takıp tacını giydirdim. Üçüncü güzel kendinin diğerlerinden daha güzel olduğuna fazlaca inanmış olmalı ki, üçüncülükten pek memnun değildi. Somurtuyordu. Ben de somurtmasına kızdım, tacını giydirdikten sonra öpmedim. Yalnız elini sıktım. Bu arada telaşımdan kurdelesini de ters takmışım. Ertesi gün ve onu takibeden günler ve haftalar boyunca aldığım eleştiri sayısını anlatmak mümkün değil. Sırf güzeli niçin öpmediğimin hesabını sormak için telefonla arayanlar... Kurdeleyi ters taktığım konusunda beni uyaranlar... eleştirenler!

Bir önceki bir saatlik Kırmızı Koltuk programında ülkenin ekonomisi, gelecekle ilgili yorumlar, ciddi konuşmalar ve kendimce başarılı bir program sonucu aldığım birkaç uyarı ve değerlendirme bir yana, bir dakikalık görüntüyle aldığım yüzlerce uyarı diğer yana. Toplumun nelere daha fazla önem verdiğinin bundan güzel, çarpıcı örneği olabilir mi...

Kahraman'ı çeşitli fantezi ve yaratıcılıklarıyla, canlılıklarla dopdolu bir yaşamı sürdürebilen ender kişilerden biri olarak tanıdım. Yıllarca aynı mahallede komşuluk ettik. Denize olan merakıyla kendi yaptığı tekneyle tek başına Akdeniz'i geçmiş, canı istemiş helikopterle işine gitmiş, sevmemiş, vazgeçmiş, dağlardan ormanlardan motosikletle gitmeyi denemiş... herkesle kolay dost olan ilginç bir adam. Mahallede herkes evinde köpek beslerken günün birinde Kahraman bahçesindeki kafese bir aslan yavrusu koyuverir... Bankacılıkla aslanın bağlantısı ve bankacılık yaşamımda rastladığım hoşluklardan biri de işte bu noktada başlıyor. Aslan yavrusu kısa sürede komşuların, büyük-küçük herkesin ilgisini çeker. Herkes günde birkaç kez Kahraman'ın bahçesini ziyarete başlar. Özellikle mahallenin çocukları komşu semtlerden arkadaşlarını da çağırıp aslanı ziyarete gelirler. Komşu bahçe neredeyse bir panayır yerine döner. Aslanın mahallemizde yaşadığı günlerde bir İngiliz banka müdürünü evimde öğle yemeğine çağırdım. Banka müdürü Brigitte genç bir hanım. İstanbul'a ilk gelişi. Kendisi İngiltere'nin çok eski bankalarından birinin şube müdürlerinden, sohbeti hoş, pek çok İngiliz gibi esprili bir kişi. Her konudan konuşuyor. Yemeğimizi yedikten sonra, söz nereden açıldıysa komşudaki aslana geldi. Brigitte birden çok şaşırdı. Hemen bitişiğimizdeki bahçede, kafes içinde bir aslanın besleniyor olmasını nedense çok yadırgamıştı. Belki de haklıydı. Biz kendisine aslanın kısa süre sonra bir hayvanat bahçesine gönderileceğini falan söyledik. Ama galiba pek anlatamadık. Uzun süre "Neden, nasıl olur.." gibisinden sözler mırıldandı. Doğaya ve hayvan haklarına saygılı bir kişinin doğal tepkisini gösteriyordu. Oldukça etkilenmişti...

Aradan yaklaşık bir yıl geçti... Londra'daki İngiliz bankasıyla bir iş yapmam gerekti. Bir şirketle ilgili referans istiyordum. Telefon ettim. Telefona çıkan kişiye derdimi anlatmaya başladım. Ben kendilerini tanımadığım gibi onlar da beni tanımıyorlardı. Kendilerine telefonla talimat vererek istediğimi yaptırmam mümkün olmayacaktı. Onlar da haklı olarak, benim sesimi tanımadıklarını ve telefonla bu işi yapmanın geleneklerine ve bankacılık anlayışlarına aykırı olduğunu anlatıyorlardı. Oysa benim acilen bilgiye ihtiyacım vardı. Israr ediyordum. Sonunda karşıdaki ses bana kendimi tanıtmam için yardımcı olmamı istedi. Kendilerine benim onların müşterisi olan bir arkadaşımın, İlhan'ın ismini verdim, Londra'da yaşadığı için onunla temas kurup beni sorabileceklerini falan söyledim. Telefonumu aldılar ve beni daha sonra arayacaklarını söylediler...

Üç dört saat sonra Londra'dan telefon geldi. Ben hemen adama "İşimiz halloluyor mu?" diye soruverdim.

Adam safkan İngiliz soğukluğuyla, benim sorumu duymamış gibi davrandı ve kendi bildiğini uygulamaya koydu:

"Mr. Betil, şu anda yanımda Mrs. Simpson var, sizi tanıyormuş..."

Olacak gibi değil! Ben Mrs Simpson diye birini tanımıyordum ki ... diye düşünürken birden kafamda şimşekler çaktı. Soyadını hiç bilmemekle birlikte bu olsa olsa, Brigitte'tir diye düşündüm. Hayatımda bir kere uğradığım bir İngiliz bankasında beni başka kim tanıyabilirdi ki! Adam benimle oyun oynamadığına göre...

"Evet," diye adamın sözünü kestim "...sizin Londra'daki diğer şubenizin müdiresi, tanıyorum..."

Karşı taraf beni duymamışçasına devam etti:

"... Mrs. Simpson sizi evinizde ziyaret etmiş..."

Rahatladım. Tahminim tutmuştu. Amma çabuk davrandım, iyi oldu diye kendimi kutluyordum. Bu kez çok daha güvenle hemen atıldım:

"...Tabii, tabii geçen yıl gelmişti."

Ama adam devam ediyordu.

"Birlikte güzel vakit geçirmişsiniz. Çok güzel yemekler yemişsiniz..."

"Evet, evet, hava da çok güzeldi..." ama adam bu konuşmayı nereye götürüyordu ki?
"Bahçeniz de çok güzelmiş... Komşularınızdan biri "egzotik" bir hayvan besliyormuş..." der demez ben hemen atıldım:
"Aslan!"
Adam hiç istifini bozmadan devam etti:
"Mr. Betil, işleminizi talimatınıza uygun olarak yapıyorum. İstediğiniz referansı hemen yollayacağım."
Şifreyi bulmuştum.
Üzerinden bunca zaman geçtikten sonra Kahraman'ın aslanı bana yardımcı olmuştu. İngiliz bankacının araştırmasına da ayrıca meslekten biri olarak hayran kalmıştım. Hatta bir süre kendi kendime "Adamlarda amma istihbarat var," diye imrenmiştim.

Oysa kısa süre sonra Londra'daki arkadaşım İlhan'la karşılaştığımda hikâyeyi ona anlatınca, İlhan konuya açıklık getirdi:
"Sen adama benim ismimi verip benden bilgi alabileceklerini söylemişsin. Adamlar öyle düzensiz ki benim telefon numaramı bulamamışlar. Brigitte'e telefon edip telefonumu sormuşlar. Brigitte neden istediğini sorunca, adam da 'birisi İstanbul'dan aradı, benden bir işlem yapmamı istedi. İlhan beni tanır dediği için İlhan Bey'den kontrol edecektim,' diye cevaplamış.

Brigitte adama, 'sor bakalım seni arayanın komşusu aslan besliyor muymuş,' diye önerince, adam da sana telefon edip kendi stilinde sormuş! Sakın bunu ciddi bir İngiliz bankacılığı gibi yorumlama!"

Bankacılıkla uzun süre haşır neşir olunca, insanın ismi, her nedense, ortalıkta dolaşmaya başlıyor. Aslında 'her nedense' demek doğru değil. Bu belki biraz da herkesin her şeyden çok değer verdiği tasarruflarını – ancak pek çok kişinin de değer verir gözükmediği veya gizlemeyi tercih ettiği tasarruflarını – teslim ettiği kurumların, yani bankaların ve onları yöneten kişilerin toplum içinde projektör altında, aydınlıkta tutulma isteğindendir... Bu belki biraz da yönetim basamaklarında hızlı yükselen bazı kişilerin kapıldıkları 'ben her şeyi bilirim' psikozunun basın tarafından dürtülerek ortaya saçılması, yani toplumun değerlendirmesine sunulması beklentisidir. Ve herkes işte bu ve benzer nedenlerle de olsa bankalarla ilgili gelişmeleri hep merak eder.

Bir aralar benim ismim de bankacılıkla ilgili konularda zaman zaman basında gözükürdü. İsmimi bir yerlerden okuyup duyan Marmara Üniversitesi Bankacılık Enstitüsü yetkilileri bir gün beni aradılar. Ziyaretime geldiler. Enstitü müdürü kendilerini, amaçlarını, neler yapmak istediklerini, eğitimde teorinin yanında uygulamanın ne denli önemli olduğunu anlattı. Konuşmasının bir noktasında da benim kendi enstitülerinde bankacılık dalında doktora yapmak isteyen öğrencilere ders vermemi istediklerini söyledi. Teklif benim için çok onurlandırıcıydı.

Birden heyecanlandım. Hep arzulamışımdır bir yerlerde ders vermeyi. Okuldan, aynı sınıfta okuduğumuz pek çok arkadaşım var. Üniversitelerde ders vermekteler. Bunlardan biri de Ahmet - hani birlikte staja başladığımızın üçüncü saati sonunda bankacılıktan vazgeçen Ahmet. Belki biraz da onlara özendiğimden olacak, üniversiteden gelen ders verme önerisini kabul ettim...

"Haftada iki saat," dediler.

"İstediğiniz gün, dilediğiniz saat," dediler.

Enstitü müdürü işi kolaylaştırmak için elinden geleni

yapıyordu. Baktım istediğim bir şey, onlar da kolaylık gösteriyorlar. Kabul ettim. Doktora öğrencileri sınıfı çok büyük, kalabalık olmayacaktı. Dersler ekim ayında başlayacaktı. Dersimin konusunu konuştuk. İşi benimsedim. Odama döndüm. Çok keyiflenmiştim. Gençlere neler... neler öğretebilirdim!

O an duraksadım. Gerçekten neler öğretecektim? Birden içimi bir sıkıntı, bir telaş kapladı. Yerimden sıçradım. Bir sömestr boyunca, her hafta iki saat anlatacak kadar neler biliyordum. Düşünmeye başladım. Bir şeyler öğretecek kadar bilgi birikimim yokmuş gibi geldi. Böyle bir sorumluluğu almakla yanılmış mıydım? Daha sakin bir ortamda düşünmek üzere konuyu erteledim.

Bir program yapmalıydım. Üç-dört hafta akşamları evde fırsat buldukça çalışarak bir program yaptım. Epey malzeme çıktı. Kitaplarımı ortaya çıkarttım. Yeni kitaplar ısmarladım. Dersi İngilizce verecektim. Bir takım Türkçe yayınlardan bazı çeviriler yaptırttım. Kısacası bu iş beni sardı.

Bayağı ciddi hazırlanıyordum. Veya ciddi hazırlandığımı sanıyordum. Bir gün eve yirmi beş tane kırmızı güzel dosya getirdim. Derste işleyeceğim her konuya ayrı bir dosya ayırmaya karar vermiştim. Kızım Senem dosyaları görünce meraklandı. Konuyu o zaman ona da anlattım. Onun da hoşuna gitti galiba. Arada sırada çalışmalarımın ne noktada olduğunu sormaya başladı. Ben de ona yarı şaka, (galiba yarıdan daha çok ciddi) yaptığım işin ne denli önemli olduğunu da anlatacak şekilde bazı bilgileri veriyordum.

Zaman zaman bu ders konusunda işi biraz fazla ciddiye alıp almadığımı da değerlendirmiyor değildim. Ama ne de olsa istediğim bir şeydi, keyfini çıkartmalıydım.

Derken ekim ayı geldi. Basından, TV'den üniversitelerin açılış tarihleri yayımlandı. Bir kere, arkasından bir kere daha... Dikkatle izledim, bizim üniversitenin açılış günü belli değildi. Yoksa bu yıl bizim üniversite açılmayacak mıydı! Ertesi gün hemen telefonla arattım. Ne zaman açılacağını, benim ilk dersimin hangi gün olacağını merak ediyordum. Öğrenmeliydim. Bu telaşlı halim sekreterimin pek dikkatini çekmedi galiba ama evdekiler beni epey alaya aldılar.

"Amma telaşlısın, işgüzarsın, ne zaman açılırsa açılsın, sana ne... nasıl olsa sana bildirirler... ne tuhaf adamsın" vb...

Telefondan aldığımız bilgiye göre üniversitenin ne zaman açılacağı belli değildi. Evet, belli değildi. YÖK'ten tam tarih verilmemişti. Önce tarih belli olacaktı. Ondan sonra da, evet ondan sonra da gazetelere ilan verip doktora öğrencisi alınacağını bildirecekler, başvurular tamamlandıktan sonra bana kesin tarih bildireceklerdi. Kısacası Senem'in yorumuna göre:

"Öğrencisi olmayan, gazete ilanıyla öğrenci aranan, bir üniversite birimine," öğretim üyesi olmuştum!

Oysa böyle bir üniversitede doktora öğrencilerine ders vermeye yönelik tüm hazırlıklarım tamamlanmıştı. Bir an önce başlamaya hazırdım. İyi bozulmuştum. Sabırsızlığımı çevreme pek belli etmeden beklemeye başladım. Bir süre bekledim. Çok uzun sürmedi. Ekim sonunda derslere başlayacağım bildirildi. Doktora programına başvuran öğrenci sayısı belli olmuştu. İlk ders deneyimimde benden ders alacak öğrenci sayısı toplam beş kişiydi. İlk derse ise ikisi gelmedi! Daha sonraki dersler de benzer bir katılımla devam etti. Bir yarı-yıl süren bu deneyimimde çok fazla sayıda konuyu çok kısa süreler içinde doktora programına katılan gençlerle işlemeye çalıştım. Sonunda bir bölümünün memnun kalmadığını hissettim. Ancak aradan yaklaşık on yıl geçtikten sonra bir genç beni sokakta "Hocam, beni hatırlamadanız, ben sizin öğrencinizdim," diye çevirince çok mutlu olmuştum.

Kavga etmek bir yana, özellikle Anglosakson kültürü almış bankacılar konuşurken en sıcak konularda bile seslerini yükseltmezler. Sinirlenmek, bağırıp çağırmak onların kültür ve terbiye anlayışına aykırıdır.

"Aslında sinirlenip bağırmak pek doğaldır ki üst düzeyde sorumluluk almış hiçbir kimseye yakışmaz. Ayrıca insan sağlığına da son derece zararlıdır."

Buna benzer pek çok cümleyi yıllar boyu yakın çalışma arkadaşlarımdan ve çevremden dinlemişimdir. Yıllar boyu da neredeyse her sabah işe giderken sakin bir gün geçirmeye kararlı olarak evimden çıkmışımdır. Hiçbir şeye kızmadan, bağırmadan yöneticilik yapmaya...

İşte yine böyle bir günün sabahı, sakin olmaya kararlı, evimden çıkarak işime geldim. Güzel bir mayıs sabahıydı. Dünyanın büyük bankalarından birinin üst düzey yöneticileriyle randevum vardı. Bankamızın çok yakından çalıştığı bu bankayla yapacağım görüşmeler için bir önceki yıla ait faaliyet raporumuzun İngilizcesinin toplantıya yetiştirilmesi gerektiğini de ilgililere birkaç hafta önce söylemiştim.

Toplantıya girdim ve son derece neşeli, verimli bir ortamda neredeyse bir saate yakın biraz sohbet edip, biraz da iş konuştuk. Toplantının sonunda İsviçreli dostlarımıza bankamızın İngilizce faaliyet raporunu takdim etmek üzere sekreterimden rica ettim. Kısa süre sonra Pınar raporun basımının henüz bitmediğini ve matbaadan gelmediğini söyledi.

Bu gibi durumlarda önce kan basıncımda değişiklikler oluştuğunu hissederim. Sonra belki farklı salgılar beynimin içinde yürümeye başlar. Her nedense önce her sabah evden çıkarken olaylara hemen sinirlenmemek, olur olmaz şeylere aşırı tepki göstermemek için kendime verdiğim sözleri hatırlarım. Beynimdeki salgılar ilerledikçe o sabah kendime verdiğim sözlerin ne kadar anlamsız olduğuna beni inandırmaya başlar. Yine öyle olmuş olmalı ki, yabancı bankacılardan izin isteyerek odadan dışarı çıktım ve kendi odama bile geçmeden, en yakın telefondan, Pınar'ın telefonundan reklam müdürümüzü arayıp galiba "haykırmaya" başladım. Bankanın prestijinden tutun, konunun önemine kadar ağzıma geleni "boşalttım". Bu gibi durumlarda "sınırı" sık sık aştığımı sonraları düşünür ve kendime de kızardım. Bu kez de mutlaka sınırı aşmıştım. Telefonu kapattığımda biraz rahatlamıştım ama ne yazık ki istediğim raporlar yoktu. Odama geçip otuz-kırk derin nefes aldım.

Sedef uzun yıllar yoga yapmıştı. Bana yogada nefesin ne kadar önemli olduğunu anlatır; sık sık sinirlerimi rahatlatmak için nefesi alıp "yutarak" mideme indirmemi, bekletmemi ve sonradan dışarı vermemi söylerdi. Midede kalan oksijen oradaki sinirleri rahatlatırmış... Ben de bunu pek çok kereler uyguladım. Ya gerçekten Sedef'in söylediği gibi rahatlatıyordu, ya da nefes, mide vb. konsantrasyonlarla uğraşırken insanın beyni farklı alanlara kayıp içinde bulunduğu gerginlikten kurtuluyordu. Her neyse, nefesleri bitirdim.

Tekrar konuklarımın yanına döndüm. Kendilerine yumuşak bir ifadeyle durumu anlattım. Özür diledim ve raporların matbaadan çıkar çıkmaz kendilerine özel olarak ulaştırılacağını söyledim. Benim haykırışlarımı duymuş olmalılar ki, (duymamaları mümkün değildi, çünkü benim konuştuğum telefonla onların oturduğu odanın arasında yalnız tek kapı vardı) biraz da benim yatışmam için beş on dakika daha kaldılar ve başka konuları konuştuk. Odadan birlikte çıkıp kendilerini asansöre kadar götürdüm. Düştüğüm duruma sıkıldığım kadar, bu kadar bağırıp çağırmamı adamların duymalarına da üzülmüştüm. Ben bu gibi durumlara düştükçe hep oturduğum koltuk için kendimin son derece "amatör" ve "duygusal" olduğuma karar verirdim. Kısacası iyice keyfim kaçmış olarak asansörün gelmesini beklemeye başladık.

Asansörün önünde, ayakta dururken yabancı bankacı konuklarımdan hâlâ beni yatıştırıcı kelimeler duyuyordum. Adamlar neredeyse benden fazla üzülmüş gibiydiler. Beni yatıştırmaya çalışır gibi bir halleri vardı. Hatta bir ara Franco,

"İnsanın içindekini çok fazla bastırması da zararlıdır. Arada sırada boşalması iyi olur..." gibisinden bana göre son derece anlamlı sözler de etti. Ancak bir İsviçreli bankacı olarak bu sözleri ne derece benimseyerek söylediğinden kuşkularım vardı. Diğer yandan Franco'nun aslen İsviçre'nin İtalyan sınırına yakın bir köyden olduğunu bildiğim için söylediklerine de inanmak istiyordum.

Asansör geldi. Kapısı açıldı. İçinden çıkan gencin elinde bir paket vardı. Paketi bana doğru uzatır gibi yapmış olmalı ki ben duyarlı bir şekilde pakette ne olduğunu sordum. Genç arkadaşım,

"İngilizce faaliyet raporları," dedi. Hemen birer tane çekip aldım ve iki İsviçreliye uzattım.

Franco o anda yanındaki arkadaşına bakıp:

"Tıpkı bizim bankadaki gibi. Burada da bağırınca işler gerçekten daha hızlı yürüyormuş. Ben de günde üç dört kere böyle bağırıp pek çok şeyin bu yöntemle çözümlendiğini söyleyip dururum... bazılarınız nedense itiraz eder. Bak, sistemin bu yöntemle nasıl etkili çalıştığının en canlı örneğine şahit oldun. Bundan sonra beni desteklemelisin," deyince bu kez şaşırma sırası bana gelmişti.

O anda yogayı keşfedenlere ettiğim duanın sayısı yoktur. Aldığım nefesler etkisini gösterdi. Midemden başlayan bir rahatlama bütün bedenimi sardı. Tüm sinirlerim yatıştı, gerginliğim geçti. Sonraki yıllarda Franco, her görüştüğümüzde, o gün hazır olmayan faaliyet raporlarının bağırınca nasıl on dakikada hazırlandığını hayretle ve imrenerek izlediğini; "bağırma" yönteminin tüm yöneticiler arasında sanıldığından çok daha yoğun kullanıldığını bana anımsatıp durdu.

Bir süre sonra bir iş-yemeği davetinde masada birlikte yemek yerken Feyyaz Berker, haftada üç kez tenis oynayarak stresini attığını ve tenis kortlarında daha rahat bağırdığını söyledi. Ben de kendisine şaka yollu, tüm bağırma ihtiyacımı iş saatlerinde giderdiğim için tenis oynamaya gerek duymuyorum, dedim. Masamızdaki öteki misafirler dünyaca ünlü Alman Henkel şirketinin baş direktörü Dr. Ambross ve eşiydi. Benim sözüm biter bitmez Dr. Ambros'un eşi sözü aldı ve:

"Bak, görüyor musun Dieter, herkes bağırmalarını ya işte ya da teniste yapıyor, oysa sen evde de sürdürüyorsun!" deyince ne diyeceğimizi bilemedik.

PİAR-SİAR 1989 yılı PROFİL araştırmasına göre Türkiye'de çalışanların yüzde 65'inin iş bulma veya bir işe yerleşme şekli bir tanıdık aracılığıyla olmaktaymış. PİAR'ın araştırma sonuçlarını genelde güvenilir bulmakla birlikte bu oran bana öteden beri biraz "düşük" gelmiştir.

TBMM son dönem başkanlarından biri, kendisiyle hiçbir yakınlığımız, tanışıklığımız olmamasına rağmen sanırım benden birilerine iş bulmamı en çok isteyen, tekrarlayan kişiler listesinde başı çekmektedir. Oy veren seçmenlerinin içi rahat etsin, Sayın Başkan iki ayda bir, bir hemşehrisini işe almamı veya falanca yerden filanca yere atanması için yardımcı olmamı benden isteyip durmuştur.

İlk seferinde böyle bir talebi çok ciddiye alıp hemen Erzincan şube müdürümüze telefon ettim. Kendisine TBMM Başkanı'nın bir yakını için isteklerini ilettim. Bizim müdür sanırım yılların verdiği sıkıntı ve kanıksamayla, "Efendim siz onu ciddiye almayın, sözünü ettiğiniz kişi her hafta buraya gelir. Gelmeden önce seçmenine bir şeyler yapma çabasıyla bu tür taleplerini sürekli olarak öteki bankalara da yapar. Üstünde durmayın, nasılsa unutulup gider..." deyince rahatladım.

Ondan sonraki seferlerde de gerçekten her istediğini bir kere söyledi, sonra unutulup geçti.

Türkiye Büyük Millet Meclisi Başkanlığı sırasında çevresi ve yakınları için iş arama taleplerini düzenli sürdürdü. Bunlardan bir tanesiyle ilgili bir telefon geldiğinde, rastlantı bu ya, ben de sekreterimin hemen yanındaydım. Karşı tarafı duyamıyordum ama, TBMM'den gelen telefonların amacını artık anlamış bulunan, dolayısıyla da bu kez işi biraz hafife alıp karşı tarafla eğlenmeye kararlı olan sekreterimle arayan taraf arasında geçen hoş bir telefon konuşmasını aktarmaya çalışacağım.

– Buyurun Garanti Bankası.
– ....
– Hangi Meclis efendim?
– ....
– Var tabii! Sanayi Odası Meclisi... Banka İdare Meclisi... Bir sürü meclis var! Sizinki hangi meclis anlayamadım da.

Anlaşılan oydu ki bizim sekreter Canan, T. Büyük Millet Meclisi'ni anlamakta zorluk çekmiş ve bu da, karşı taraf sekreterini şaşırtmış ve hatta biraz kızdırmıştı. Telefon konuşması devam ediyordu:

—..............

–Hayır, burada Betil Hanım diye birisi yok!

—..............

– Genel Müdürümüzün iki sekreteri var. Canan ve Pınar... Betil Hanım diye birisi yok.

—..............

– Rahmi Önen Bey Genel Müdürlükten ayrılalı 3 yılı aştı, efendim.

—..............

–Şimdiki Genel Müdürümüz hanım değil, erkek. İsmi İbrahim Betil, efendim.

Telefon konuşmasının bundan sonraki bölümleri normale döndü. Ancak bizimki TBMM'yi tanımayınca karşı taraf bilerek veya bilmeyerek, bir anlamda "sen TBMM'yi tanımazsan ben de senin Genel Müdürü'nü hiç tanımam," gibisinden, bizim Canan'ı çok acı sıkıştırmıştı. Veya TBMM Başkanı'nın sekreteri o kadar çok kişiyi aramaktaydı ki, düzenli bir dosyalama sistemi de olmayınca, hangi kuruluşun başında kimi isteyeceğini şaşırıp duruyordu.

Komşu bahçıvanın oğlu için... tesisatçının kızı için... TC Merkez Bankası Müdürü'nün karısının berberinin baldızı için... İnşaat müteahhidinin Karadenizli bakkal hemşerisinin damadı için... askerdeki tugay komutanımın kızının eniştesinin arkadaşının bacanağı için... Doğrudan aracılık istekleri bir yana, bir de karım, kızım, annem, babam, yeğenim, kardeşim, arkadaşım, kayınvalidem, patronum, bankamızın yönetim kurulu üyeleri, yeminli murakıplar, bakanlar, siyasiler, özel kalem müdürleri, belediye başkanları, federasyon başkanları vb... aracılığıyla gelen sonu bitmeyen iş istekleri meslek yaşamımın zor anları olarak hep anılarımda kaldı. Zaman zaman toplumumuzun istihdam sorununun altında ezilip kaldığımı sanır gibi basınç hissettiğim anlar oldu. Hepsine ilgileneceğimi belirterek "yalan söylemek" zorunda kaldığımı şimdi burada itiraf ediyorum. Önemsiz bir-iki pozisyon dışında hiçbir personel alımına kişisel ağırlığımı koymadım, konuyu personelden sorumlu kişilere iletmekle yetindim. Böyle yapmayıp her isteyene mutlaka bir iş verseydim şu anda bankanın yönetiminde bulunanlar kim bilir ne kadar hoş (!) bir manzarayla karşılaşırlardı! Diğer yandan, düşünüyorum da, ben de yaşamımın ilerki yıllarında pek çok kişiye bir yerlerde iş bulabilmek amacıyla çevremde tanıdıklarıma, bildiklerime ricada bulundum. Ama, geçmişi düşünerek çoğu zaman hiç umutlanmadım, ısrarlı olmadım.

Büyükada'dan İstanbul'a ve İstanbul'dan Büyükada'ya, Ada'da yazlığa gidenlerin eşyalarını taşıyan, sanırım Mardinli bir hamal vardır. Adalılar onu "Emanetçi Rıza" diye bilirler. Güvenilir, işini bilen biridir. Telefon edip adresini verince, organizasyonu yapar, kapıdan kapıya eşyayı sağlam teslim eder. Yıllardır Büyükada'da oturmamıza rağmen emanetçi Rıza ile pek işimiz olmamıştı. İki ya da üç yaz, bazı eşyalarımızı taşıttık. Onun dışında hep kendimiz taşıdık veya taşımadık. Emanetçi Rıza ile taşıttığımız zamanlarda bile ben kendisini hiç görmedim ve kendisiyle hiç konuşmadım. Neyin, ne zaman, nereye taşınacağını her seferinde hep Sedef üstlenmiş ve düzenlemiştir.

Emanetçi Rıza'ya en son eşya taşıtmamızın üzerinden iki üç yıl geçmişti ki Sedef bir gün Rıza'yı arar. Ada'dan birkaç parça eşya taşıttıracaktır. Bir süre Rıza'ya kendini hatırlatmaya çalışır. Ama fazla uğraşmasına gerek kalmaz. Rıza, Sedef'i hatırlamıştır ve hemen sözü alır:

"Yengeciğim seni gökte ararken yerde buldum. Benim de bir derdim vardı. Bizim biraderin oğluna çok kötü bir tayin çıktı. Tekirdağ'a sürdüler! Akbank Tekirdağ şubesine. Senin bey, abim acaba bunu geri aldırtsa?"

Sedef benim Akbank'la bir ilişkim olmadığını, Garanti Bankası'nda çalıştığımı, dolayısıyla bir şey yapamayacağımı söyler ama karşı taraf ikna olmaz:

"Yenge, abim bütün bankaların genel müdürü olmuş diye söylediler, hepsine sözü geçmez mi?"

Emanetçi Rıza'ya, bana yakıştırdığı makam için o günden beri görüp de teşekkür edemedim.

Çamlıca'daki evimizde uzun yıllar bahçıvanlık yapan Ziya da bir gün telefon edip yeğeni için bir iş istedi. Bize gelip bir başvuru kâğıdı doldursun, dedim.

"Efendim ben sizin bankanın ismini bilmiyorum, hangisiydi?" sorusu nedense beni şaşırttı.

Türk toplumunun ancak yüzde 21'inin bir bankada hesabı olduğuna bakılırsa, emanetçi Rıza'yı da, bahçıvan Ziya'yı da fazla eleştirmemek gerekir.

Zaman geçti, Türkiye'nin siyasi yaşamı değişikliğe uğradı. Başbakanlık makamına yeni bir başbakan geldi. Yeni başbakanın başbakanlığı sırasındaki icraatı hakkında çeşitli yorum ve bilgiler yazıldı, ancak benim unutamadığım bir tanesini nakletmeye çalışacağım. Yeni başbakanın başbakanlık görevine gelişinin üzerinden iki ay geçmiş geçmemişti ki, bir gün Başbakanlık Özel Kalem'inden aradılar. Banka dışında olduğum için, Başbakanlık Özel Kalem Müdürü sekreterime bir ricada bulunmuş. Sayın Başbakan'ın önceki görevi sırasında bizden talep ettiği bir konunun takibiyle ilgili olarak arıyorlarmış. Erzincan'daki şubemize iş için başvuran Duygu Hanım'ı hâlâ işe almamışız, Sayın Başbakan bu kızın işe alınmasını rica etmekteymiş! Döndüğümde sekreterim telefon görüşmesini bana aktarınca, devlet nezdinde bazı konuların bu kadar yakından ve ısrarla takip ediliyor olmasını takdirle karşıladım. Ülkemizin geleceği hakkında bana umut ve güven vermişti doğrusu. Duygu Hanım'ı işe alıp almamayı uzun uzun düşündüm. Sonunda bir süre daha beklemeye karar verdim. Bakalım Başbakan'ımız bir kere daha arayacak mıydı?

BANKA KURMANIN ENGEBELİ YOLLARINDA

Uğraşıp didinip verirsin yıllarını
Sanırsın yol aldığını, tırmandığını
...ve hakkına kolayca sahip olacağını
Hiçbir halt değilsin, Unutma!
Birkaç etkili arkadaşın
Ya da dostça ilişkilerin yoksa dünyada!

Garanti Bankası'nda gösterdiğim performanstan mutluydum. Bankanın gelişmesi çok iyiydi. Yurtiçinde ve yurtdışında ciddi bir saygınlık kazanmış, başarılı bir performans göstermişti. Kısacası bankada işler iyi gidiyordu. Yönetim kurulunun benden memnun olduğunu hissediyordum. Ben de bankadan ve yönetim kurulundan memnundum. Bankada uzun yıllar kalmak bu ekiple, uzun yıllar çalışmak gibi bir arzum vardı. Bu düşüncelerimi paylaşmak arzusuyla Ayhan Şahenk ve Ferit Şahenk'le görüşme isteğinde bulundum. Hilton otelinin kahvaltı salonunda randevulaştık. 1990 yılının ortasında, bu sabah kahvaltısında Garanti Bankası büyük hissedarı Ayhan Şahenk'e profesyonel yaşamımdan memnuniyetimi aktardıktan sonra bu ilişkinin daha da pekişmesini sağlamak amacıyla bir öneride bulundum: Bana ve bankanın üst yönetiminde bulunan bazı yöneticilere, bankaya çok küçük miktarda ortak olabilme olanağını tanımasını istedim. Ayhan Bey'in böyle bir öneriyi kabul edeceğinden hiç, ama hiç kuşkum yoktu. Ayhan Bey biraz düşündü ve cevapladı:

"Bu öneriyi senin için kabul edersem, yani sana bu konuda bir istisna yaparsam, grubumuz bünyesinde çok sayıda başka şirket daha var, o şirketlerde de başarılı pek çok arkadaşımız var. Onlara da benzer uygulamalar yapmak gerekir. O zaman işler çok zorlaşır. Böyle bir öneriyi kabul etmem mümkün değil. Bu konuda beni anlamanı rica ediyorum."

Hazırlıksızdım. Lokma boğazıma takıldı. Bir yudum kahve aldım. Düşünme zamanı kazanmak istiyordum. Oysa ne cevap vermem gerektiğini düşünecek ortam yoktu. Garanti Bankası benim neredeyse bir yuvam olmuştu. Meslek yaşamımda bu denli keyifle çalıştığım, böylesine mutlu olduğum başka bir deneyimim olmamıştı. İnsanlarını seviyordum, işimi seviyordum. Bütün amacım bu kurumda daha nice yıllar kalabilmek ve bunu sağlayabilecek şekilde ekibimi bir arada tutabilmek için planlar yapmaktı. Bankaya %1 - 1,5 oranında ortak olmamız, bütün bir ekibi birlikte tutmaya çok katkıda bulunacaktı. Önerimin kabul edileceğinden o kadar emindim ki. Oysa şimdi birden bire işin geldiği nokta, aldığım cevap keyfimi kaçırmıştı. Hem de hiç istemediğim, hazırlıksız olduğum bir anda. Öylesine şaşırmıştım ki, dalıp gitmişim. Birden Ayhan Bey'in sesiyle kendime geldim:

"İbrahim'ciğim, böyle bir istisnayı yapmam mümkün değil. Bu önerini kabul etmem mümkün değil. Başka bir formül bulmalısın!"

Toparlanmaya çalıştım. Ne söylemem gerektiğini bilmiyordum. Masadaki çaydanlıktan Ayhan Bey'in fincanına çay servisi yaparak zaman kazanmaya çalıştım. Otellerdeki kahvaltı masalarından oldum olası nefret etmişimdir. Daracık alan üzerinde bir sürü tabak çatal vb. vardır. Hareket edecek boş yer bırakmazlar, nedense. Çaydanlığa uzanırken yerlere bir şeyler düşürdüm. Bunların hiçbiri değişik bir düşünce üretmeme yardımcı olmuyordu.

Başka bir formül mü? Ben haftalardır bu formüle odaklanmıştım. Başka bir şey düşünmemiştim ki. O anda aklıma gelen ilk düşünceyi seslendiriverdim. Benim aradığım olanağı bana sağlayabilecek başka birilerini bulmaya çalışacağımı, belki yeni bir banka kurarak orada hisse sahibi olmama fırsat tanıyabilecek yatırımcılar bulabileceğimi söyleyip bu konuda izin istedim.

Amma beceriksiz adammışım. Bu kadarı da pes doğrusu. Kahvaltının başında bankaya ortak olmak niyetiyle gel, kahvaltının sonunda, ortaklık bir yana bankanın yöneticiliğinden ayrılmaya kadar ilerle. Stratejik beceriksizlik dedikleri böyle bir şey olsa gerek.

Ayhan Bey söylediklerimi duyunca biraz şaşırdı galiba. Ama şaşkınlığını belirtmek yerine konuşmasını sürdürdü. Belki de, benimle birlikte çalışmaktan duyduğu memnuniyeti anlatmak, bu konuda samimiyetine inandırmak için yeni bir banka kurarsam o zaman farklı düşünebileceğini ve beni orada destekleyeceğini, yeni bankadan anlamlı bir hisse almak isteyebileceğini, söyledi. Sabah kahvaltıya gelirken aklımda olmayan bir düşünce, kahvaltı masasında birdenbire büyük bir projeye dönüşüvermişti.

Laf ağzımızdan çıkıvermişti. Yapacak başka şey kalmamıştı. Ya da ben öyle düşünüyordum. Bunca yıl keyifle çalıştığım bir kurumdan, keyifsiz bir ayrılmaydı bu. Bir süre sonra oturduk, benden sonra Garanti'nin yönetiminin nasıl olabileceğini falan konuşmaya başladık.

1991 yılının mayıs başlarında Garanti Bankası'ndaki görevimden ayrılarak yeni bir banka kurma niyetinde olduğumu çevreme duyurdum. Yeni banka kurma heyecanı iyice ön plana geçmiş, tüm zamanımı almaya başlamıştı. Özellikle basın ve bazı iç ve dış iş çevreleri, hatta toplumun bir kısmı bu projeye ilgi duymuş olmalı ki, uzun bir süre evimin telefonları ilginç haber ve önerileri bana taşıyıp durdu.

Garanti Bankası'ndan ayrılışımın ertesi günü, okul yıllarından beri özleyip de yapamadığımı, sabah geç saatlere kadar uyumayı deneyecektim.

07:45'te çalan telefonla yerimden sıçradım. Telefonun ucunda pek tanımadığım bir ses benden bir yandan özür diliyor, diğer yandan telefonumu 011 servisinden aldığını söylüyordu. Kendisinin jeofizik mühendisi olduğunu belirten bu kişi, isminin Tuğral olduğunu ve benim yeni banka kurma projemle ilgilendiğini, sahip olduğu bir gayrimenkulü satarak, karşılığında alacağı parayla bu yeni kurulacağını duyduğu bankaya ortak olmak istediğini anlatıyordu.

"...sizi gerek televizyon gerekse basından izlemekteyim. Sabahları geç kalkan bir tipiniz yok. Ben de her sabah erken kalktığım için sizi bu saatte arayabileceğimi düşündüm..."

Adının Tuğral olduğunu öğrendiğim beye sabahın bu erken saatinde yeni banka projemle ilgili verebilecek fazla bilgim olmadığını, kendisini arayabileceğim bir telefon numarası bırakırsa, onunla daha sonra görüşeceğimi söyleyip telefonu kapattım.

Bu banka işine meraklı sayısı gerçekten fazlaydı. Herkes bir banka sahibi mi olmak istiyordu acaba? Bu sorunun cevabı kesin bir "evet"tir.

Dönemin Cumhurbaşkanı Turgut Özal'ın oğlu Ahmet Özal çeşitli işlere girerek ülke gündemindeki yerini hep korumaya çalışmıştır. Ahmet Özal'la yakınlığım olmadığı gibi, birkaç sefer karşılaştığımda bir-iki hatırlaşmadan öte konuşmamız da olmamıştır.

Tuğral Bey'in sabah 07:45'teki telefonunun verdiği şaşkınlıkla keyif arasındaki duygunun etkisi akşama kadar sürmüştü. Akşam evde bazı misafirlerle yemek yiyorduk. Telefon çaldı. Telefona çıkan kızım not aldı ve sonra arayacağımı söyledi. Arayan Ahmet Özal'dı, gece 01:00'e kadar arayabileceğim bir telefon bırakmıştı.

Rastlantı bu ya, aynı gün, yani daha altı yedi saat önce, öğlende saçlarımı kestirirken, berber Vehbi kulağıma eğilmiş ve bana fısıldayarak

"... Abi hayırlı olsun. Ortakların belli oldu mu? Bu işin içinde Ahmet Özal yok değil mi?.." gibisinden bir soru yöneltmişti.

Bir yandan merak ediyor, diğer yandan, acaba benden önce duyduğu bir dedikoduyu mu aktarıyor, diye düşünüyordum. Ben gayet kesin,

"Ortakların kim olacağı daha belli değil, ama Ahmet Özal'la hiç görüşmedim," diye cevaplamıştım.

Berber Vehbi'yle konuşmamın üzerinden daha bir gün geçmeden Ahmet Özal'ın beni araması, bana rastlantıdan çok Berber Vehbi'yle Ahmet Özal arasında, ortaklık olmasa bile, muhtemel bir bağın olabileceğini çağrıştırdı!

Gece misafirleri uğurladıktan sonra, on ikiye doğru, bırakılan telefondan Ahmet Özal'ı aradım. Ahmet Özal bana önce Garanti'den ayrıldığımı basından izlediğini ve hayırlı olması dileklerini ilettikten sonra planlarımın ne olduğunu sordu. Yeni banka kurma projesi anlattım. Dinledi. Sonra:

"Şu sıralarda bildiğim kadar banka kuruluşuna izin verilmiyor. Ama anlattığın tür bankacılık tam benim düşündüğüm türde bir proje. Benim aslında, Magic Box'ta (Star TV) oldukça iyi birikimim oldu. Bir banka projesi beni çok ilgilendiriyor. Seninle bir görüşsek iyi olur. İki gün sonra konuşuruz..." diye düşüncesini gayet açık ve net şekilde aktardı.

Banka kuruluşuna izin verilmesinin zorluklarından başlayarak, kendisinin de banka işine girme arzusu ve görüşme isteği... İki gün uzun uzun düşündüm. Ben kendisini aramayacaktım. Eğer o beni bir kere daha ararsa, o zaman zorunlu olarak görüşecek ve ortakları tespit ettiğimi, onlara sözüm olduğunu, onlara da danışmam gerektiğini falan söyleyerek geçiştirmeye çalışacaktım. Endişem Ahmet Özal'la ortak olup olmamak değildi. Çünkü kendisini tanımıyordum. Endişemin asıl kaynağı böyle bir ortaklık olması halinde ortaya çıkacak türlü söylenti, toplumda yapılacak çeşitli spekülasyondu.

Ahmet Özal benim duraksadığımı hissetmiş olmalı ki, o da duyarlılık gösterdi ve beni tekrar aramadı...

Garanti Bankası'ndan ayrılabileceğimi ve yeni bir banka kurmama karşı çıkmayacağını belirten Ayhan Şahenk bu projede beni destekleyebileceğini ve %35 oranında ortak olabileceğini söyledi. Önce sevindim. Sonra oranı yüksek buldum. Kendisine %15 teklif ettim. Teşekkür etti. Hiç istemedi.

Banka kurucusu olmaya meraklı kişi sayısının gerçekten de çok olduğunu öğrenmekteydim! Ama gördüm ki bazıları ya boşa konuşmaktan hoşlanıyor, ya da başka nedenleri olmalı ki, istemelerine rağmen bu işe giremiyor. Örneğin bir akşam Suna-İnan Kıraç'ın evindeki davette bir gazeteci arkadaşım yanıma yaklaşıp,

"Senin bu banka işinde ne derece başarılı olacağını biliyorum, beni de ortak alsana," deyiverdi.

Kendisine memnun olacağımı, bankanın çok ortaklı bir modelde oluşacağını, bu nedenle pek çok kişiye küçük miktarda ortak olma olanağı önerdiğimi, kurucu ortak olarak on bin liralık sembolik bir hisse ile kendisinin de iştirak edebileceğini, ismini koyabileceğini, büyük para koymasına gerek olmadığını, kendisine gerekli kâğıtları göndereceğimi söyledim. Çok teşekkür etti. Biraz sonra yanıma gelip kendisinin aslında gazeteci olduğunu, isminin bir bankanın kurucu ortakları arasında geçmesinin başka sakıncalar getireceğini vb. bir sürü mazeret üretti. O zaman ben de dönüp "Önce düşün, sonra konuş." diyemedim.

Aynı akşam büyük bir sanayi topluluğunun genel koordinatörü de bu projeye ortak olmak istediğini ve sermaye yatırabileceğini söyledi. Bir büyük topluluğun bu önemli ismini yanıma almanın benim için ne denli güçlü bir adım olacağını düşünmekle birlikte, topluluğun iç yapısını biraz bildiğimden, ailenin dışında pek yatırım yapmadıklarından vb. fazla umutlanmadım. "Şeref duyarım," falan diye geçiştirdim... Aynı kişi daha sonra bu isteğini bir kere daha tekrarladı. Yine bir adım atmadım. 1991 yazı, haziran sonunda güney kıyılarında bir seyahatte aynı kişiyle yine karşılaştık. Altı yedi kişilik bir topluluğun arasında benim kuracağım bankaya ortak olmak istediğini, kendisine bu sefer de teklifte bulunmazsam "artık alınabileceğini" tekrarlayınca, bu kez döndüm ve somut bir adım attım.

"Beyefendi sizinle ortak olmak bana güç katar. Yüzde kaç girmek istersiniz? " diye sordum.

"En çok %10 " diye cevapladı.

Çok heyecanlanmıştım. Sevinçten neredeyse uçacaktım.

1967 yılında Ahmet'le birlikte üniversite üçüncü sınıfının yazında kendimize staj yeri ararken, büyük bir holdinge de başvurmuştuk. Personel müdürü benimle ve Ahmet'le ayrı ayrı görüştükten sonra hakkımızda yaptığı her türlü araştırma, soruşturma, kovuşturma ve oluşturmalardan sonra bizim "komünist düşüncelere" eğilimli olduğumuz kanısına varmış. Üniversitede bu tür aşırı düşüncelere sahip kişilerin "elebaşıları" olduğumuz yönünde de gayet önemli bilgiler elde etmiş. Bu nedenle de bu holding bizi "sakıncalı" kişiler olarak bir buçuk aylık staja bile kabul etmemişti...

O günden bu yana geçen dönemde tabii çok şeyler değişmişti. Birincisi, komünizmin korkulacak bir güç olmadığını, okul çağında pek çok sağlıklı gencin kızlara âşık olması gibi, bu tür düşünceleri araştırmasının da sakıncalı olmayabileceğini, tersine sağlıklı olabileceğini, sanırım hem zamanın personel müdürü, hem toplumun geri kalan tutucuları da anlamıştı... İkincisi bizim bu arada "komünist eğilimlerden" hızla uzaklaştığımızı ve serbest ekonomi sistemin "elebaşıları" haline geldiğimizi de hemen herkes görmüştü... Üstelik Ahmet uluslararası platformda başarıyla bunun "hocalığını" bile yapar duruma gelmişti. Üçüncüsü Filiz Hanım artık personel müdürlüğünden emekli olmuştu...

Sonunda bir zamanlar bir holding açısından 'sakıncalı' olarak değerlendirilen şahsıma şimdi, büyük bir topluluğun en önde gelen isimlerinden biri ısrarla kişisel ortaklık öneriyordu. Bir insanı mesleki açıdan böylesine heyecanlandıracak başka ne olabilirdi ki... Olamazdı.

Seyahat dönüşünde oturdum ve projemi ayrıntılarıyla açıklayan bir dosya hazırladım. Artık daha fazla gecikmeden bu işi bitirmeliydim. Oysa kurmayı tasarladığım bankanın ortaklık yapısı da neredeyse kesinleşmişti. Şimdi böylesine önemli bir ismin aramıza katılma isteğini göz önüne alarak yeniden bir düzenleme yapmam gerekecekti. Olsun. Önemli olan böyle bir ismin benim yanımda olmasıydı. Ben bu isimle dünyaları devirirdim gibi hissediyordum. Bu isimleri yalnız varlıklı bir aile olarak değil, saydığım ve sevdiğim kişiler olarak görüyordum.

Dosyamı hazırladım. Büyük bir zarfın içine koydum. Üzerine "Kişiye Özel" yazarak, 2 Temmuz 1991 günü öğleden sonra kendisine gönderdim.

3 Temmuz günü öğlende (yani yirmi dört saat geçmeden) dosya aynen, yani açılmadan geri geldi. Üzerinde bana hitaben küçük bir zarfla birlikte.

Oysa gönderdiğim dosyayı incelemesi için en az iki gün ayırması gerekiyordu. Küçük zarfı açmadan kendi kendime tahmin yürüttüm:

Bir: Bana çok güveniyor, okumadan gönderdi, belgeleri gönder imzalayayım, diyor.

İki: Seni işlettim, bu işle ilgilenmiyorum enayi, diyor.

Üç: ... daha fazla sabredemedim, küçük zarfı açtım. Bana son bir ayda üç kere ısrarla tekrarlanan ortaklık önerisi hakkında, yazısında beni övücü 3-5 sözden sonra özetle diyordu ki:

"Grubumuzun bir prensibi vardır. Mensuplarımız ailenin izni olmadan dışarıda herhangi bir kişisel yatırıma giremezler ... bu yüzden çok istememe rağmen... zarfınızı açmadan....."

Ve ortaklık gerçekleşmedi.

İnsanların çeşitli nedenlerle bazı şeylere heves etmelerinin, farklı şeyler yapmak istemelerinin, yaşadıkları ortamdan yeteri kadar mutlu olmamalarıyla bir ilişkisi var mıdır? Yoksa, yeni bir şeyler yapabilme arzusunun, kısa dönemli bazı sıkıntıların, karşındakine etkisinin ne boyutta olacağını düşünmeksizin zaman zaman açığa vurulmasından ibaret midir? Yeni girişimler esas itibariyle kolay olmayıp, çok cesur kararlar gerektirir. Değişim kısa süreli bir flört olmaktan çıkıp, ciddi bir yaşam tarzı haline dönüşebildiği ölçüde gerçekleştirilebilir. Değişimi mevcut alışkanlıklarla birlikte yaşamak arzusu sanırım bizim toplumun geliştirmeye çalıştığı, özlemden öteye gitmesi mümkün olmayan tuhaf ve yorucu bir romantizmdir.

Şu Uzakdoğuluları, yani çekik gözlüleri, hep birbirleriyle karıştırmışımdır. Bundan dolayı başıma gelen bir olayı önceki sayfalarda anlatmıştım. Uzakdoğuluların bulunduğu ortamda kimin hangi ülkeden olduğunu anlamakta hep güçlük çekmişimdir. Ancak bu güçlüğü çekenin yalnız ben olmadığımı bir vesileyle anladım. Hem de bir daha unutamayacağım bir şekilde...

1991 yılının önemli olaylarından biri Zeynep-Efe Özal çiftinin düğünüydü. Biz kız tarafının davetlisiydik. Önceden belirlenen yerlere göre oturduğumuz masada bizim dışımızda Çin Büyükelçisi ve eşi de bulunuyordu. Tanıştık, selamlaştık. Birazdan aynı masaya Hazine Dış Ticaret Müsteşarı Namık Kemal Kılıç ve eşi de geldiler. N.K. Kılıç bir hafta önce Japonya'dan gelmiş. Dolayısıyla Uzakdoğu ile ilgili anlatacak bazı hikâyeleri olmalı ki, masaya oturur oturmaz, Çin Büyükelçisi'ne hitaben,

"Bir hafta önce ülkenizdeydim. Tokyo'da baharlar açmış..." diyerek anlatmaya başladı.

Ben de içimden kıs kıs gülmeye... İnsanın yaşamda kendini yalnız hissetmemesi hoş bir duyguydu! Yıllardır sıkıntısını çektiğim olay Japonla Çinli arasındaki farkı kavrayamamaktı. İşte benim gibi biri daha ve hem de benim önümde, benzer bir potu kırıyordu.

Ertesi gün düğün dedikoduları yapılırken, Mehmet Barlas bizim masada kimlerin olduğunu sordu. Ben de olanları sıraladıktan sonra, N.K. Kılıç'ın olayını anlattım. Hikâye Barlas'ın hoşuna gitmiş olmalı ki, Sabah gazetesindeki "Zaman Tüneli" köşesinde yayımlayıvermiş. Barlas'ın devamlı okurlarından olan N.K.Kılıç da, yaptığı gafın masada oturanların dışında Türkiye'de birkaç yüz bin kişi tarafından daha öğrenilmesinden hoşnut olmamış. Barlas'ı arayıp bunu nereden "uydurduğunu" sorunca, Barlas hiç çekinmeden kaynağını söylemiş:

"Uydurmadım, İbrahim Betil de seninle aynı masadaymış, o anlattı!"

Fazla boşboğaz olmamaya çalışırım ama yaptığım kadarıyla boşboğazlıklarım beni her zaman çok yakından izlemiştir. Her birinin hesabını da hiç umulmadık anlarda vermek zorunda kalmışımdır.

Düğündeki olayın üzerinden zaman geçti. Ben Garanti Bankası Genel Müdürlüğü'nden ayrıldım. Yeni banka kurmak için çalışmalara başladım. Bu arada Ankara'ya gidip Hazine'nin bağlı olduğu bakan Güneş Taner'i de ziyaret ettim. Bakan'la, bir yandan sırtımdan üfüren klimanın serinliğine, diğer yandan Bakan'ın masasının üstündeki tabancasının bende yarattığı ürpertiye rağmen sıcak bir havada sohbet ettik. Bakan'ın odasında konuşurken, birden kapı açıldı ve içeri giren Özel Kalem Müdürü, Hazine Dış Ticaret Müsteşarı Namık Kemal Kılıç'ın bir süredir dışarıda beklemekte olduğunu Bakan'a hatırlattı. Benim Bakan'la konuşacaklarım zaten bitmişti, daha fazla meşgul etmemek düşüncesiyle Bakan'dan izin istedim. Bırakmadı.

"Otur birlikte konuşalım," dedi. Çaresiz oturdum.

N. K. Kılıç içeri girdi, ben kendisini saygıyla selamlarken, o daha yerine oturmadan,

"Benim hakkımda dedikodu yapan demek sensin! Yeni banka kurmak için uğraşıp durma, izin falan yok!" diye Bakan'ın yanında bana çıkışmaz mı?

Ben son derece saf, ne dedikodusu falan, diye anlamazlıktan geldim. Biraz zaman kazanmak, biraz da neden söz ettiğinden iyice emin olmak istiyordum. Belki, bir umut, benim beklediğim konu açılmazdı... O devam etti:

"Barlas'a benim Çinlilerle Japonları karıştırdığımı anlatmışsın! O da yazmış... Sordum, kimden duydun, dedim. Barlas bana 'Betil anlattı,' dedi"

Umut falan bitmişti. Konu çok açık, netti. Daha da fazlası, son derece sıkıcıydı. Tam yeni banka kuracağım derken ve bunun temel izinlerinden biri Hazine Müsteşarı'nın imzasına bağlıyken, kocaman bir çam devirmiştim. Altından kalkılacak gibi değildi. Bakan bakakalmıştı! Şaş-

kın şaşkın bir ona, bir bana bakıyordu.
Bir şeyler söylemeliydim. Yaratıcı olmalıydım. Şakaya vurmak benim tarzım değildi. Sonunu getiremezdim. Özür dilesem konuyu kabullenmiş, başımı peşinen eğmiş olacaktım.
O dakikaya kadar sırtımdan üfüren serin havanın soğukluğu birden yok oldu. Masa üstünde duran tabancayı falan da unuttum. Ter bastı. Ama tavrımı, heyecanımı dışa vurmadım, gayet sakin bir şekilde:
"Aman sayın Müsteşarım, Barlas saçmalamış... Zaten o arada sırada saçmalar. Benim düğün gecesiyle ilgili kendisine anlattıklarımı, doğru dürüst dinlememiş, yanlış anlamış. Masada kimlerin olduğunu bana sorunca, ben de ona Çin Büyükelçisi'ni söyledim ve hemen ardından bu Çinlilerle Japonları hep karıştırdığımı anlattım. Maşada ayrıca sizin de olduğunuzu söyledim. Anlaşılan o ki Barlas benim yanılgımı almış, süsleyip, çarpıtıp size yakıştırmış. Gazeteci bunlar... siz benden daha iyi bilirsiniz, yaparlar!"
Kendimi kurtarmak için Mehmet Barlas'ı harcamıştım. Kusura bakmazdı nasılsa!
Namık Kemal bunlara ne derece inandı, bilemem. Ama Bakan da benim çaresizliğimi fark edip, sözlerimi destekler yönde konuşunca, Namık Kemal'in, en azından inanır görünmekten başka şansı kalmamıştı...

Banka kuruluşu için çeşitli belgeler, formaliteler gerekliydi. Bunları toparlamak zaman alırken, hükümet değişti. Dolayısıyla bu işe siyasi yönden etkili olabilecek bakan da değişti. Eski Bakan Güneş Taner benim projeme olumlu bakıyordu. Gerçekçi ekonomik standartlar koymuştu. Şartları yerine getirene banka izni verme eğilimindeydi. Şimdi o gitmişti. Yeni bakan, yeni hükümetin güçlü kişisi Ekrem Pakdemirli oldu.

Ekrem Bey'le ilgili geçmiş izlenimlerim ve küçük bir deneyimim dolayısıyla cidden endişelenmeye başladım. Bizim proje galiba suya düşecekti. Ne olursa olsun gidip kendisiyle görüşmeliydim. Çevremde pek çok dostum araya girmeye çalıştı. Kimisi çok yakından tanıdığını söylüyor, kimisi Ekrem Bey'in eski iş ortağıyla tanışmamı öneriyordu. Kararımı verdim. Araya kimseyi sokmadan, doğrudan kendim girişimde bulunacak ve randevu isteyecektim. Eğer Ekrem Bey'in gerçekten bana benzeyen "aksi" bir yönü varsa, araya adam sokarak randevu alınmasından rahatsız olabilirdi!...

Telefon edip isteğimi yazdırdım. Üç gün geçti cevap yok. Yeniden aradım... İki gün geçti, gene aradım... İki hafta, cevap yok. Sıkılmaya başlamışken arkadaşım Şerif bana bir öneride bulundu.

"Ekrem Bey açık sözlü bir insandır, başı kalabalık olduğu için randevu veremiyordur. Bu hafta Brüksel'e gidecek. Sen de uçağa atla Brüksel'e git. En rahat yolda konuşursun. Telefon yok... rahatsız eden seçmenler yok... istediğin kadar konuş. Ben pek çok sorunumu bu tür yolculuklara çıkarak anlattım. Bir keresinde Güney Amerika'ya kadar bile gitmek zorunda kaldım..."

Öneri beni biraz güldürdü, diğer yandan da hoşuma gitti. Şerif mantıklı konuşuyordu. Rastlantı bu ya, aynı toplulukta Türk Hava Yolları Genel Müdürü de vardı. Baktım o da böyle bir yaklaşıma çok ters bakmıyor. Ekrem Bey'in programını sordum. Kesin bir bilgisi yoktu. İstetti. Biraz sonra Ekrem Bey'in Brüksel yolculuğu hakkında ayrıntılı bilgi geldi. Kararımı vermiştim. Gidecektim... Ama gerek kalmadı... Ertesi gün Ankara'dan telefon geldi, Ekrem Bey hemen gelmemi istiyordu... Özel kalem müdürünün söylediğine göre Bakan Bey bir yolculuğa çıkacakmış, çıkmadan benimle görüşebilecekmiş... Brüksel'e gitmem gerekmedi, ama Şerif'in bu pragmatik yöntemini beğenmiştim.

Gittim. Ekrem Bey beni görür görmez, "Ben Garanti Bankası'ndan kredi kartı falan istemedim. Orta Doğu Mezunlar Derneği'nden ismimi almışsınız. Kart yollamışsınız. Arkasından da 400 000 TL borcun var, yollamazsan aylık şu kadar faiz ödersin diye kâğıt gönderiyorsunuz... Siz ne biçim bankacılık yapıyorsunuz..."

Garanti Bankası'ndan ayrılalı neredeyse üç ay olmuş. Ben kendimin de ortak olacağı yeni bankayı kurmak için Ekrem Bey'e gitmişim. Oysa karşıma çıkana bak! Olacak iş değil... Böyle bir giriş beni oldukça tedirgin etti. Ama baktım, yüzü yumuşak. Uygulamayla ilgili özür falan diledim. Kendi konuma geçtim. Projeme olumlu baktığını söyledi. Rahatladım.

Başvurumu yaptım, beklemeye başladım. Beklenmedik bir gelişme daha oldu. Yeni değişen hükümet erken seçim kararı aldı. Keyfim kaçtı. Tekrar Ekrem Bey'i ziyarete gidip işi hızlandırmak istedim. Gittim. Bu kez seçimden önce yeni banka kuruluşuna izin verilmeyeceğini söyledi. İyice sıkıldım. Son yedi sekiz aydanberi tüm uğraşlarım, çabalarım boşa gitmişti. Ankara'dan dönerken İlhan Nebioğlu ile beraberdim. O da bana yardımcı olmak için gelmişti. İlhan'ın durumu sanki benden daha kötü gibiydi. Projenin çökmesine neredeyse benden daha çok üzülüyordu. Ona bakıp teselli etme gereği duydum. Yıllar önce bir arkadaşımın söylediklerini tekrarladım:

"İnanıyorum ki önemli olan sağlıklı olmak ve ayakta kalıp nefes alabilmektir. İnsanlar bu iniş çıkışlarla olgunlaşırlar, yaratıcılıkları gelişir. Ayrıca gün doğmadan neler doğar. Sen yarın neler olabileceğini biliyor musun? Bunlar önemli değil. Sıkılma başka bir proje bulur oyalanırız..." falan gibi sözlerle sevgili İlhan'ı avutmaya çalıştım. Çok sıkılmıştım ve isyan edecek gibiydim. Nasıl olur da bana izin verilmezdi... Akşam komşularımızın evindeydik. Ankara dönüşümün sonucunu herkes merak ediyordu. "Tamam, her şey iyi," falan gibi sözlerle kimsenin keyfini kaçırmadım. İki gün sonra birdenbire değişik bir şeyler oldu. Aynı günlerde Başbakan Mesut Yılmaz'la bir başkaları da temas etmiş, kurulmak için sırada bekleyen bankaları anlatmış. Ve Mesut Bey Ekrem Bey'le görüşüp, yalnız benim değil, bekleyen tüm banka başvurularına izin verilmesine karar vermişler. Bu haber bana geldiğinde pek inanmak istemedim. Bekliyordum. Nitekim seçimlerden on gün önce çıktı. Garanti Bankası'ndan ayrıldıktan tam bir yıl sonra, 27 Nisan 1992'de, Bank Ekspres faaliyete geçti...

BANK EKSPRES

Gölgesiz ağacın altında durma
Gecenin ortasında günü arama
Yıldızlarla kar aydınlanmaz
Her ışık vereni güneş sanma

Notlarımı okura sunarken, bunların mesleki yönden "tekdüze" bilgilerle sıkıcı hale getirilmeyeceğine işaret etmiştim. Söz vermiştim. Ama dayanamadım, çok sınırlı da olsa, mesleki birşeyler yazmaya karar verdim. Ekte (EK 1 ve EK 2) sunduğum bölümler benim meslek yaşamımda edindiğim deneyimlerin, bankacılık ve yöneticilik anlayışımın ciddi bir özeti olarak değerlendirilmelidir. Sıkıcı bulan olabilir, ancak ben yine de okumanızı, özellikle mesleğinde bir yerlere gelmek isteyen genç bankacı arkadaşlarımın okumasını tavsiye ederim.

Bir profesyonel yönetici olarak çeşitli kademelerde 20 yıl çalıştıktan sonra, yepyeni bir iş kurabilme olanağını yakalayabilmiş şanslı kişilerden biriydim. Kuracağım işi enine-boyuna öylesine planlamalıydım ki, ortaya çıkan tablo her yönüyle beni ve birikimlerimi yansıtmalıydı. Hiçbir kısıtlama olmadan, bembeyaz, boş bir sayfaya dilediğini çizebilmek gibi bir şey... Tek kısıtlaması vardı: Çizdiğim herşeyin hayata geçirilebilir olması ve tabii ki ekonomik rekabet ortamında yaşayabilir olması gerekiyordu.

Bank Ekspres'in kuruluşu için çalıştığım 1991 yaz aylarından elime geçen bazı notları okurla paylaşmak istedim. Banka'yı kurmadan önce amacımı, yapmak istediklerimi, "Nasıl bir banka olmalı?" sorularına yaklaşımlarımı ve dağınık düşüncelerimi ekteki şekilde kağıda dökmüştüm.

Bank Ekspres bu temel görüşler üzerine kurulmuştu: Hiçbir harfiyle, kelimesiyle oynamadan ekte aynen aktarıyorum. Yine kuruluş aşamasında hazırladığımız ve bankaya alınan her çalışana öncelikle imzalatarak, iş sözleşmesinin bir parçası haline getirmeyi planladığımız Ahlaki İlkeler Yönetmeliği'ni toplumda özellikle 2000 yılından itibaren yaşadıklarımıza bakarak yaptığım bazı eklemelerle birlikte sizlere sunmak istedim.

Bank Ekspres'in kuruluşundan önceki düşüncelerimin kağıda dökülmüş şeklini bu notları okuyarak bulmak mümkün. Bunlara yukarıda yazılı olmayan ancak Garanti Bankası'ndan ayrılmamın temel nedeni olan ve dolayısıyla sonuç olarak beni Bank Ekspres'i kurmaya zorlayan bir konuyla ilgili yaklaşımımı da eklemem gerekir. Profesyonel bir yönetici olarak 20 yıl çalıştıktan sonra Garanti Bankası patronundan istediğim bana ve üst düzey yönetici arkadaşlarıma küçük miktarda bir hisse verilmesi idi. Yurt dışında da yaygın ve benzer uygulamaları olan bu yöntemle bizler bankaya daha çok bağlanacaktık. Önerim kabul görmemişti.. Reddedildiğim için ayrıldığımı yukarıda da anlatmıştım.

Kendi kuracağım bankada yapacağım ilk işlerden biri profesyonel yöneticileri Bank Ekspres'e bağlayabilmek ve onların beklentilerine, kendileri istemeden önce cevap verebilmek amacıyla böyle bir uygulama başlatmak olmalıydı. Bunu yapmak için seferber oldum. Banka'da belli bir süre çalışan üst düzey yöneticilere kendi hisselerimin bir kısmını bedelsiz olarak devrettim. Karşılığında belirlediğim tek koşul, belli süre bankadan ayrılmadan çalışmalarıydı. Bu dönem süresince o hisse senedinin tüm haklarından yararlanacaklar, dönemin sonunda, bankadan ayrılsalar bile hisse senedinin resmi mülkiyeti kendilerine geçecekti.

Ülke koşullarındaki bankacılık sektörüne göre devrimsel bir iş yapıyordum. Bana yapılmayanı ben başkalarına yapıyordum. Doğru yaptığıma inanıyordum.

Bu kararı aldıktan kısa bir süre sonra üst düzey bir yönetici arkadaşımla konuşurken, yıl içinde kendisine devrettiğim hisse senetlerinin piyasa değerinin geldiği nokta itibariyle oldukça önemli olduğunu ifade ettim. Kendisi bana o hisselerin maddi değerine önem vermediğini, esas olarak manevi değerinin önemli olduğunu ifade etti. Önem verilmeyen maddi değer o yıl içinde ilgili kişinin aldığı tüm maddi hakların yaklaşık iki katıydı... Kısa bir süre sonra kendisine hisse senedi tahsis ettiğim bir başka yönetici arkadaştan bir not aldım.. Kendisine tahsis ettiğim hisse senetlerini benim geriye satın almamı veya bir başkasına satabilmesi için izin vermemi istiyordu...

Sevinmeli miydim... yoksa üzülmeli miydim... İstediğim olmuş muydu? Bazı şeyler istenmeden verilince değeri beklendiği gibi olmuyor muydu? Bazı şeylerin önemi kişiden kişiye değişiyor muydu? Benim meslek yaşamımda çok önemli gördüğüm ve uğrına önemli olanakları teptiğim bir düşünce, yoksa benim değer verdiğim kadar önemli bir düşünce değil miydi!

Geçen yıllardan geriye baktığımda yaşamda duyduğum en büyük zevkleri, en büyük keyifleri hep kafamda tasarladıklarımı gerçekleştirebilmekten almışımdır. Her konuda... Arkadaş seçiminde, eş seçiminde, çocuk büyütmekte ve eğitimde, iş yaşamında... İnsan ilişkilerinde kişinin düşündüğünü gerçekleştirebilmesi kadar tatmin edici ne olabilir ki?

Bana sınırsız, sorgusuz güven göstererek Bank Ekspres'i dilediğimce kurup, dilediğimce yönetmemize olanak tanıyan büyük-küçük tam 45 yatırımcı ortağımız vardı. Bu modelle Türkiye'de ilk kez hiçbir kişi veya grubun tek başına kontrolunda olmayan bir banka kurabilmeyi gerçekleştirmiştik. Bana ve çalışma arkadaşlarıma bu güveni gösteren tüm ortaklarımıza her zaman şükran duydum. Çok doğru bir model olduğuna inanmıştım. Hâlâ da zaman zaman öyle olduğunu sanıyorum. Ama galiba değilmiş. Modelimiz istikrarsız ekonomik ortamların modeli değilmiş.

ORTA ASYA YOLLARINDA

Susuz köyün sakası
Yok kenara koyacak parası
Bu ortamda onun yırtılmazsa
Kimin yırtılacak yakası

1960'lı yılların ortalarında üniversite öğrencisiydim. Bir kış tatilimi değerlendirmek amacıyla trenle Erzurum'a gidiyorduk. Üç günlük tren yolculuğumuzun ikinci gününde, sanırım Kayseri'den, bizim kompartımanımıza bir yolcu geldi. Esmer, bıyıklı, yağız bir delikanlı. Yol boyunca Türklerin anayurdundan, Orta Asya'dan söz etti, komünistlere sövdü. O zamanların MHP örgütünden olduğu belliydi. Ve biz uzun uzun tartıştık, düşüncelerini benimsemediğimizi söyledik. 1960'larda Orta Asya, bize göre MS 1200'lerde kalmış stepler ve bozkırlardan oluşan bir coğrafya parçasından öte değildi. Turancılığı çağrıştırdığı ve Pan-Türkizm şarkılarının esin kaynağı diye görüldüğü için ve daha önemlisi Sovyet demirperdesiyle örtüldüğü ve bastırıldığı için bizim toplumun geniş kesimlerinin ilgi odağından uzak duran bir coğrafya parçasıydı.

1992 Ağustos'unda durum çok farklıydı. Yeni özerklik kazanmış Kazakistan'ın Cumhurbaşkanı Nazarbayev ailesiyle birlikte Antalya/Kemer'de tatil yapıyordu.

Kazakistan yeni Orta Asya Cumhuriyetleri arasında doğal kaynakları en zengin olanıydı. Serbest pazar düzenine geçme hazırlığındaydı. İş olanakları gelişiyordu. Kazakistan'da bir banka kurma olasılığını değerlendirmek amacıyla ben de Kemer'e gidip orada kalan Nazarbayev ile görüşmek istedim. Olumlu cevap geldi. Cumartesi günü öğleye doğru, Kemer'de Kiriş oteline gidip Cumhurbaşkanı Nazarbayev'i ve Dış Ekonomi Bakanı Abişev'i sordum. Deniz kıyısında olduklarını öğrendim ve Mevlut'la birlikte deniz kıyısına doğru yürümeye başladık.

Mevsim yaz ve sıcak, ağustosun öğleni daha sıcak, Antalya'nın Kemer'i ise çok sıcaktı. Yer kabuğunun altında ateş yakılmış gibiydi. Mevlut lacivert takım elbiseyle ve kravatlı, ben ise pantolon-ceketle, kıravatsızdım. Deniz kıyısına yaklaştık, beton yol bitti, çakıl-kum karışık, Yetmiş seksen metre enindeki kıyı şeridi başladı. Beton yolun bitiminde bir lokanta-bar vardı. Gölge. Oturduk, birer portakal suyu istedik. Gelen garsona Kazak Cumhurbaşkanı ve diğer yetkililerin yerini sorduk. Genç adam kolunu kaldırdı, işaret parmağını uzatarak kum-çakıl'ın denizle birleştiği noktadaki şemsiyeleri ve altında oturan 8-10 kişilik kalabalığı gösterdi. Hepsi mayolu ve rahat bir ortamdaydı. Grubun bir kısmı da denizde serinlemekteydi.

Bir Mevlut'a ve giysilerine baktım. Bir de kendime baktım. Bu giysilerle kum ve çakılların üzerinde yürüyüp yanlarına gitmek gülünç olacaktı. Aslında buna hazırlıklıydım. Sabah evden çıkarken Sedef yanıma mayo almamı hatırlatmıştı. Ben de yanıma üç tane birden almıştım. İyi yapmışım, çünkü Mevlüt hazırlıksız ve mayosuzdu.

Mayoları çantamdan çıkarttım ama nerede değişecektik. Mevlut kalktı ve garsonla bir şeyler konuştuktan sonra bana işaret etti. Yürüdüm. Kıyıdaki bu lokanta-barın arkasındaki mutfakta, bir kenarda soyunmaya başladık. Ceketimi patates çuvalının, pantolunumu Coca-Cola kasalarının üzerine koydum. Mevlut da ceketini deterjan kutularının rafına, kravatını ve pantolonunu büyük buzdolabının kulpuna asmıştı. Bir an göz göze geldik, ikimiz de donlaydık. Mevlut pratik zekâsını kullanarak buzdolabının kapısını açtı. Kapının dış tarafında Mevlüt kaldı. İç tarafında ise ben. Birden ortam soğudu. Serin havanın etkisiyle biraz üşümeye başladım. Buzdolabının içinde etler ve kıymalar, domates ve bira vardı. Mevlut'la aramızdaki kocaman kapı ikimizin de rahatça değişmesini sağladı. Mayolarımızı giydik. Giysilerimizi mutfaktaki patates ve soğan çuvalları üzerine bıraktık. Artık Kazakistan Cumhurbaşkanı ve Dış Ekonomi Bakanı ile yeni bir banka kurulması görüşmelerini başlatmaya hazır hale gelmiştik. Hazırdık ama önümüzde çok ciddi bir sorun daha vardı. Bu sorunu aşmak için ne kadar zorlanacağımızı biliyordum. Önümüzde yürümemiz gereken yaklaşık yüz metre bir alan vardı. Çocukluğumdan bilirim, kızgın güneşte, çıplak ayakla kumda yürümek çok zordur. Hele çakılda yürümek! İşkenceden beter. İkimizde de terlik falan yoktu. Oraya kadar mayolarımızın altında ayakkabıyla gidemezdik ya. Otele geri yürüyüp mağazalardan ayağımıza birer terlik alamaz mıydık? Öyle yapılmasını ben de önerdim. Oysa bizim Mevlut iddialı:

"Bana bir şey olmaz," deyip yürümeye başlayınca, ben de onu yalnız bırakmadım.

İlk on metre fena değildi. On beşinci metreden sonra adımlarımı hızlandırmaya, otuzuncu metreden sonra bir ayağımın üstünde fazla kalmamak için sıçramaya başladım. Bunlar ya refleks, ya da çocukluktan kalma alışkanlıklardı. Ellinci metrede birden durdum. Ayaklarımla kumları eşeleyip, serin tabakayı buldum. Bu kesinlikle çocukluktan kalmaydı. Mevlut pek belli etmiyordu ama, onun da yandığı kesindi. Asıl zor kısım ikinci elli metre olacaktı. Mevlut'a nasıl yapması gerektiğini iyice tarif ettim. Anlatırken kendimi görmüş-geçirmiş, deneyimli bir "hayat uzmanı" gibi hissettim. Verdiğim komutla ikimiz birden sıçrayarak koşmaya başladık. O halimizle denize yaklaşırken denizde serinleyen birilerinin (Cumhurbaşkanı'nın karısı ve kızlarıymış) bizi göstererek güldüklerini, halimize kıkırdayıp eğlendiklerini gördüm.

Karısının ve kızlarının bağrışıp çağrışmaları dikkatlerini çekmiş olmalı ki, Cumhurbaşkanı ve yanında ona ev sahipliği yapan bizim Devlet Bakanı'mız da bize doğru dönüp izlemeye başladılar. Ayaklarımız yana yana, sıçrayarak yanlarına geldik. Bizi tanıştırdılar. Niyetimizi söyledik. Cumhurbaşkanı Nazarbayev:

"Bize böyle koşarak geldiğinize göre, çok isteklisiniz. O zaman sizinle iş yapılır," gibisinden sözlerle işi şakaya getirdi.

Küçük toplulukla birlikte, kumlarda yaklaşık bir buçuk saat kalmıştık ki, bir arkadaşım bu güneşte bu kadar uzun kalınca çok yanabileceğimizi söyleyerek bizi uyardı. Haklıydı, tabii. Biraz krem verdi. Krem gecikmişti. Daha fazla güneşte kalamazdım. Birkaç kez serinledikten sonra yine sekerek ve sıçrayarak kıyıdaki lokanta-barın mutfağına gittik. Bu kez çok daha kolay ve hiç yabancılık çekmeden üstümüzü değiştirdik.

Ayaklarımın altı su toplamıştı. Ayrıca sırtım ve tepemdeki kelim de yanmıştı. Akşam eve dönerken hem sekerek yürüyordum, hem kelim hem de sırtım acıyordu. Orta Asya bozkırları da acaba böylesine yakıcı mıydı?

İki gün sonra İstanbul'da Cumhurbaşkanı Turgut Özal ve Kazakistan Cumhurbaşkanı huzurlarında yaklaşık 200 işadamının katıldığı bir Dış Ekonomik İlişkiler Konseyi (DEİK) toplantısında Türkiye ekonomisi ve değişik sektörlerle ilgili bir sunum düzenlendi. Bankacılık sektörü hakkında konuşma görevi de bana verilmişti. Çıktım ve yaklaşık on dakika süren sunumumu yapmaya başladım. Konuşmalarım eşanlı Kazakçaya çevrilirken, en ön sırada, hemen önümde oturan Kazak Cumhurbaşkanı'nın dikkatle notlar aldığını gördüm. Daha rahat yazabilmesi için konuşmamı yavaşlattım.

Sözüm bitti kürsüden indim. Yerime giderken ön sıradan bana işaret ettiler ve Kazakistan Cumhurbaşkanı'nın yanına çağırdılar. Kazak Cumhurbaşkanı benimle görüşmek istemişti. Yanındaki koltukta oturan Dış Ekonomi Bakanı Abişev kalktı, onun yerine oturdum. Hemen arkasındaki tercümanının yardımıyla bana:

"Kazakistan'da banka kurmak ister misin?" diye sordu.

Kendisine "Bunu düşünüyorum. Bu nedenle iki gün önce Kemer'de sizi ziyaret etmiştim," dedim. Cumhurbaşkanı Nazarbayev bana doğru döndü, daha dikkatle baktı:

"O sıçrayarak yürüyen sen miydin?"

Adam mayolu halimle giyimli halimi bağdaştıramamıştı. Dahası mayolu halimle söylediklerimi değil, giyimli halimle söylediklerimi daha ciddi ve güvenilir bulmuş olmalı. İllüzyon!

YENİ İŞİN GETİRDİKLERİ

*Tüm yasaları sorgulayabilirsin
Direnebilirsin hakkını almak için her kurala
İki tanesini hariç tutmalısın, aklın varsa:
Doğanın ve ekonominin yasalarına karşı koyma!*

Bank Ekspres kurulduğu günden başlayarak başarılı bir gelişme gösterdi. Yurtiçi müşteriler, tasarruf sahipleri, yurtdışı kreditörler, çalışanlar, bankanın ortakları, kısacası konuştuğum herkes bankadan memnundu. Bütünüyle kendi çizdiğim, en ince ayrıntısına kadar kâğıt üzerinde geliştirdiğimiz proje artık uygulamaya geçmiş, canlanmış, gerçek yaşamda umduğumdan daha da başarılı bir gelişme gösteriyordu. Bir rüya... bir hayal... gerçek olmuştu.

Herkes bize dostça yaklaşıyordu.

Ekspres'in ana yönetici kadrolarını Garanti Bankası'ndan aldığımız yöneticiler oluşturmaktaydı. Ben Garanti Bankası'na beş yıl hizmet etmiştim. Oradaki arkadaşları tanıyor, onlara güveniyordum. Yeni bir banka kurarken haliyle bazı anahtar yöneticileri tanıdığım, bildiğim kişiler arasından seçmeyi tercih etmiştim. Tek başına bu olay nedeniyle, ne yazık ki, Garanti Bankası üst yönetimi ve sahibi bizlere küskün gibiydi, bizimle herhangi bir çalışma yapmıyorlardı. Hepimizin yıllarca hizmet ettiği, başarılarına katkıda bulunduğu eski yuvamızın, yeni projemizde bize sırt çevirmesi tek üzüntümüzdü.

Ekspres büyümeye, serpilmeye başladı, dikkat çekti. Zaman zaman bazı yabancı bankalar dahil pek çok kimse Ekspres'e ortak olmak istedi. Ortaklarımız ise gelişmeden memnun oldukları için, aralarına başka ortak almak iste-

mediler, getirdiğim birkaç öneriyi reddettiler.
  1993 Ekim ayında zamanın Merkez Bankası Başkanı eski okul arkadaşım Bülent'e telefon ettim. Merkez Bankası kurları ile serbest piyasa döviz kurları arasındaki farkın yıllardan beri ilk olarak açıldığını söyledim, bu konuda uyardım. Bülent söylediklerimi duymamışçasına bana "... sağlığımın nasıl olduğunu" sordu. Kızdım. Kendisine Merkez Bankası Başkanı olarak bir konuda uyarıda bulunduğumu, piyasalara dikkat etmesi gerektiğini söyledim. Pek önemsemedi... İki hafta sonra serbest piyasa kurları ile Merkez Bankası kurlarının arası daha da açılınca yeniden aradım. Bunun bir sıkıntıya işaret olabileceğini söyledim. Nedense yine ciddiye almadı...
  Ocak 1994'te gelişen mali kriz, önce banka sisteminde hissedildi. İlk olarak bir devalüasyon yapıldı. Merkez Bankası Başkanı görevinden istifa etmek zorunda kaldı. Gelişen koşullar üç bankanın peş peşe tasfiyesine yolaçtı. Başlatılan bazı söylentiler sonucu "büyük bankalar sağlamdır, küçük bankalar zayıftır" izlenimi giderek piyasada yayıldı. Bazı büyük bankaların başını çektiği bir dedikodu kampanyası banka sisteminden bazı küçük bankaların elenmesi için bayrak açmıştı. Sistemin oligopol yapısının bozulmayıp altı yedi bankaya terk edilmesi için sanki yeni bir çaba başlatılmıştı.
  Türkiye'nin kredi notu iki ay içinde peş peşe üç kez düşürüldü. Dış bankalar tüm kredileri kestiler. Halk, bankalardan paralarını çekip yurtdışına göndermeye, evlerinde saklamaya başladı. Ülke ekonomisinde önemli bir "banka hücumunun" başlangıcındaydık ... Bankamızdan da önemli kaynak çıkışları başlamıştı. Düşündüm. Direnmeli miydim?
  Direnmemiz halinde yapılacak şunlardı: Bugüne kadar başvurmadığımız farklı yöntemlere başvuracaktık. Ör-

neğin devletten destek isteyecektik... veya bazı siyasilerden, belki bazılarının eşlerinden özel yardım isteyecektik... veya bazı kamu bankalarından, siyasilerin aracılığıyla kredi isteyecektik... veya "repo" diye bilinen hazine bonosu satışı karşılığı alınan paraların karşılığında hazine bonosu satmayacak, bu paraları bankanın kaynakları içine çekecektik... veya vadesi gelen dış borçlarımızı ödemeyecektik... veya tasarruf sahibinin parasını iade etmeyi erteleyecektik... veya bana göre bir bankacının yapmaması gereken bir sürü işi yapacaktık.

Bütün bunlar bizim yapabileceğimiz şeyler değildi... Zaman daralmadan, tasarruf sahibinin güvenini kazanabilecek başka bir yöntem bulmalıydık! İnsanların bize güvenerek bankamıza teslim ettikleri tasarrufları koruyabilmek için... dış bankaların bize güvenerek bankamıza verdikleri kredilerin güvenliği için... bize güvenerek bankamıza ortak olan kişileri sıkıntıya sokmamak için... bize güvenerek bankada çalışmaya gelen arkadaşlarımızı çevrelerine karşı utandırmamak için... bir şeyler yapmalıydık. Ne yapıp edip, böylesine beklenmedik bir kasırgada, kendi ellerimizle kurup hayata geçirdiğimiz bu küçük gemiye hasar vermeden, yolcularına zarar vermeden, devlete yük olmadan güvenli bir limana girebilmeliydik.

Gelişen olağanüstü koşullar oyunun kurallarını değiştirmişti. Benim değer yargılarımla oyunun kuralları artık çakışmıyordu. Farklı bir oyun oynanıyordu. Bense bu kurallara hem yabancıydım, hem de karşıydım!

Önce ortaklarıma başvurdum. Sermaye artışı yapmamızın gerekli ve zorunlu olduğunu anlattım. Kimse %15'ten fazla ortak olmadığı için öneriyi sahiplenen olmadı. Çok ortaklı banka modeli kuruluşta avantajken böyle bir krizde ciddi bir dezavantaja dönüşmüştü.

Bank Ekspres Türk bankacılık sektörüne dünya kalitesinde hizmet anlayışını getirebilmek, finans sektörüne ayrı bir kültürü sunabilmek iddiasıyla 27 Nisan 1992'de faaliyete geçmişti.

• Bank Ekspres'in bu anlayışını zedelememek için,
• Bankacılığın Türkiye'de de dünya kalitesinde ve farklı bir kültür anlayışıyla yapılabileceğine inandığımız için Bank Ekspres'i 27 Nisan 1994'te, yani kuruluşunun tam ikinci yıldönümünü kutlamamız gereken günde, güvenli olacağına inandığımız bir limana teslim ettik... Teslim alanlar, onlardı... Onlar Bank Ekpres'in kuruluşunda %35'ini isteyenlerdi... Onlar, Bank Ekspres kurulduğundan beri bize küsenlerdi... Onlar, küskünlüklerine rağmen, bize olan güvenlerini yitirmedikleri için, böylesine bir alışverişi hızla bitirenlerdi. Kader beni tekrar onlara yönlendirdi... Bank Ekspres'i onlara verdik.

Bu devir işlemine sevinenler de vardı kuşkusuz... Sevinenler arasında, beni bir anlamda cezalandırdıklarını düşünen bazı siyasiler olabilirdi, gözlerini kırpmadan devleti çok daha büyük yüklerin altına kolayca sokabilen... kendilerinin aracılığını istemediğim için bana kızanlar...

Sevinenler arasında bazı devlet yöneticileri olabilirdi... Ekonomi yönetimindeki beceriksizlikleri nedeniyle kendilerini sürekli eleştirdiğim için... her şeye rağmen kendilerine boyun eğmediğim için...

Aralarında devletin bazı bürokratları olabilirdi, ihtirasları akıllarından ve yeteneklerinden çok daha ötede olan... kendilerine yaklaşmadığım için...

Bank Ekspres'i verdik, pek çok kimseyi galiba biraz şaşırtarak! Pek çok kimsenin de takdirini alarak.

Bank Ekspres'in satışında gözyaşlarımı içime dökerken, bu güzel gemiyi, bu fırtınada, zedelemeden huzura kavuşturabildiğimiz için, sevinçli değil ama gururluydum. Bu satışın sonuçlanmasında, ana saiki böylesine değerli bir varlığı çok ucuza kapatmak olmasa da, önemli katkısı olan Doğuş Grubu yetkililerinin rolü ve yaklaşımı etkiliydi. Böyle bir satışı çok kısa zamanda gerçekleştirebilmek için büyük ölçüde benim sözüme güvenmişlerdi. Bana duydukları güvenden dolayı onlara teşekkür ettim.

Bankanın satışının tamamlanmasının ardından, tam iki gün sonra, kırk sekiz saat sonra, Başbakan bir açıklama yaptı: Halkın bankalardan panik içinde para çekmesini önleyebilmek için tüm bankalardaki mevduatın "devlet güvencesi" altına alındığını, bankalara "devlet garantisi" verildiğini açıkladı.

Oyunun kuralının değiştiği resmen tescil edilmişti.

Biz Bank Ekspres'i zedelememek endişesiyle, devlete sığınmak yerine savunduğum serbest pazar ilkeleri çerçevesinde yapılması gerekeni, inandığımızı, bize göre doğru olanı yapmıştık. Başkaları ise farklı kuralları çalıştırıp sonunda çareyi "devlete sığınmakta" bulmuşlardı.

Bana göre "Bankacılık" bir imtiyazdır. Bankacı, halkın satın alma gücünü temsil eden parasını ve tasarrufunu toplayabilmek için kendisine tanınan bir hakkı kullanır. Bu imtiyazın zedelenebileceğini hissettiği anda direnmek, buna göz yummak, bu hakkı kötüye kullanmak demektir. Kendine ve mesleğine saygısı olan kişi ihtiraslarını dizginlemesini bilmelidir.

Tabii bankacılık mesleğinin saygın ve doğru dürüst bir iş olduğuna inanıyorsa...

Aktif bankacılık yaşamımı, Bank Ekspres'ten sonra kapatmaya karar verdim.

Tuhaftır ama, tüm bu gelişmelere bakarak ister istemez 1967 yılının yaz aylarında, Yapı Kredi'de, ilk stajımı yaparken bankacılığın bana göre olmadığına karar veren 23 yaşındaki genç halimi anımsıyorum.

Acaba aradan geçen 27 yılda, tüm yaşadıklarım, mücadelelerim, kayıplarım ve kazançlarımdan sonra, gele gele yine aynı noktaya, 23 yaşımdaki o kararlı halime mi gelmiştim?

Bademli, 23 Mayıs 1994

SONRAKİ GÜNLER

> *Her gün bir yerden göçmek ne iyi*
> *Her gün bir yere konmak ne güzel*
> *Bulanmadan, donmadan akmak ne hoş*
> Mevlânâ Celaleddin Rumi (1207 - 1273)
> Çev. A. Kadir

Bank Ekspres'i devrettikten üç yıl sonra, 1997'de Londra'da karşılaştığım Selçuk Demiralp'e bir soru sordum. Selçuk Demiralp 1994 Nisan'ında Hazine Müsteşarlığı'nda Banka Kambiyo Genel Müdürü idi. Bank Ekspres'in kuruluş aşamasında (1991) Ereğli Demir Çelik Fabrikaları Yönetim Kurulu Başkanı olarak Erdemir Vakfının Bank Ekspres'e ortak olmasına olumlu oy kullanmıştı. Bank Ekspres'i kuruluşundan devrine kadar aşama aşama çok yakından bilen bir bürokrattı. Beğendiğim, sevdiğim bir bürokrattı. 1994 krizi sırasında, bizim o telaşlı günlerimizde kendisine telefon açıp,

"... bu rezalete müdahale etmelisiniz... yoksa ellerimle kurduğum bankamı, pırıl pırıl bir noktadayken, hükümetin beceriksizliği yüzünden yine ellerimle kapatacağım. Şubelerimin kapısına 'geçici olarak işlemlerimizi durdurduk' diye bir yazı asmamın yasal engeli var mı?" diye kızgınlıkla ama safça sormuştum.

Aradan 3 yıl geçtikten sonra Londra'da karşılaştığımızda kendisine sorduğum soru şuydu:

"Bank Ekspres'i devrettikten 48 saat sonra bankalara devlet garantisi verdiniz. O tarihten bu yana da bu devlet kefaleti kalkmadı. Ben sizinle o günlerde konuşurken böyle bir devlet garantisinin verileceğini bilmiyor muydunuz, bil-

diğiniz halde bana söylemediniz mi?"
Selçuk Demiralp biraz düşündü ve gülümsedi:
"O günlerde Sayın Başbakan bana günde 2-3 kere telefon eder, durumu sorardı. Sizin bana telefonda söylediklerinizin ardından Başbakan Sayın Çiller mutad telefonlarından birini etti. Kendisine sizin kızgınlığınızı, düşündüklerinizi aktardım ve ekledim. 'Eğer İbrahim Betil söylediğini yaparsa piyasalarda çok olumsuz gelişmeler olur. İbrahim'i durdurun' dedim. Olaylar çok hızlı gelişti, gerçekten sizinle konuştuğumuz sırada böyle bir karar yoktu. Belki düşünce vardı, ama karar yoktu."
Gerçekten de 1994 Nisan'ında Selçuk Demiralp ile görüştükten kısa süre sonra Başbakan Tansu Çiller beni aramıştı. Bana:
"Ne o, İstanbul'u, Ankara'yı ayağa kaldırmışsın, bağırıp duruyormuşsun," diye serzenişte bulunmuş ve kendisinin nasıl yardımcı olabileceğini sormuştu.
Benim Selçuk Demiralp'e söylediklerimin ortalığı böylesine telaşa verdiğini ve sonunda işi banka mevduatına devlet garantisine kadar getirdiğini bu vesileyle 3 yıl sonra öğrendim...

1994 krizinden 4 yıl geçtikten sonra bir başka noktayı daha öğrendim... 1998 Mayıs ayında bir akşam Özer Çiller ile bir arkadaşımın evinde karşılaştım. Özer Çiller ile küçüklüğümden mahalleden, sonraları okuldan tanışırız.
Akşam sohbetin bir noktasında ben, "Tansu Çiller'in başbakanlığı sırasında gelişen 1994 krizi kendisini siyaseten olumsuz etkilemiş olabilir," şeklinde bir cümle söyledim.
Özer Çiller bu konuşmadan biraz sonra herkes içinde bana döndü. Son derece dostane ve iyi niyetle,

"İbrahim sen o krizden hak etmediğin bir sonuçla çıktın. Keşke bize o zaman söyleseydin, belki sana yardımcı olabilirdik... O zamanlar pek çok kimse devlete yardım için başvurdu... Biz kendimizi sana karşı borçlu hissediyoruz. Senin aktif bankacılığa yeniden dönmen gerekir. Neden yeniden bir banka kurmak için başvurmuyorsun..." şeklinde rahatsızlığını ifade eden sözler söyledi.

Bunlarla ilgili herhangi bir yorum yapmak istemiyorum.

2000 yılı eylül ayında Zekeriya Temizel başkanlığında Bankacılık Üst Kurulu bankalarla ilgili sorumlulukları devraldı. Piyasada olumsuz çalışmaları nedeniyle daha önce Tasarruf Mevduatı Sigorta Fonu'na devrolan bankalara ilaveten başka bankalar da aynı gerekçelerle Fon'a devredildi. Piyasalar tedirginleşti. Spekülasyonlar başladı. Toplumun çok özlediği bir temizlik operasyonu bir yandan Cumhurbaşkanı Sezer, bir yandan Sadettin Tantan, bir yandan da Zekeriya Temizel önderliğinde başlamış gibiydi. Kasım 2000'de, zamanın İçişleri Bakanı'ndan bir öneri geldi.

"Bankacılığı bilen, birikimli ama pisliklere karışmamış bir kişisin, hükümetin kurduğu komisyona yardımcı olmanı istiyor ve beni reddetmeyeceğini umuyorum."

Mart 2001'de Zekeriya Temizel bu görevden istifa etti. Nisan 2001'de, Devlet Bakanı Kemal Derviş beni aradı ve bana Bankacılık Düzenleme ve Denetleme Üst Kurulu (BDDK) Başkanlığı'nı önerdi. Kabul edeceğimi söyledim.

Bir hafta sonra yine aradı:
"Tamam, di mi, ısrar edeceğim," dedi.
"Tamam, varım," dedim.

Kemal Derviş ısrar etmişti etmesine ama, ben bu olaydan iki hafta kadar önce ortaya çıkan, ülkenin son elli yılda yaşadığı en büyük ekonomik krizin "baş sorumlusu ve ağır sabıkalısı bu hükümettir," yönünde gazetelere eleştiri dolu bir beyanat verdiğim ve hükümeti istifaya davet etmek amacıyla "on milyon imza" kampanyası başlattığım için, bazı hükümet üyeleri beni bu pozisyona uygun görmemişler.

Mayıs - Haziran 2001... Fondaki bankalar satışa çıkartıldı. Hiçbirinin akıbeti beni ilgilendirmiyordu... Bir tanesi hariç. Zaten çoğuna da talep gelmedi... bir tanesi hariç. Fon'a devredilen birçok banka, Sümerbank ve Etibank ismi altında toplandı. Bir tanesi hariç. Fon'dan talep edilip satın alınan ilk banka Bank Ekspres oldu.Tekfen Grubu'na satıldı.

Yukarıda anlattıklarımla pek ilgili değil ama kapanış sözü olarak nedense benim hoşuma giden bir gelişmeyi sizlerle paylaşmak istiyorum... 1999 yılının Kasım ve 2001 yılının Şubat aylarında aynı kişiden iki kez telefon aldım. Arayan, bu kitabın en başında sözünü ettiğim, üniversite'deki Yönetim ve Organizasyon dersimin değerli hocası, beni o dersten bütünlemeye bırakan hocam Metin Göker'di. Her iki telefonda da bana kendisiyle birlikte iş yapmayı öneriyordu. İşlerimin yoğunluğundan hocam Metin Göker'in bu önerilerini her iki seferde de kabul edemeyeceğimi söyledim.

Ancak aklıma takıldı, merak ettim: Metin Göker bana bu telefonları ederken niyeti gerçekten benimle işbirliği yapmak mıydı? Yoksa benim bunca yıllık birikim ve çabadan sonra kurduğum bankayı, nedeni her ne olursa olsun, devretmek zorunda kalmış olmamın temelde bir "yönetim başarısızlığı" olduğunu hatırlatmak, dolayısıyla zamanında beni bütünlemeye bırakmış olmaktan dolayı kendini haklı çıkartan bir mesaj mı vermek istiyordu?

Her iki telefonu da Sedef'e aktardım. Sedef hiçbir şey söylemedi. Hafifçe gülümsedi.

Ağustos 2001, Kavacık

Çirozname

Beyaz kocaman bir duvar - çıplak mı çıplak
Üzerinde bir merdiven - yüksek mi yüksek
Duvar dibinde bir çiroz - kuru mu kuru

Bir herif geldi elleri - kirli mi kirli
Tutmuş bir çekiç bir çivi - sivri mi sivri
Bir büyük yumak da sicim - zorlu mu zorlu

Çıktı merdivene derken - yüksek mi yüksek
Mıhladı sivri çiviyi - tak tak da tak tak
Duvarın ta tepesine - çıplak mı çıplak

Attı çekici elinden - düş Allahım düş
Taktı çiviye sicimi - uzun mu uzun
Astı ucuna çirozu - kuru mu kuru

İndi merdivenden tekrar - tıkır da tıkır
Sırtında çekiç merdiven - ağır mı ağır
Çekti gitti başka yere - uzak mı uzak

O gün bugündür çirozcuk - kuru mu kuru
Mezkûr sicimin ucunda - uzun mu uzun
Nazikçe sallanır durur - durur mu durur

Ben bu hikâyeyi düzdüm - basit mi basit
Kudursun bazı adamlar - ciddi mi ciddi
Ve gülsün diye çocuklar - küçük mü küçük

Charles Cros (1842 - 1888)
Çeviren: Orhan Veli Kanık

EK 1

BANK EKSPRES'in kuruluş aşamasından notlar: (1991)

YAPILMASI GEREKENLER HAKKINDA BAZI DAĞINIK DÜŞÜNCELER, ÖNERİLER, GÖRÜŞLER

* Bu rekabet ortamında kârlı olabilmek için önemli olan hizmetin sunuluş biçimini ele almaktır.
* Özsermaye getirisi anlayışını terkedip, aktif getirisine bakalım. Böylelikle aktif yapısı içinde getirisi iyi olmayan işi almayabiliriz. Bu kârlılığımızı olumlu etkileyecektir.
* Şube yönetimi, müşteri ilişkileri, pazarlama, güvenlik, personel eğitimi, iç mimari, iç görünüm, bakım, temizlik... hepsi bir bütünün parçaları olarak görülmeli.

EKSPRES NE DEMEKTİR?
Bence EKSPRES = Hizmeti düzenli, özenli, güvenli (doğru) ve çabuk verebilmektir.

HEDEF
H* Çalışanlara hedefleri tam ve net verilmeli. Mümkünse günlük hedef verilmeli.

H* Müşteri kitlemizi iyi seçmeliyiz:
H* Kurumsal Bankacılıkta hedef kitle Türkiye'nin ilk 200 firması değil (herkes onların peşinde koşuyor, onlar bence bir banka için kârsız kuruluşlar), ikinci 500 firması olmalı. Bu fikri bir araştırmayla takviye etmek yararlı olabilir. Bu kesimden para kazanabilir miyiz?

H* Bireysel Bankacılıkta ise hedef kitlemiz en üst düzey gelir grubu değil ortanın üstü, veya en üst gelir grubunun altı olmalı. Bu kesimin ihtiyaçlarını bir araştırmayla iyi saptadık mı?

ARAŞTIRMA

A* BANK EKSPRES'te hizmetin tanımını MÜŞTERİ yapar, bankanın sahipleri, yöneticileri, işlemciler, hatta pazarlamacılar değil. Müşterinin ne istediğini anlamak için en etkili yol araştırma yapmaktır.

A* Müşterilerimizin öteki bankalarda SEVMEDİKLERİ, BEĞENMEDİKLERİ noktaları öğrenmeliyiz. Onları tekrarlamamak için.

A* Bankadan herhangi bir nedenle ilişkisini kesen müşteriye mutlaka memnun olmadığı noktaları ve neden ilişkiyi kestiğini sormamız gerekir.

A* Müşterilerle ilk başta veya daha sonra mutlaka görüşerek bankadan ne beklediklerini kendi ihtiyaçlarının ne olduğunu anlamaya çalışmalıyız. Müşteri kendisine özen gösterildiği ve kendi menfaatlerinin korunup kollandığını hissettiği sürece bankaya bağlılığı artacaktır. Bu yöntem 'Özel Bankacılık' (Private Banking) anlayışının daha alt tabakalara (yani bizim hedef kitlemize) yayılmasını sağlayabilir.

A* Müşteri bilgilerini çok değer vererek saklamalıyız. İleride hangi müşteriye ne satabiliriz sorularına cevabı bu bilgilerden bulacağız. Müşteri bilgi kartlarını muhasebe veya idari yönden değil, pazarlama yönünden bakarak düzenlemeliyiz.

A* Başlangıçta geniş reklam kampanyalarına ihtiyaç olmayacak. Şube sayımız az olduğu için reklam boşa gider. Ancak mutlaka direct-mail yöntemiyle hedef kitlemize ulaşmalıyız.

A* Sistemin içine bir de kalite yetkilileri yerleştirebilsek. Yani her etapta verilen hizmetin, yapılan işin kalitesini ölçen birileri. Ancak böyle bir yöntemle EKSPRES anlayışı koruyabiliriz.

A* Müşterilerin izlenimlerini de ölçebilmeliyiz.

A* Yeni ürün geliştirmeyi teşvik edelim. Müşterilerden de öneri alalım, değerlendirelim. Personelin öneri getirmesini sağlayacak sistem geliştirelim. Merkezden, masa başında yeni ürün geliştirme felsefesi bizi tatmin etmemeli. Fikirleri, pazardan aldığımız

önerileri, işin içinde olan, işi bizzat yapan kişiden aldığımız önerileri dikkate alarak geliştirmeliyiz. Bu konuda personel arasında sürekli yarışmalar düzenleyip, ödüller vermeliyiz. EKSPRES yenilikçiliği ve dinamizmini böyle koruyabiliriz.
    A* Müşteri uyarı ve önerilerini sürekli alıp değerlendirecek sistem kurmalıyız. Müşterinin beğenip beğenmediğini ancak ondan öğrenip kendimize ona göre çeki düzen verebiliriz.
    A* Rekabetin ne noktada olduğunu sürekli bilmeliyiz. Diğerleri neler yapıyor?
    A* Araştırma sonuçlarından herkesi yararlandırmalıyız.
    A* Her pazarlama programı veya kampanyanın sonucunu ölçebilmeliyiz.

EĞİTİM

E* Temel öğe müşteri olacak.
E* Hizmet kalitesini eğitim programına dahil edelim.
E* Müşteriyle ilişki geliştirme her adımda herkesin temel hedefi olmalı. Müşteriye bir ürün satmaktan çok ilk hedef ilişki geliştirmek olmalı.
    E* Müşteriye ' Sizin için başka ne yapabiliriz?' sorusunu sorabilmek çok önemli. Müşteriye başka ne satabilirizi bulup çıkartabilmeliyiz.
    E* Bankamız araştırma geliştirmeye, eğitime önem vermeli. Bütçeden bu faaliyetler için önemli rakamlar ayırmalı.
    E* Eğitim programlarına bankanın önemli stratejik hedeflerini dahil etmeyi unutmayalım.
    E* McDonalds'ın Disney Üniversitesinde bazı yetkilileri eğitime gönderelim mi?
    E* Kalite a) İşlem kalitesi b) Servis kalitesi diye ikiye ayrılıyor. İşlem Kalitesi iyi yetişmiş elemanla olur. Back Office te yapılan işlemlerin %25'inin bir önceki aşamada yapılan yanlışı düzeltmek için olduğu tesbit edilmiş. Bankada kalite geliştirme grupları kuralım. İşlem başına tasarruf sağlayan, sistemi iyileştiren, işlem

süresini kısaltan vb. Öneriyi getirene prim verelim.
E* Başarı servis kalitesini standart hale getirmektir. O zaman kim gelirse gelsin o standardı uyguladı mı servis kalitesi iyi olur. Bu da iyi bir eğitim programından geçer.
E* BANC ONE'dan eğitim sistemi satın alabiliriz.
90 000 $.

LOKAL
L* Gişeleri merkezi yapıp lokalin en arka bölgesine koymakta yarar olur mu? Müşteri oraya kadar yürürken değişik hizmetleri, ürünlerimizi görebilir.
L* Ahşap lambri döşeme istemiyoruz. O herkeste var. Demode.. Ahşap sehpalarda kül tablaları, sağa sola konmuş saksılar... Bunlar iyi görüntü değil. (Haydar Karabey)
L* Çağdaş mekan: Saydam, hafif, iç açıcı, pratik, akışkan olmalı. Şubelerde seçilen malzeme ortamı ve kurumsal imajımızı belirleyecek.
L* Abartılı şıklık, lüks, bir butik havası olmayacak. Hantal mobilya olmayacak. İnsanın kendini rahat, gerilimsiz hissedeceği, uygar bir yapı. İhtiyaç olan herşey minimal ayrıntıyla çözülmüş. Aynalar, büklümler olmasın, düz formlar egemen olmalı. Bir günde birçok insanın gelip işini göreceği sade bir alt yapı. Havaalanı benzeri! Finishing iyi olmalı. Metal, paslanmaz borular çok mu metalik görüntü verir?
L* Lacivert gri renkler? Duvarlarla, masalar aynı renklerde olabilir. Malzeme? Sunta üzeri mat boyalı mı? Rezopal? Yerler halı değil... Mermer de değil, seramik de değil. Kolay yıkanıp temizlenebilen, ayak sesi duyulmayan, gürültüyü emebilen, havaalanı yerleri ne kaplıdır? Granit! Bakımı kolay, görünümü hep cilalı...
L* Gişeler acaba bir yuvarlak ortamın içinde mi olmalı? Lokalin arka merkezinde? Yoksa gişe yetkilileri ile işi çözeceksek, Banko sistemini mi düşünmeli? Emniyet açısından da değerlendirmeliyiz. Banko bana çağdışı geliyor nedense. Sanki gişe yetkilisi

sorunu merkezi bir korumalı mekan içinde de çözebilir.. Gişeler önünde tek kuyruk yapalım. Sırası gelen kişi 5-6 gişeden hangisi boşsa oraya yönelsin. Sırada bekleyenlere de yukarıda sözünü ettiğim yayınları yapabiliriz. Dikey beklemeyi yönlendirecek bir sistem... Ama insanları da çok zorunlu olmadıkça sığır sürüleri gibi yönlendirmemeli diyor bir Amerikalı.

L* Şube lokalinin içinde nerede hangi hizmetin verildiğini açık ve parlak yazılarla (belki renkli neonlarla) yazmalıyız.

L* Şubeler 'air condition'lu olacak.

L* (Lacivert gri mat renk uygulamaları. Siyah kullanmayalım, çok koyu. Kahverengi de olmamalı. Bej de olmayabilir. Kırmızı çok az kullanılabilir. Portakal rengi? Bunlara Sedef karar verecek.)

L* Banka isim ve logosu önemli. Yazı tipi ve kullanılan malzeme. Hem Ekspres hizmet hem de ağırlık ve güveni verecek. (Bülent Erkmen)

L* Şube lokalleri ferah olmalı. Lokalin dekorasyon şekli bizim özelliklerimizi sergileyebilmelidir. Ferah, rahat, düzenli, güvenli... ekspres hizmete elverişli...

L* Lokalimiz şık olursa çalışanlar da bakımlı olmaya özen göstereceklerdir. İnsanlar çalıştıkları ortama benzerler.

L* Şube lokallerinin geniş olmasının bu anlamda da önemi var.

L* Şubelerde BANKO olmasın, müşteri masalara gidip oturabilsin. Masalarda müşteriyle yetkili karşı karşıya oturmasın. Yan yana gibi otursun. Müşterinin yanında olduğumuzu, ona yardım etmek istediğimizi psikolojik olarak hissettirmek için. Karşımıza almayalım!

L* Lokallerimizi ve Bankamızı yarı-resmi devlet dairesi görünümünden ve bu havadan çıkartıp; sıcak, rahat ve ekspres hizmet veren merkezler olarak düşünelim.

L* İnsanların bir kurumla ilgili ilk imajının %90 ı GÖRSEL oluyor. Dekor ve görüntü önemli. Aydınlık, parlak, çağdaş bir görünüm vermeliyiz. Masaların üzerinin tamamen boş olmasını öneriyorum. Bir not defteri bile olmamalı. Sümen yok. Eşimizin, çocuklarımızın fotoğrafları, veya falanca kişiden gelen bir kartpostal yalnız bize bir anlam ifade ediyor. Müşterinin dikkatini dağıtmaktan ve ortalığı dağınık, karışık göstermekten başka bir işe yarıyor mu?

L* İnsanları mümkün olduğunca genç, dinamik ve neşeli hissedecekleri bir ortama sokalım. Kendilerini ilkokul öğrencisi gibi hissetsinler ki, bizim onlara söyleyeceğimiz yeni fikirlere açık olsunlar. Rahatlatıcı bir ortam.

L* Lokallerde herhangi bir işlem için sıra bekleyen müşterilere daha sonra ne kadar süre beklediği sorulduğunda müşterilerin genelde bekledikleri sürenin iki katını söyledikleri tesbit edilmiş. Beş dakika bekleyen müşteri 'en az 10 dakika bekledim' deme eğiliminde. Demek ki müşteriyi bekleme anında oyalayabilecek bir şeyler düşünmeliyiz. Lokalin değişik noktalarına yerleştirilmiş ekranlar video yayın yaparak BANK EKSPRES hizmetlerini gösterirken, tavanda değişik yerlere gizlenen hoparlörlerden de müşteriye hangi noktada bulunuyorsa oradan duyabileceği seste (ama ses lokalin içine yüksek sesle yayın yapmayacak), ekrandaki görüntüyü tamamlayan yayın yapılabilir. Müşterinin yolu üzerinde veya bekleme noktalarına bankanın hizmet ve ürün çeşitlerini anlatan broşürler konabilir. Bu yöntemle bekleyen müşterinin dikkati hem farklı noktalara çekilir, zaman unutturulur, hem de beklerken Bankanın diğer faaliyetleri ayaküstünde de olsa tanıtılır. Video filmleri 3-4 ayda bir değiştirilir.. (Bu yöntemi New York'ta bir bankada gördüm ve çok etkilendim)

L* Telefon kabloları, elektrik kabloları yerlerde dolaşmamalı.

L* Şube lokallerinin etrafında, yakınında otopark olmalı. Bizim müşterimizin mutlaka otomobili olacaktır. Nişantaşının ortasında geniş lokal, otopark bulamazsak şube açmayalım diye düşünürüm.

L* Geniş şube lokaline giren müşteriyi kapıda karşılayan bir kişi olsa iyi olur mu? Bu resepsiyonist, sıcak ve bilgili bir kişi olacak. Zamanla her müşteriyi tanıyacak. İhtiyacını bilecek veya kapıdan girenin hem yabancılığını giderecek hem de onu ilgili kişiye yönlendirecek. Bu kişi genelde şubede olan biteni, verilen hizmetin kalitesini, hatta şikayetleri göğüsleyecek, gerektiğinde doğrudan genel merkezle bağlantı kurup çözüm arayacak. (Nesteren)
L* Sürekli hizmet verebilecek (7 gün, 24 saat,) bir merkezimiz olabilir mi?
L* Lokal seçiminde müşteri hedef kitlemizin tercihlerini de düşünelim..
L* Çalışma saatlerimizi müşteri kitlemizin tercihlerine göre ayarlayabilir miyiz?

HİZMET

S* Daima MÜŞTERİ'nin koltuğunda oturacağız. Yaklaşım ve çözümlerimizde buna özen göstereceğiz.
S* Müşteriyle uzun vadeli ilişki kuracak pazarlama sistemleri geliştirelim.
S* Hiçbir telefon karşılıksız bırakılmamalı.
S* Temel hedef BANKACILIK YAPMAK DEĞİL, iyi hizmet veren bir kuruluş olabilmektir. İyi hizmet verebilirsek iyi banka olmak ve karlı banka olmak kendiliğinden gelecektir.
S* Teknoloji... verdiğimiz sözü hızla yerine getirecek nitelikte ve güçlü.
S* Ürün ve hizmetimiz... yenilikçi ve kaliteli olmalı. Ürün ve hizmetimizin tüm özelliklerini önce biz öğrenmeliyiz.
S* Yeni ürünlerin ilk alıcıları mevcut müşteriler olacaktır. Bu nedenle mevcut müşterilere en büyük özeni göstermeliyiz.
S* Gerek kurumsal gerekse bireysel hedef kitlemiz olarak seçtiğimiz gruplar kanımca günümüzde bankalardan iyi ve ekspres hizmet alamamakta. Biz bu gruplara hizmeti götürürsek hem tabanımızı büyütür, hem de kârlı olabiliriz.

S* Tüm gelen ve giden telefonlar şubenin arkasında santralden bağlanmalı, yerinde olmayan kişi için santralde not alınmalı. Santralde oturan kişi mümkünse şubenin içini camdan veya monitorla görebilmeli, kimi nerede bulacağını bu şekilde tesbit edebilmeli. Telefon operatörleri iki kişi olabilir. İyi eğitilmeli ve bankanın dışa açılan penceresi olarak ekspres hizmet imajını taşıyabilmeli. Tüm telefonlar aynı gün cevaplanmalı.

S* 'Personal Banker.' sistemini uygulamak doğru mu? (Her müşteriye ayrı bir müşteri temsilcisi. Veya bir müşteri temsilcisi yaklaşık 50 müşteriye hizmet vermesi gibi..)

S* Müşteriye
- zaman tasarrufu
- evden telefonla bankacılık işlemi yapma rahatlığı
- yatırım danışmanlığı verebilme. Bu danışmanlığı mali ürünlere hemen bağlayabilme. Tavsiye ettiğini hazır bulundurabilme. Müşterinin parasını yatırdığı bir mali ürünü nasıl idare edebileceğine yol gösterme. Gerekirse bir bedel karşılığı.

S* Satacağımız ürünler bankamızın hizmet kalitesi ve gücüyle uyum içinde olmalı. Yapamayacağımız sözleri vermemeliyiz.

S* Ürünler BASİT ve ANLAŞILIR nitelikte olmalı

S* Kolaylık...danışmanlık...güven...profesyonel yaklaşım (mesleğini iyi bilerek yaklaşım)... bilgi... nezaket. Bunları uyguladığımız zaman istediğimiz ürünü satabiliriz. Bunlar uygulanmadığında, ürün ne denli iyi olursa olsun satışı güçleşir.

S* Hizmet kalitesini artırabilmek için ücret sistemini gözden geçirmeliyiz.

S* Müşteri öneri ve şikayetleri için etkin bir sistem kurmalıyız.

PERSONEL
P* Personelin tümü iyi eğitilmiş ve bu anlayışa sahip olmalı.

P* Araştırmalara göre insanlar çalışacağı bankayı seçmekte bir tanıdığının tavsiyesinden etkilenmekte veya bir tanıdığının çalıştığı bankayı seçmektedir. Bu durumda Bankamız çalışanlarının özel yaşamlarında güven verici ve sevilen kişiler olabilmesine dikkat edelim.

P* Personelimizi sürekli motive edebilmeliyiz.

P* Personelimizi özellikle üst düzey ve yetkilileri bankayla ilgili karar ve gelişmelerden sürekli haberdar etmeli, kararların bir kısmına kendilerini de ortak etmeliyiz. Bunu sistem haline getirmeliyiz.

P* Personeli pazarlama ve genel stratejiler konusunda bilgilendirecek sistemler kurmalıyız. Hedeflerimizi müşterilere yazdığımız direct mail veya reklamlardan öğrenmesinler.

P* Personelimiz...bakımlı, kültürlü, eğitilmiş, ekspres hizmet vermeye istekli, sıcak ve güleryüzlü; laubali ve sırnaşık değil

P* Hedef kitlemiz bizden yalnız BANKACILIK İŞLEMİ beklemeyecektir. Onlara DANIŞMANLIK yapacak bilgiye sahip olan, iyi eğitilmiş personele ihtiyacımız var.

P* Gişe yetkililerini çok iyi yetiştirmeliyiz. EKSPRES HİZMETİN temel farkı çarpıcı olarak bu noktada anlaşılacak.

Hatta daha ileri gideyim, bankanın en fazla teşvik edilen grubu müşteriyle doğrudan ilk ilişkiyi sağlayan bu kesim olmalıdır.

P* Çalışanların performans değerlendirilmesi yapılmalı. Bu değerlendirmenin temeli adil olmalı, başarılı olanı mutlaka ödüllendirmeli.

P* Personel değerlendirilmesinde yalnız rakamlara bakarak hareket edemeyiz. Performans sistemini yerleştirirken bu unsura dikkat.

P* Kurum kültürümüz içine mutlaka ekip çalışmasını teşvik edecek, geliştirecek anlayışları aşılamalıyız. Ekspres bankacılık ancak geniş bir ekip çalışması ve bankanın içinde herkesin bir diğerine seri ve düzenli hizmet ve destek vermesiyle olacaktır.

P* Kendi çalışanımıza müşteriye gösterdiğimiz özeni gös-

termeliyiz.
P* Başarıları birlikte kutlamasını bilmeliyiz. Yalnız vitrinde olanları değil, pasif servislerde çalışanları da ödüllendirmeyi unutmamalıyız.
P* Ücret ve maaşların acaba %50 si sabit taban, %50 si verilen hedeflerin tutturulmasına göre ayarlanabilir mi?
P* Teşvik sistemlerinde müşteri tercihlerini dikkate alalım.
P* Çalışanları teşvik planımız Banka Stratejik planına uygun olmalı
P* Personel değerlendirmelerine banka üst düzey yönetimi mutlaka geniş anlamda katılmalı.
P* Biz yeni bir kuruluş olarak nasıl olsa piyasaya göre yüksek ücret ödemek durumunda kalacağız. Bu durumda yüksek ücretin ödenmesini bazı hedeflerin tutturulmasına bağlayabilirsek, gelişmemiz istediğimiz tempoda olmaz mı? Hedefleri müştereken saptamak mümkün.
P* Hemen herkesi kısa süre için de olsa GİŞE YETKİLİSİ olarak çalıştırmalıyız.
P* İşlem kalitesi geliştikçe kimse işsiz kalmayacaktır. Bu güvenceyi vermeliyiz.
P* Hizmet güleryüzlü fakat laubali değil. Seri, işini bilen kişilerin verdiği güvenilir ve sıcak bir hizmet. Giyim önemli. Üniforma KULLANDIRALIM MI? Kadınların makyajı önemli. Kişisel bakım şart.Tüm personele sabun ve Deodoran kullanmaya kadar anlatılacak. Lacivert Beyaz giyim. Üst kısım beyaz çizgili de olabilir.. Herkesin göğsünde isimliği olmalı.

FİYAT
F* İyi, Ekspres hizmetin fiyatı ucuz olmayacaktır.
F* İnsanlar ve kurumlar iyi hizmete fiyat farkı ödemeye hazırdırlar. Bu nedenle fiyatlarımız rakiplerden aşağı değil belki yüksek olmalıdır. Ama iyi hizmet vererek.
F* Fiyatlarımız en az rakipler kadar, belki daha pahalı.. Fa-

kat hizmet EKSPRES olacak.

TEKNOLOJİK YATIRIM
TE* Teknolojiyi personelin müşteriye daha fazla HİZMET için zaman ayırabilmesi için kullanacağız.
TE* Eğitim ve teknolojik yatırım güçlü olmazsa pek çok şey boşa gider.
TE* Mevcut müşteri profilini saptayacak bir bilgi işlem programı var mı?

TANITIM
T* Hizmet ve ürün tanıtımını müşterinin okuyabileceği yere göre ayarla. Müşterinin okumak için 10 saniye durabileceği yere 1 dakikalık mesajı koyma.
T* Tanıtımı ve mesajları müşterinin bekleme eğilimi olan noktalara koy. Beklediğini anlamasın. Beklerken bilgilensin.
T* Broşür rafları düzenli ve bakımlı görünmeli. Dağınık, düzensiz, eline alındığında toz bulaşan broşürler bizim olamaz.

(Paragraf başlarındaki * dan önceki harfler her paragrafın hangi konuyla ilgili olduğunu işaret etmek için konmuş. T= Tanıtım, E= Eğitim, A= Araştırma... gibi)

EK 2

AHLAKÎ İLKELER YÖNETMELİĞİ

GİRİŞ

Her meslekte olduğu gibi, bankacılıkta da özellikle 1980'li yıllarda köklü değişiklikler ortaya çıktı. Hatta, bankacılık diğer endüstrilerden daha hızlı ve dramatik bir evrimleşme özelliği göstererek, bilgisayar ve haberleşme teknolojilerinin ilk kez denendiği ve en yaygın şekliyle uygulandığı alan oldu. Diğer yandan, pazarlama teknikleri ve müşteriye yaklaşım tarzında da geleneksel usul ve anlayışlar terkedilerek yepyeni görüş ve uygulamalar yer kazandı; bunların doğal sonucu olarak banka organizasyonları bütünüyle farklı yapılara kavuştu.

Bütün bunlara rağmen, "Bankalar güven müesseseleridir" şeklindeki klasik görüş; mesleğimizin geleneksel ve hiç değişmeyen bir ilkesi olma özelliğini korumuş, hatta bankaların ekonomiye, dolayısıyla da geniş halk kitlelerine karşı ilave sorumluluklar aldığı çağımızda, önemini daha da artırmıştır.

Böylece, bir bankanın başarısının, toplumda yarattığı güven duygusuyla doğru orantılı olduğu gerçeğine ulaşıyoruz. Bu gerçeğin ışığında, Bank Ekspres A.Ş.'de istihdam edilmek üzere titizlikle seçtiğimiz her düzeydeki elemanlarımızdan görevlerinin ifası sırasında olduğu gibi sosyal hayatlarında da dürüstlük ve bütünlük ilkelerine en üst düzeyde uymalarını beklemekteyim.

Ahlaki İlkeler Yönetmeliği'ni oluşturan bu el kitabı her olayı kapsayabilme olanağından uzak olmakla birlikte, personelimizin iş ve sosyal yaşamlarını düzenlemelerine, bankacılık mesleğinin toplumsal sorumlulukları ve etik anlayışının kavranabilmesine yardımcı olabilecek bir rehber niteliğindedir. Bankamız çalışanlarının meslekî saygınlıklarını ön planda tutmaları gerektiğini vurgularken, kişisel yaşamlarını gereksiz biçimde sınırlandıracak kurallar içermemesine özen gösterilmiştir.

Bank Ekspres A.Ş.nin, temel amacı bir yandan siz çalışanlarına kendini geliştirme ve meslekî gelişmelerine önemli katkıda bulunmak, diğer yandan, sizlerin, herbirinizin Bank Ekspres'in kurumsal felsefesine katılmanızı sağlamaktır. Bu nedenle, Ahlaki İlkeler Yönetmeliği'ne tam olarak uymanızı beklerken, hepinize hoşgeldiniz der, Bank Ekspres'teki uzun yıllarınızın sağlıklı, başarılı ve mutlu geçmesini dilerim.

İbrahim Betil
Şubat 1992

AHLAKİ İLKELER YÖNETMELİĞİ

I. ÇIKAR ÇATIŞMALARI

A-Müşteriden Hediye Alma Yasağı

Banka mensupları ile eş ve çocukları mevcut müşterilerden veya banka ile iş ilişkisine girmesi söz konusu olan özel veya tüzel kişilerden hediye kabul edemez veya kendisine elden veya posta ile gönderilen hediyeleri muhafaza edemez. Bu bağlamda, her türlü hediye, borç para alma, normalde parayla yapılan bir hizmeti bedava yaptırmak gibi parayla ifade edilebilen her türlü katkı kişisel çıkar kavramına dahildir. Personelin bankadaki görevlerinin etkilenme ihtimalinin olmaması halinde bu yasaklamaya özel bir istisna getirilebilir. Aşağıdaki haller de bu kuralın diğer istisnalarını oluşturur.

* Çağdaş iş ilişkilerinde olağan sayılan yemek veya ikramlar

* Banka adına yapılan ziyaretler sırasındaki ağırlamalar

* Yılbaşı ve bayramlarda geleneklerimiz çerçevesinde verilen nominal değerli hediyeler

* Bir malın tanıtılması veya reklamı amacıyla verilen eşantiyon malzemeleri

* Akrabalık, evlilik veya sosyal ilişkilerden ileri gelen ve iş ilişkileriyle hiçbir bağlantısı olmayan hediyeler

* Banka yetkili organlarının izniyle yapılan işlerden sağlanan ücret ve ikramiyeler

Sayılan istisnalar dışında kişisel çıkar niteliğinde bir hediyeyi geri çevirme imkanı bulunmaması halinde bu hediye derhal

Personel Müdürlüğüne veya Şube Müdürüne teslim edilmelidir.

Tüm çalışanların hediyenin kişisel çıkar kavramına girip girmediği hususunda hassas davranmaları ve bu konuda tereddüte düşmeleri halinde Personel Müdürlüğü veya Şube Müdürlerine danışmaları gerekir.

B- Yetkilerin Sınırlandırıldığı Haller
Bankamız yetkilileri aşağıdaki hallerde kredi kararlarına katılamazlar veya kredi teklifinde bulunamazlar:

* Kendileri ve kanbağı veya evlilikten doğan ilişkileri ile ilgili krediler

* Kendileri veya yakın aile fertlerini istihdam eden veya kredi veren kişi veya kuruluşlara yönelik krediler

Bankanın spesifik izni olmadıkça banka namına belge imzalanması veya bankanın temsil edilmesi yasaktır.

Banka elemanları banka envanterine dahil hiçbir eşyayı kişisel amacı için kullanamaz veya kişisel işlemleri veya banka dışı ilişkileri için bankanın ismini veya kaynaklarını istismar edemez.

C- Borç Alınamayacak Kimseler
Bankanın mensupları ve aile fertleri müşterilerimizden veya bankaya mal veya hizmet satan kişi ve kuruluşlardan borçlanamazlar.

D- Şahsi Mütevelli veya Mutemetlik
Banka mensupları, yakın aile ilişkilerinden doğan haller dışında kişisel mütevelli veya mutemet sıfatını, ancak Genel Müdürlük yazılı onayı ile kabul edebilirler.

E- Satıcılarla İlişkiler

Bankamız ilgili ve yetkilileri bankaya mal ve hizmet satan kişi ve kuruluşlar arasında seçim yaparken sadece bankamız yararını ve şirketlerin liyakatını ön plana almalı ve kesinlikle herhangi bir kayırmaya yer verilmemelidir.

II. ÇALIŞMALARDA DÜRÜSTLÜK VE YASALARA UYGUNLUK

A. Müşterilerle İlişkiler

Kredi ilşkisine girilen kişi ya da kuruluşların kredi değerliliği yakından incelenmelidir. Kredilerin tek bir kişi ya da kuruluş üzerinde yoğunlaştırılması yerine mümkün olduğunca dağıtılmasına özen gösterilmelidir. Kredi verirken alınacak teminatın makul olmasına özen gösterilmelidir. Kredinin harcanacağı proje ve konunun teminattan daha önemli olduğu unutulmamalıdır. Kredi verildikten sonra müşteri yakından izlenmelidir. Herhangi bir müşterinin işleri hakkında kuşku duyulması halinde o müşteriyle ilişkinin bitirilmesi, hesabın kapatılması gerekir. Ancak dürüst ve iyi niyetle çalıştığına emin olduğunuz dardaki müşterilerimize adil ve anlayışlı davranmak yolundaki sorumluluğumuzu unutmamak gerekir.

Banka çalışanları tüm işlemlerde açık, dürüst ve yasal bankacılık işlemlerinden yana olacaktır.

B. Şahsi Ücret ve Komisyonlar

Banka mensupları, Bankamız nam ve hesabına yapılan işlemlerle ilgili olarak şahsi ücret ve komisyon kabul edemezler. Bankanın mevcut veya potansiyel müşterilerinden kişisel danışma ve sair mesleki hizmetler karşılığı ücret veya komisyon adı altında para almak Genel Müdürlük iznine tabidir.

C. Usulsüz Ödemeler

Bankamıza iş cezbetmek veya kişi ve kuruluşlara bankayla ilgili işlemlerin yürütülmesi amacıyla rüşvet, bahşiş veya benzeri ödemeler yapılması yasaktır.

D. Yasa ve Yönetmeliklere Uyulması

Bankamız faaliyetlerini başta Bankalar Kanunu olmak üzere ilgili tüm yasa ve yönetmeliklere uygun biçimde yürütme konusunda azami gayreti gösterir. Bankanın birinci derecede sorumluluğunun bankamız mevduat sahibine ve toplumda bankamıza güven duyarak tasarruflarını bizlere teslim etmiş kişilere olduğunun unutulmaması gerekir. Banka çalışanı amiri tarafından verilebilecek talimatın yasa/mevzuat dışı olması halinde, uygulamaz. Banka bunu sağlamak için mevzuat konusunda takibi gereken yolları gösterir bülten, tamim gibi yayın yoluyla çalışanları sürekli olarak aydınlatır. Mensuplarımız bunları zamanında okumak ve gerekli hallerde gözden geçirmek zorundadır. Buna rağmen tereddüt edilen hususlarda Genel Müdürlük-Hukuk Danışmanlığına başvurmak gerekir.

E. Muhasebe ve Kayıt Sistemi

Bankamız muhasebe kayıtlarının işlemlere uygunluğu vazgeçilmez prensibimizdir. Tüm harcamalar ve gelirler belgelere dayandırılmak zorundadır.

Genel Müdürlük ve Şubelerde çalışan muhasebe yetkilileri defter kayıt ve hesaplarını uygun belgelerle desteklemek ve bankamız muhasebe kayıtlarını gecikmesiz olarak, yeterli açıklıkta ve yapılan tüm işlemleri ve varlıklarını kapsar biçimde tutmak zorundadırlar. Tümüyle ve düzgün bir şekilde banka defterlerine kaydedilmemiş hiçbir fon veya varlık olamaz. Ayrıca, banka işlem veya varlıklarını yansıtan herhangi bir defter, kayıt ve hesabın tahrifi de yasaya aykırıdır.

F. Uyuşturucular

Mesai saatleri dahilinde veya bankaya ait işyerlerinde, yasal ve tıbbi gereçler dışında, uyuşturucu maddelerin kullanılması, bulundurulması, başkalarına verilmesi veya satılması iş akdinin fesih sebebi olabileceği gibi, banka bir kanuni takibat da başlatabilir.

III. KİŞİSEL FİNANS

A. Yatırımlar

Banka mensupları, prensip olarak, diledikleri hisse senetlerine ve diğer menkul kıymetlere serbestçe yatırım yapabilirler. Ancak banka veya müşteriyle ilgili mahrem istihbarata dayanarak kişisel yatırım portföylerini oluşturamaz veya değişiklik yapamazlar. Banka veya müşterisine ait mahrem bilginin kamuya intikali halinde, sözkonusu bilgi yaygınlık kazanana kadar, banka mensubu bu istihbarata dayanarak yatırım yapamaz.

B. Borçlanmak

Muhabir bankalar dahil, kişilere mutaden kredi açan kurumlara borçlanmak serbesttir. Ancak bu tür işlerde de, faiz oranı, vade v.s. gibi hususlarda ayrıcalıklı koşullar kesinlikle kabul edilmemelidir Banka mensupları birbirlerinden borçlanamazlar.

IV. BANKA DIŞI FAALİYETLER

A. Banka Dışı Çalışma

Bankamız çalışanlarına rahat ve saygın bir yaşam sağlayacak, onları başka işlerle ilgilenmekten uzak tutacak şekilde maaş ödemekten yana bir politika izleyecektir. Buna karşılık çalışanların tüm mesailerini talep etmekten yanadır. Bu nedenle bankamız, elemanlarının banka dışı işlerde çalışmasına taraftar değildir. Danışmanlık gibi işlerde çalışabilmek için Genel Müdürlüğün izni gerekir. Ancak banka için tenkit konusu olabilecek, mesai saatleriyle çakışabilecek ve bankadaki çalışmanın etkinliğini düşürebilecek işler için izin verilmeyecektir.

B. Politika

Bankamız siyasi bir partiye, siyasi mevki sahiplerine veya politik bir göreve aday olanlara nakdi veya diğer vasıtalarla katkıda bulunamaz, masraflarını üstlenemez. Keza, bu kişilere imtiyazlı şartlarda kredi açılması, büro imkanları tanınması da ilkelerimize aykırıdır.

C. Sosyal Faaliyetler

Mensuplarımızın sosyal faaliyetlere ve hayır kurumlarına katılmaları bankamızca teşvik edilmektedir.

V. MAHREM BİLGİLER

A. Bankamıza Ait Mahrem Bilgiler

Mensuplarımız, bankamız iç mesele ve işlemlerini, mevcut ve muhtemel müşterilerini, ortakları ve kendi personeli ve bütçe ve kâr hedefleri hakkındaki bilgileri gizli tutmak zorundadırlar. Ketumiyetin bir bankanın özelliklerinden biri olduğu hatırda tutulmalı ve mahrem bilgiler özenle korunarak sadece yasal nedenlerle başkalarıyla paylaşılmalıdır.

B. Müşteriye Ait Bilgiler

Müşterinin yazılı talimatı üzerine, kendisi hakkında diğer şahıs veya kuruluşlara bilgi verilebilir. Bunun dışında, resmi teftiş mercileri ve diğer devlet dairelerine verilecek bilgiler Genel Müdürlük iznine bağlıdır.

VI. YÖNETMELİĞİN İHLALİ

Bankamız mensuplarımızdan diğer şahıslarla ilişkilerinde ve müşterilerle yaptıkları işlemlerde Ahlaki İlkeler Yönetmeliği'ne uygun hareket ederek sektörde bankanın yüksek ahlaki standartlarını korumasını beklemektedir.

Bu Yönetmeliğe aykırı hareketler işten çıkarma nedenidir.

2003 Q